POURSUITES

EN MATIÈRE

DE CONTRIBUTIONS DIRECTES

COMMENTAIRE SUR LE RÈGLEMENT

ADOPTÉ PAR LE MINISTRE DES FINANCES

SUR

LES POURSUITES EN MATIÈRE DE CONTRIBUTIONS DIRECTES

EN DATE DU 21 DÉCEMBRE 1839

Pour servir de guide aux Préfets et de base à leurs arrêtés

SUIVI D'UN APPENDICE

Contenant, sur la même matière : 1° Les lois en vigueur, mises en rapport
entre elles au moyen de notes de concordance;
2° Les décisions du Conseil d'Etat, de la Cour de cassation, des Cours et Tribunaux
des Conseils de préfecture;
3° Un Formulaire des actes des Poursuites;
4° Un Traité sommaire du recouvrement des amendes et des condamnations
pécuniaires, avec les formules correspondantes;
5° Une table analytique et raisonnée des matières.

Première édition publiée en 1838, conformément au Règlement du 26 août 1824

PAR E. DURIEU

ÉDITION NOUVELLE

MISE AU COURANT DE LA LÉGISLATION, DE LA JURISPRUDENCE
ET DES DÉCISIONS ADMINISTRATIVES JUSQU'A CE JOUR

PAR

A. Muriel DURIEU Fils

Secrétaire de la Commission permanente des valeurs de douanes
au Ministère de l'agriculture et du commerce,
Rédacteur en chef du *Journal des Percepteurs*

TOME SECOND

PARIS

AU BUREAU DU JOURNAL DES PERCEPTEURS

8, RUE DE NESLES, 8

1876

POURSUITES

EN MATIÈRE

DE CONTRIBUTIONS DIRECTES

36

Tout exemplaire doit être revêtu de la signature de l'auteur.

PARIS. — IMP. NOUV. (ASSOC. OUV.), 11, RUE DES JEUNEURS
G. MASQUIN ET Cᵉ

POURSUITES

EN MATIÈRE

DE CONTRIBUTIONS DIRECTES

COMMENTAIRE SUR LE RÈGLEMENT

ADOPTÉ PAR LE MINISTRE DES FINANCES

SUR

LES POURSUITES EN MATIÈRE DE CONTRIBUTIONS DIRECTES

EN DATE DU 21 DÉCEMBRE 1839

Pour servir de guide aux Préfets et de base à leurs arrêtés

SUIVI D'UN APPENDICE

Contenant, sur la même matière : 1° Les lois en vigueur, mises en rapport
entre elles au moyen de notes de concordance ;
2° Les décisions du Conseil d'Etat, de la Cour de cassation, des Cours et Tribunaux
des Conseils de préfecture ;
3° Un Formulaire des actes des Poursuites ;
4° Un Traité sommaire du recouvrement des amendes et des condamnations
pécuniaires, avec les formules correspondantes ;
5° Une table analytique et raisonnée des matières.

Première édition publiée en 1838, conformément au Règlement du 26 août 1824

PAR E. DURIEU

ÉDITION NOUVELLE

MISE AU COURANT DE LA LÉGISLATION, DE LA JURISPRUDENCE
ET DES DÉCISIONS ADMINISTRATIVES JUSQU'A CE JOUR

PAR

A. Muriel DURIEU Fils

Secrétaire de la Commission permanente des valeurs de douanes
au Ministère de l'agriculture et du commerce,
Rédacteur en chef du *Journal des Percepteurs*

TOME SECOND

PARIS

AU BUREAU DU JOURNAL DES PERCEPTEURS

8, RUE DE NESLES, 8

1876

POURSUITES

EN MATIÈRE

DE CONTRIBUTIONS DIRECTES

PREMIÈRE PARTIE

COMMENTAIRE SUR LE RÈGLEMENT
(ART. 63 A 114)

COMMENTAIRE

RÈGLEMENT

—~~~~—

TROISIÈME DEGRÉ DE POURSUITES

SAISIE

—————

ARTICLE 63.

La saisie des meubles et effets, ou celle des fruits pendants par racine, est toujours précédée d'un commandement : elle ne peut avoir lieu que trois jours après la signification dudit commandement.

Elle est effectuée en vertu de la même contrainte.

1. Nous avons exposé, dans le *Commentaire* sur les articles 55 et 57, tout ce qui concerne le *commandement* considéré tant dans ses formes extérieures que dans ses conditions intrinsèques. Nous ne pouvons que nous référer aux explications que nous y avons données. (Voir aussi le *Commentaire* sur l'art. 66, n°ˢ 3 et 4.)

2. La saisie des meubles et effets des redevables en retard d'acquitter les termes échus de leurs contributions directes a été ordonnée par toutes les lois relatives au recouvrement de ces contributions, et notamment par les lois des 2 octobre 1791 et 17 brumaire an 5. Ces mêmes lois autorisent aussi la saisie des fruits

pendants par racines, et leurs dispositions sont confirmées par la loi du 3 frimaire an 7 (art. 153); on les retrouve encore dans l'arrêté du 16 thermidor an 8 et dans la loi du 12 novembre 1808, qui réglent le privilége du Trésor pour le recouvrement des contributions directes.

3. Notre article 63 est une conséquence de l'article 56. Il applique, en effet, la disposition du paragraphe 3 de ce dernier article, d'après lequel la même contrainte, qui a été remise à l'agent de poursuites pour signifier le *commandement*, doit comprendre l'ordre de procéder à la saisie sans autre autorisation, si le contribuable ne se libère pas dans le délai de trois jours.

4. A l'égard de ce délai, il est bon de remarquer que le Code de procédure civile auquel renvoie l'article 66 du Règlement, pour l'exécution des saisies contre les contribuables, n'exige qu'un seul jour entre le commandement fait au débiteur et la saisie-exécution; le Règlement veut qu'elle n'ait lieu que trois jours après la signification du commandement : ce délai est une facilité que le Trésor laisse au redevable, et il doit être scrupuleusement observé par les agents du recouvrement. Ceux qui passeraient outre à la saisie, avant les trois jours accomplis, s'exposeraient à ce que les frais de la poursuite fussent mis à leur charge. C'est en vain qu'ils invoqueraient la disposition de l'article 583 du Code de procédure civile. Cet article ne les mettrait pas à l'abri, attendu que s'il *permet* de pratiquer la saisie vingt-quatre heures après le commandement, il ne l'ordonne pas, et que, par conséquent, l'Administration a pu légalement prescrire l'observation d'un délai plus prolongé (1).

5. Quant à la manière de faire le calcul des jours, voir le *Commentaire* sur l'art. 42, n° 6, en Note.

6. Si la saisie ne peut, aux termes de notre article, être exécutée que trois jours après le commandement, faut-il nécessairement qu'elle le soit à l'expiration de ces trois jours ? Ou, si on laissait écouler un temps plus ou moins long, plusieurs mois, par exemple, faudrait-il signifier un nouveau commandement? En d'autres termes, par quel laps de temps un commandement se périme-t-il ?

---

(1) « En général, les délais qu'il est strictement nécessaire d'observer entre chaque degré de poursuites, avant de passer au degré suivant, ne sont obligatoires pour les percepteurs qu'en ce sens qu'ils ne pourraient les restreindre sans antacher les actes de nullité ; mais ces délais peuvent être prolongés. » (Lettre du directeur de la Comptabilité générale des finances au receveur particulier de Toul, en date du 18 octobre 1834.) — (Voir, néanmoins, ce que nous disons au *Commentaire* sur l'art. 7, n° 3.)

Il est généralement reconnu dans la procédure ordinaire que le commandement, qui, aux termes de l'article 583 du Code de procédure, doit précéder la saisie-exécution, n'est pas sujet à la péremption. C'est ce qu'il faut conclure des expressions mêmes de l'art. 583 précité, lequel ne contient d'autre recommandation à cet égard que celle de ne procéder à la saisie qu'un jour *au moins* après le commandement; il n'indique pas après combien de jours *au plus* elle pourra être faite, ce qui annonce que le législateur n'a pas entendu fixer de délai fatal. Un autre argument non moins péremptoire se tire de l'art. 674 du Code de procédure civile. Cet article, relatif aux formalités de la *saisie immobilière*, ordonne que, pour cette saisie, le commandement sera renouvelé, s'il s'est écoulé trois mois depuis la signification de ce commandement jusqu'à la saisie. D'où on peut conclure très légitimement que si la loi n'a pas admis une semblable disposition pour la *saisie-exécution des meubles* ou pour la *saisie-brandon*, ce n'est pas par omission involontaire, mais bien parce qu'elle a jugé qu'il n'était pas utile de soumettre à une péremption quelconque les commandements signifiés pour ces natures de saisies. Et, en effet, le débiteur n'ignore pas qu'il doit, et que, par conséquent, il est contraignable. Le commandement l'a mis en demeure : il est prévenu que des poursuites peuvent être faites contre son mobilier ou sa récolte; il doit donc toujours s'y attendre, et il n'y a pas lieu de le prévenir de nouveau.

Cette doctrine a été proclamée par un arrêt de la Cour de Paris du 28 germinal an 11, et par un arrêt de la Cour de Pau du 29 juin 1821. Elle est professée aussi par la plupart des jurisconsultes. (Voir notamment MM. Carré, Lepage, Dalloz.) M. Dalloz pense cependant (*Répertoire alphabétique*, v° *Saisie-exécution*, n° 34 et suivants), que cette opinion pourrait admettre quelque modification d'après les circonstances. Ainsi, s'il était intervenu entre les parties telles conventions, soit écrites, soit même tacites, qui pussent faire juger que le créancier poursuivant a entendu abandonner la poursuite, dans ce cas, selon lui, il serait indispensable que, pour la reprendre, le commandement fût renouvelé. Nous n'hésitons pas à partager cette manière de voir; mais il faudrait des circonstances bien positives; car la présomption légale n'est pas pour l'abandon des poursuites, et si un contribuable prétendait que le commandement non suivi de saisie-exécution est périmé après plusieurs mois, parce que le percepteur est censé avoir abandonné les poursuites, ce serait à lui à le prouver, et non pas au comptable à faire la preuve contraire.

Nous n'avons pas besoin, au surplus, de faire observer que s'il s'était écoulé trois ans depuis le commandement, comme il y aurait prescription pour le fond même de la dette de contribution, le commandement lui-même tomberait naturellement, et ne pourrait pas servir de base à une saisie-exécution. Mais jusque-là il est hors de doute qu'en général le percepteur peut suivre la saisie des meubles et récoltes d'un redevable, quelle que soit l'époque de la signification antérieurement faite du commandement.

7. Cette opinion se trouve indirectement confirmée dans une lettre émanée du ministère des finances, sous la date du 4 août 1834. Un inspecteur général des finances avait élevé la question de savoir si une garnison collective, décernée après un commandement, devrait faire considérer ce dernier comme non avenu et empêcher de passer à la saisie? — Le Ministre répondit : « Il y a seulement lieu, dans ce cas, de mettre les frais à la charge du percepteur qui a irrégulièrement procédé après le commandement. Le bulletin de garnison doit être regardé comme un simple avis, qui ne préjudicie en rien au contribuable, puisqu'il n'en supporte pas les frais, et, *le commandement n'ayant ainsi rien perdu de sa validité*, il peut être procédé à la saisie sans avoir égard à la garnison collective intervenue depuis le commandement. »

ARTICLE 64.

Il ne peut être procédé à la saisie des fruits pendants par racines, ou à la saisie-brandon, que dans les six semaines qui précèdent l'époque ordinaire de la maturité des fruits.

1. On définit communément la *saisie-brandon* un acte d'exécution par lequel un créancier saisit les fruits pendants par racines ou par branches, qui appartiennent à son débiteur, à l'effet d'en poursuivre la vente et d'être payé sur le prix. Ce mode de saisie s'exerce sur toutes sortes de fruits, blés, seigles, foins, chanvres, légumes, raisins, fruits des arbres, etc., etc. Elle a lieu lorsque les fruits tiennent encore au sol, et par là pourraient avoir, aux termes de l'article 520 du Code civil, le caractère d'immeubles. Dès qu'ils sont détachés ou coupés, ils ne sont plus que des meubles ordinaires, et il ne peut être procédé qu'à une *saisie-exécution*, et non pas à une *saisie-brandon*. Cette distinction est essentielle.

2. La saisie-brandon ne peut être faite, d'après l'article 626 du Code de Procédure civile, reproduit dans notre article 64, que dans les six semaines qui précèdent l'*époque ordinaire* de la maturité

des fruits. Le motif de cette disposition, c'est qu'une époque plus éloignée de la récolte aurait occasionné des frais considérables de garde, qu'il importe d'éviter dans l'intérêt commun du créancier et du débiteur. Aussi, pourrait-on croire qu'il ne résulte pas de l'inobservation de cette règle une nullité absolue et radicale de la saisie. La plupart des auteurs enseignent que, dans ce cas, le juge doit se borner à dégrever le saisi, et à charger le saisissant des frais de garde pour tout le temps qui excède les six semaines, sans déclarer, d'ailleurs, une nullité que le Code de procédure ne prononce formellement dans aucun de ses articles. Mais la Cour de cassation a jugé que la saisie-brandon est nulle lorsqu'elle est faite dans les six semaines qui précèdent la maturité des fruits saisis. (Arrêt du 29 août 1853.) Elle voit dans l'article 626 une disposition prohibitive qui détermine le fond même du droit de saisie, et cette jurisprudence a été suivie par la Cour impériale de Bourges, dans un arrêt du 24 janvier 1863. Il en résulte que, *hors le cas de fraude*, il n'y aurait pas de moyen légal de faire annuler une vente authentique de fruits consentie plus de six semaines avant l'époque de la maturité.

Quant à la fixation de cette époque, le Code ne détermine pas, et il ne pouvait pas déterminer, l'époque précise où les fruits seraient censés mûrs, parce qu'en effet le temps des récoltes varie d'une contrée à l'autre, selon les climats et l'espèce de culture; l'appréciation, en cas de contestation, serait dans chaque localité laissée aux Tribunaux civils, qui sont les juges naturels de tout ce qui se rattache à l'exécution des actes. Cependant on peut, à cet égard, consulter les anciennes coutumes, qui s'observent encore assez habituellement dans la pratique. Par exemple, en Normandie, les grains étaient réputés mûrs la veille de la Saint-Jean; les pommes, la veille du 1er septembre. A Orléans, on ne pouvait saisir les blés, avant la Saint-Barnabé (13 juin); les raisins, avant la Madeleine. En Bretagne, on pouvait saisir les fruits des prés et ceux des arbres des terres ensemencées, des vignes, le lendemain de la Saint-Jean-Baptiste (24 juin). La Cour de Bourges, dans l'arrêt que nous venons de citer, a jugé que lorsque l'époque se trouve ainsi établie par l'usage ancien et constant, on ne peut se dispenser de l'observer sous le prétexte que les progrès de l'agriculture et l'emploi de nouveaux engrais ont avancé la maturité des récoltes.

3. La prohibition de l'article 626 du Code de procédure civile a été, comme nous venons de le dire, introduite dans l'intérêt des débiteurs, à qui elle épargne des frais de garde qui auraient pu absorber la valeur entière des fruits saisis. Mais il est arrivé

que des débiteurs de mauvaise foi ont voulu tourner cette prohibition contre les intérêts de leurs créanciers, et profitant de ce que ces derniers ne pouvaient pas mettre leur récolte sous la main de la justice, se sont empressés de la vendre sur pied et encore en vert à des tiers qui, même pour la plupart du temps, n'étaient que des acquéreurs fictifs et frauduleux; de sorte que, lorsque le délai prescrit par l'article 626 du Code de procédure civile permettait aux créanciers de saisir-brandonner, on opposait à leurs poursuites une vente antérieurement faite, à laquelle on avait eu soin d'assurer une date certaine par l'enregistrement.

Une fraude pareille pourrait être pratiquée à l'égard de la créance du Trésor pour contribution, et le privilége qui est acquis à l'impôt foncier, aux termes de la loi du 12 novembre 1808, ne lui serait pas une garantie suffisante. Ce privilége, en effet, comme tous ceux qui portent sur des objets mobiliers, ne peut pas préjudicier aux ventes qui ont été faites à des tiers, avant le commencement des poursuites, à moins que la mauvaise foi de l'acquéreur ne soit prouvée, ce qu'il n'est pas toujours possible de faire. Mais la jurisprudence des Tribunaux est venue au secours des créanciers. Elle considère comme entachée de fraude la vente des grains en vert faite avant les six semaines qui précèdent la maturité des fruits; et nonobstant ladite vente, elle autorise et reconnaît valables les saisies pratiquées par les créanciers du vendeur. C'est ce qui a été décidé par un jugement du Tribunal civil d'Alençon, du 26 novembre 1833, que nous avons eu occasion de rapporter en entier dans le *Commentaire* sur l'article 11, n° 122. Divers arrêts de la Cour de cassation, notamment ceux des 7 septembre 1854 et 8 février 1856 ne laissent aucun doute sur l'exactitude de cette solution.

4. Les bois peuvent-ils, comme les fruits, être l'objet d'une saisie-brandon? — On ne peut guère en douter. Si l'on se reporte au texte même de la loi (Code civil, art. 521), on se convaincra que les bois sont des *fruits* comme tous les autres, et que si, tant qu'ils ne sont pas abattus, ils sont considérés comme des immeubles, ce n'est pas une raison pour qu'ils ne puissent pas être atteints par une saisie-brandon, puisque tous les fruits en général sont absolument dans le même cas, et que c'est même, comme nous l'avons fait remarquer, parce qu'ils n'ont pas le caractère exclusif de meubles, qu'on procède à leur égard par la saisie-brandon, et non par la saisie-exécution.

5. Mais s'ils peuvent être saisis-brandonnés, à quelle époque doit-on fixer la maturité? — Il faut distinguer s'il existe ou non un aménagement. La *coupe réglée* d'un bois taillis ne peut être

saisie-brandonnée que dans l'année où la coupe doit être faite selon l'usage constant du propriétaire, et dans les six semaines seulement qui précèdent l'époque où on peut couper les bois. C'est ce qui paraît résulter de l'application exacte de l'article 626 du Code de procédure civile, et ce qu'enseignent aussi MM. Duranton, Touillier, Delvincourt, etc., etc. Cette opinion est d'ailleurs confirmée par un arrêt de la Cour de cassation du 21 juin 1820, qui a décidé qu'une coupe réglée de bois de taillis est un objet purement mobilier, dès que le bois a acquis l'âge de l'exploitation.

Un arrêt de la Cour de Rouen, du 1er mars 1839, a jugé, dans le même sens, que les arbres d'une pépinière peuvent être saisis-brandonnés quand ils sont parvenus à maturité, c'est-à-dire lorsqu'ils sont excrus dans un plant dont l'existence remonte à plus de six ans.

Ainsi, pour reprendre l'espèce de l'arrêt précité de la Cour de cassation, dans la supposition d'une coupe réglée de dix ans en dix ans, nous ne croyons pas que le percepteur pût faire pratiquer de saisie avant les six semaines qui précéderaient l'époque déterminée pour la coupe, attendu que ce n'est qu'à cette époque que le bois serait mûr. Il serait, à cet égard, dans la même position que tout autre créancier.

6. Mais comment, dans ce cas, assurer les droits du Trésor et le recouvrement de l'impôt? Le contribuable pourra donc, s'il le veut, ne payer sa contribution que tous les dix ans?

Nous ne pouvons faire à cette question qu'une réponse analogue à celles qui ont fait l'objet des nos 14 et 15 du *Commentaire* sur l'article 12, et où nous avons examiné quelle marche devait suivre le percepteur à l'égard de propriétés qui ne présentaient pas de revenus saisissables. Le cas est ici absolument le même : le bois ne pouvant être saisi, c'est, jusqu'à l'époque de la maturité, comme s'il n'existait pas de revenus. Mais alors il resterait au Trésor, en vertu de l'article 3 de la loi du 12 novembre 1808, la faculté de faire vendre les fonds du bois lui-même par une saisie immobilière. Le percepteur devrait donc, dans le cas dont nous parlons, pour mettre sa responsabilité à couvert, exposer au receveur des finances la situation des choses; établir que le bois est mis en coupes réglées; que, d'après l'usage constant des propriétaires, la coupe la plus prochaine ne doit avoir lieu, par exemple, que dans sept ans; que, d'autre part, le contribuable ne présente aucun objet saisissable (1), et que dès lors la cote ne peut pas être

_____

(1) Nous n'avons pas besoin de rappeler que, comme la dette de contribution directe grève le contribuable d'une obligation personnelle, il peut être contraint

recouvrée, à moins que le gouvernement n'autorise l'expropriation forcée de l'immeuble. Si l'Administration ne voulait pas se
déterminer à autoriser la saisie immobilière, elle considérerait
sans doute la cote comme irrecouvrable, et en déchargerait le
percepteur.

7. Il faudrait remarquer cependant que si la cote est, en effet,
irrecouvrable dans les délais ordinaires assignés au percepteur,
et si, sous ce rapport, il est juste d'en décharger sa responsabilité,
le recouvrement de cette cote n'est pas définitivement impossible.
Elle deviendra recouvrable à l'époque de la maturité de la coupe,
et alors tout l'arriéré pourra être payé sur le produit. Mais, pour
cela, il serait essentiel qu'on ne pût pas opposer au Trésor la prescription de trois ans. Or, comment l'empêcher, puisqu'il s'écoule
dix années dans l'intervalle d'une coupe à l'autre? A cet égard,
ce serait au percepteur à prendre les moyens indiqués par le Code
pour interrompre les prescriptions. D'après l'article 2244, un commandement opère cette interruption. Le comptable devrait donc,
pour la conservation des droits ultérieurs du Trésor, faire signifier
tous les trois ans au contribuable un commandement de payer
toutes les années échues. De cette manière, à la maturité de la
coupe, le Trésor aurait conservé la possibilité de recouvrer le
montant de sa créance.

8. Nous venons de raisonner dans l'hypothèse où il s'agit d'un
bois mis en coupes réglées. Mais si le bois était de peu d'importance, et qu'il n'y eût aucune espèce d'usage établi pour les coupes; que, par exemple, le propriétaire se bornât à y couper indistinctement et sans ordre, au fur et à mesure de ses besoins, les
arbres nécessaires à sa consommation, dans ce cas, nous pensons
que, rien ne pouvant indiquer l'époque de la maturité du bois,
celui-ci pourrait être saisi-brandonné en tout temps.

9. Il en serait de même des arbres épars qui pourraient exister
dans une propriété, pourvu qu'il s'agît d'arbres qui de leur nature
sont destinés à être coupés pour le chauffage ou autres usages
industriels ou domestiques. Des arbres fruitiers ou même de pur
agrément ne pourraient pas être saisis-brandonnés, attendu que,
n'étant pas primitivement destinés à être coupés, ils font partie
intégrante du sol et ne sauraient être vendus qu'avec l'immeuble
lui-même.

10. Nous n'avons pas à parler ici des formalités particulières

sur l'ensemble de ses biens, de sorte que rien n'empêcherait de saisir même des
meubles, pour avoir payement de la contribution foncière. (Voir le *Commentaire*
sur l'art. 12, n° 2.)

de la saisie-brandon et de la vente qui en est la suite. Nous renvoyons, pour cet objet, à ce que nous en avons dit au *Commentaire* sur les articles 66, n. 27, et 81, n. 31.

ARTICLE 65.

La saisie est faite pour tous les termes échus des contributions, et pour ceux qui seront devenus exigibles au jour de la vente, quoique le commandement ait exprimé une somme moindre.

1. Pour que l'exécution de cet article ne donne lieu à aucune difficulté de la part de la partie saisie au moment de la vente, il est bon d'insérer dans le commandement même des réserves pour les termes à échoir. C'est ce que nous avons fait dans le Modèle de cet acte, que nous avons donné au *Formulaire* n° 9. Voir, en outre, les développements dans lesquels nous sommes entré sur la question de savoir si le commandement pouvait être fait pour les douzièmes à échoir comme pour les douzièmes échus (*Commentaire* sur l'art. 55, n° 6), et sur celle de savoir si on pouvait pratiquer une saisie-arrêt sur des sommes à échoir. (*Commentaire* sur les art. 83-89, n°s 14 et 26.)

2. En ce qui concerne les termes restant dus des exercices antérieurs, ils doivent aussi être poursuivis en même temps que les termes échus de l'année courante, d'après le principe de l'article 22 du Règlement. (Voir le *Commentaire* sur cet article et l'arrêt du 20 janvier 1848, rapporté à la page 152 de la 2e Partie, *Jurisprudence*.)

ARTICLE 66.

Les saisies s'exécutent dans les formes prescrites pour les saisies judiciaires, titre VIII, livre V du Code de procédure civile.

1. Les formalités dont l'observation est prescrite par le titre 8 du livre V du Code de procédure civile sont celles relatives aux saisies-exécutions, c'est-à-dire à la saisie des meubles et effets. Cette saisie est appelée *exécution*, parce qu'elle dépouille par une exécution réelle le débiteur de ses meubles, qui sont vendus immédiatement, sans qu'il soit besoin de recourir à la justice. Des difficultés assez nombreuses peuvent embarrasser les agents de

poursuites chargés de procéder à une saisie contre un contribuable. Il importe dès lors d'indiquer, autant que possible, la solution
de ces difficultés, et la marche à suivre dans certaines circonstances; car l'inobservation des formalités prescrites par le Code
de procédure entraîne contre les comptables ou les agents de
poursuites qu'ils emploient des condamnations, soit à des amendes,
soit à des dommages-intérêts; et, en outre, les expose à répondre
des frais des actes annulés pour vices de formes.

2. Les deux premiers articles du titre VIII du livre v du Code de
procédure civile, qui sont les articles 583 et 584 veulent que toute
saisie-exécution soit précédée d'un commandement et font connaître les formes essentielles de cet acte. Nous nous sommes déjà
occupé de tout ce qui est relatif au commandement dans le *Commentaire* sur les articles 55, 56, 57, 58 et 63 du Règlement; nous
renverrons, par conséquent, à ces articles, en ajoutant ici quelques
explications complémentaires.

3. Il peut arriver que le contribuable poursuivi par la voie de
la saisie-exécution possède des meubles et effets qui lui soient
communs avec d'autres personnes, par exemple, avec des cohéri-
tiers. Faudra-t-il, en pareil cas, qu'un commandement individuel
ait été fait à chacun des copropriétaires? Nous ne le pensons pas.
La saisie pratiquée sur un contribuable possesseur de meubles et
effets indivis nous paraîtrait valablement faite sur lui sans commandement adressé aux autres copropriétaires, par la présomption que celui qui possède un meuble en est réputé propriétaire
réel, jusqu'à preuve contraire. Or, cette preuve ne peut être four-
nie ici qu'à la suite d'une opposition à la saisie même, ce qui
suppose nécessairement cette saisie déjà entreprise. Seulement,
ces derniers pourront agir en suivant les formes prescrites par
l'article 608 du Code de procédure, et former une demande en distraction qui sera du ressort de l'autorité judiciaire. (Arrêts du
Conseil d'Etat des 17 février 1853 et 28 février 1856, rapportés dans
la 2ᵉ Partie, *Jurisprudence*, p. 156 et 157.) Si les meubles qui se
trouvent en possession du contribuable saisi ont été réellement
partagés entre les divers communistes, il en résultera qu'il ne devra être passé outre à la vente qu'à l'égard des meubles appartenant au débiteur à qui le commandement aura été fait. Dans le
cas, au contraire, où ils sont indivis, il faudra en effectuer nécessairement le partage, pour vendre ceux des meubles qui écher-
ront au contribuable qui a reçu le commandement. Sous cette
réserve, on peut donc saisir des immeubles indivis avant que le
partage en soit effectué. (C'est l'avis de M. Chauveau sur Carré,
nᵒˢ 1992 et suiv.)

4. Si des poursuites étaient dirigées simultanément contre plusieurs contribuables, et que les meubles à saisir fussent communs entre eux, un commandement fait à l'un d'eux, à la charge d'avertir les autres, ne pourrait suffire, et il serait nécessaire qu'un commandement eût été fait à chacun d'eux en particulier. C'est ce qu'enseignent Pothier (*Traité de la Procédure civile*, 4ᵉ Part., ch. II, art. 4), et Thomines-Desmazures (tom. II, p. 91). C'est aussi ce qui résulte d'un arrêt de cassation du 15 février 1815.

5. Le porteur de contraintes chargé de procéder à la saisie doit, aux termes de l'article 585 du Code de procédure, être assisté de deux témoins, Français, majeurs, non parents ni alliés des parties ou de lui-même jusqu'au degré de cousin issu de germain inclusivement, ni leurs domestiques; c'est-à-dire qui auraient, au besoin, les qualités nécessaires pour témoigner en justice entre le contribuable et le porteur de contraintes. Cet article exige seulement que les témoins soient *Français*; ils n'ont pas besoin de réunir les conditions auxquelles la loi politique attache la qualité de citoyen. Il suffit dès lors qu'ils soient majeurs, nés en France, ou nés en pays étranger d'un Français, et jouissant des droits civils. Quant à un étranger qui aurait été admis à fixer son domicile en France, il y jouit bien des droits civils tant qu'il y réside, mais il n'est pas pour cela *Français*, et conséquemment il ne peut être témoin dans une saisie. (Voir ci-après les nᵒˢ 10 et 11.)

6. Si le porteur de contraintes ne trouvait pas de témoins qui voulussent l'assister, que devrait-il faire dans ce cas? — Il est difficile de penser qu'un embarras de cette nature, qui ne peut tenir qu'à quelque circonstance accidentelle ou locale, n'ait pas pu être prévu d'avance; et, dans ce cas, le porteur de contraintes eût fait sagement d'amener avec lui ses deux témoins. C'est ce que font habituellement les huissiers, afin d'éviter la même difficulté : l'un de ces témoins est ensuite constitué gardien de la saisie.

Mais, enfin, si le porteur de contraintes n'avait pas pris ou n'avait pas pu prendre cette précaution, comment devrait-il agir? Nous avions nous-même proposé d'employer le moyen coercitif que paraît offrir l'article 475, § 12 du Code pénal, que nous invoquons dans une autre circonstance analogue. (Voir le *Commentaire* sur l'art. 71, nᵒ 4.) Cet article prononce une peine de 6 à 10 francs contre « ceux qui, le pouvant, auront refusé de prêter le secours dont ils auront été requis dans les circonstances d'accidents. tumulte, naufrage, inondation, incendie ou autres calamités, ainsi que dans les cas de brigandage, pillages, flagrant délit, clameur publique ou d'*exécution judiciaire*. »

D'après cette disposition, on peut soutenir que deux citoyens de la commune pourraient être mis en réquisition pour servir de témoins à la saisie, sous peine d'être traduits, en cas de refus, au Tribunal de police. Mais il faut bien remarquer qu'en aucun cas il ne suffirait d'une réquisition faite par le porteur de contraintes, même quand il en ferait mention dans son procès-verbal. Le juge de paix ou le maire seuls auraient, dans cette circonstance, le droit de requérir les habitants de prêter assistance, et le porteur de contraintes devrait s'adresser à l'un ou à l'autre de ces magistrats pour réclamer son autorité. Mais il faut bien reconnaître que si cette intervention restait sans effet, des poursuites intentées contre les récalcitrants courraient grand risque de ne pas être suivies de condamnation. Ce qui motive la peine, en effet, c'est le refus d'obéir à la formule exécutoire qui termine les jugements ; or, ni le juge de paix, comme officier de police judiciaire, ni le maire comme administrateur, ne disposent d'une autorité qui puisse équivaloir au *mandons et ordonnons*. L'arrêt de la Cour de cassation qui est cité à l'article 71 précité nous paraît confirmer cette opinion.

7. Le procès-verbal de saisie doit contenir l'énonciation des noms, professions et demeures des témoins. L'original et les copies sont signés par ces derniers. Dès l'instant que l'article 585 exige leur signature, il faut absolument que les témoins sachent signer. Ainsi, lors même que le porteur de contraintes mentionnerait au procès-verbal que les témoins ne savent ou ne peuvent signer, la saisie n'en serait pas moins entachée d'un vice radical.

8. Les auteurs ont élevé la question de savoir si l'huissier doit indiquer dans son procès-verbal l'heure à laquelle il y procède. L'article 4 du titre XXXIII de l'ordonnance de 1667 exigeait cette mention, afin de déterminer, dans le cas où il y aurait eu plus d'une saisie le même jour, quel était le premier saisissant. Mais une telle obligation n'est plus imposée aujourd'hui à l'huissier par le Code de procédure. Toutefois, Pigeau et Carré conseillent de faire encore cette énonciation, non-seulement parce qu'il est utile de fournir un moyen de déterminer, entre plusieurs saisies, celle qui aurait précédé les autres, mais encore parce que l'huissier est intéressé, ainsi que le remarque Demiau-Crouzilhac, à fournir une preuve qu'il n'a pas procédé à la saisie à une heure indue. L'énonciation de l'heure à laquelle la saisie a été faite, si elle n'est pas nécessaire, peut, dans tous les cas, ne pas être inutile : nous pensons dès lors que le porteur de contraintes agirait sagement en l'indiquant dans son procès-verbal. (Dalloz, vº *Saisie-exécution*, nº 110.)

9. La partie poursuivante ne peut être présente à la saisie. Cette défense de l'article 585 a pour objet de prévenir les débats, les rixes, et peut-être les voies de fait, que pourrait occasionner la présence du saisissant à la requête duquel le débiteur voit énumérer et saisir ses meubles. Dans la dénomination de partie poursuivante, on doit comprendre son mandataire, son représentant.

Ainsi le percepteur, qui exerce les poursuites au nom du Trésor, ne pourrait être présent à la saisie.

10. L'article 585 du Code de procédure ne prononce point la peine de nullité pour l'inobservation des règles qu'il prescrit; cependant les auteurs établissent à cet égard une distinction entre les formalités substantielles et les formalités accidentelles. Ainsi, par exemple, un acte de saisie qui ne serait pas fait avec l'assistance de deux témoins devrait être considéré comme non avenu, puisque, sans la présence, le concours et la signature de ces deux témoins, on ne saurait véritablement dire qu'il existe un procès-verbal de saisie : c'est là une formalité essentielle. Mais un procès-verbal de saisie-exécution ne serait pas nul par cela seul qu'il ne contiendrait pas les professions et demeures des témoins : c'est ce qui a été décidé par un arrêt de la Cour de Limoges rendu en 1809, et cité par Berriat de Saint-Prix. Il a été jugé encore par un arrêt de la Cour de Bordeaux, du 5 juin 1832, rapporté dans la deuxième Partie, *Jurisprudence*, page 131, qu'une saisie-exécution n'est pas nulle par cela seul que l'un des témoins chargés d'assister l'huissier n'était pas Français. Cette jurisprudence est contestable; mais il est certain que l'omission des professions et demeures ne porte que sur une formalité accidentelle et n'altère pas la nature de l'acte de saisie.

11. Toutefois, il importe de le remarquer (et cette remarque devra s'appliquer à tous les cas où il s'agira de formalités à l'inobservation desquelles la loi n'a pas attaché expressément la peine de nullité), les porteurs de contraintes ont le plus grand intérêt à se conformer scrupuleusement aux règles prescrites par le Code de procédure; car, encore bien que l'acte ne fût pas annulé pour inobservation de quelque formalité non substantielle, ils n'en seraient pas moins exposés à l'amende de 5 francs à 100 francs prononcée par l'article 1030, et même à des dommages-intérêts envers la partie saisie, si les irrégularités commises lui avaient causé du préjudice. C'est ainsi que l'arrêt de la Cour de Limoges, ci-dessus cité, tout en reconnaissant que l'omission des professions et demeures des témoins n'annulait pas la saisie, a néanmoins, par application du principe de l'article 1030 du Code de procédure, con-

damné l'huissier à l'amende et aux frais de l'exécution et du procès auquel cet acte avait donné lieu.

12. Les formalités des exploits doivent être observées dans les procès-verbaux de saisie-exécution. (C. de proc. civile, art. 586.) Les formalités dont parle cet article sont celles communes à tous les *exploits*, comme la date, les noms et qualités des porteurs de contraintes, la désignation des parties, l'énonciation du titre, la remise ou *parlant à*. On peut appliquer ici ce que nous avons dit sur ces formalités en parlant du commandement. (*Commentaire sur l'art.* 57, nos 3 et suiv.)

Le procès-verbal de saisie doit encore (C. proc. civile, art. 586) contenir itératif commandement, si la saisie est faite en la demeure du saisi, c'est-à-dire si elle est faite dans le lieu où se trouvent, soit le débiteur, soit gens pour lui. La loi n'a prescrit l'obligation de réitérer le commandement au saisi que parce qu'elle a supposé que celui-ci serait présent. Lorsque la saisie se fait au domicile du contribuable, et qu'après avoir fait ouvrir les portes le porteur de contraintes ne trouve ni ce dernier ni personne pour lui, il est évident que l'énonciation d'un itératif commandement serait dérisoire. Mais quand la saisie a lieu, même hors la demeure du contribuable, si ce dernier se rencontre dans la maison, il serait dans l'ordre de lui faire itératif commandement avant de procéder à la saisie. (Dalloz, *Répertoire alph.*, vo *Saisie-exécution*, no 79 et suiv.)

Nous donnons un modèle du procès-verbal de saisie-exécution, au *Formulaire*; no 18.

13. Le porteur de contraintes qui se présente pour procéder à une saisie peut rencontrer des obstacles de plusieurs espèces : tel est, par exemple, le cas de fermeture des portes ou de refus d'ouverture de ces portes. La marche qu'il doit suivre dans cette circonstance lui est tracée par l'article 71 du Règlement. Quant aux autres obstacles qui peuvent provenir, soit de la part du saisi, soit de la part des tiers, nous en parlerons lorsque nous serons arrivé au commentaire de l'article 67 du Règlement.

Nous supposons donc ici que tous les obstacles à la saisie sont levés, et que le porteur de contraintes n'a plus qu'à s'occuper de la saisie des objets appartenant au contribuable. Parmi ces objets, il en est que la loi déclare insaisissables : ce sont ceux mentionnés dans l'article 77 du Règlement. Le mode d'exécution des dispositions de cet article, qui n'est à peu près que la reproduction de l'article 592 du Code de procédure civile, est susceptible d'offrir quelques difficultés, que nous nous réservons de discuter lors de l'examen de l'article 77.

14. Le porteur de contraintes est tenu de désigner dans son procès-verbal, d'une manière *détaillée*, les objets saisis. S'il y a des marchandises, elles doivent être pesées, mesurées ou jaugées, suivant leur nature. (Code de procédure civile, article 588.)La désignation des marchandises par leur qualité ne paraît pas rigoureusement exigée par la loi, attendu qu'elle ne s'exprime formellement que sur l'obligation de les peser, jauger ou mesurer. Cependant nous croyons qu'il est nécessaire, en plusieurs circonstances, de désigner les marchandises par leur qualité, car il serait très facile de substituer des objets de qualité inférieure à ceux qui auraient été saisis. C'est, du reste, l'opinion que professent M. Carré, tome II, page 429 et M. Dalloz, vᵒ *Saisie-exécution*, nᵒ 138.

Toutefois la loi, en voulant que le procès-verbal de saisie-exécution contienne la désignation détaillée des objets saisis, ne défend point de saisir en bloc une certaine quantité d'objets de même nature.

Ainsi, on peut saisir en bloc les grains qui sont dans une grange sans compter les gerbes, de même les cercles placés dans un magasin, sans en énumérer le compte détaillé. C'est ce qui résulte d'un arrêt de la Cour royale d'Orléans, du 15 avril 1818. Cette même Cour a jugé, le 24 août 1822, que lorsqu'on saisit une bibliothèque, il est nécessaire de désigner les principaux ouvrages qui la composent, mais non le titre de tous les livres quand ils ont peu de valeur; que la loi n'attache point la peine de nullité au défaut de désignation des livres saisis, quoique cette irrégularité soit une faute, dont le résultat puisse, selon les circonstances, retomber sur l'officier ministériel qui a dirigé les poursuites.

15. L'argenterie exige une désignation spéciale, comme elle exige un mode particulier pour la vente, parce que l'objet est plus précieux, que la tentation de substituer un objet à un autre pourrait être plus forte, et cette substitution même plus facile. Aussi, l'article 589 du Code de procédure civile veut-il que l'argenterie soit spécifiée par pièces et poinçons, et qu'elle soit pesée. On entend par ces mots *sera spécifiée par poinçons*, que l'officier ministériel qui saisit de l'argenterie, énoncera dans son procès-verbal le *poinçon* du titre. On appelle ainsi l'une des empreintes apposées sur chaque pièce d'argenterie pour en déterminer le titre, c'est-à-dire le rapport de la quantité de métal pur ou de métal fin à celle de l'alliage, et conséquemment la valeur. La loi du 17 brumaire an 6 porte qu'il y a trois titres pour l'or et deux pour l'argent.

Chaque poinçon de titre, d'après l'article 4 de l'ordonnance du

7 avril 1838, porte un signe particulier pour chaque bureau; il n'y avait autrefois qu'une empreinte unique, qui figurait un coq avec l'un des chiffres arabes 1, 2, 3, indicatifs des premier, deuxième et troisième titres. Le porteur de contraintes *spécifiera par poinçon* un objet d'or ou d'argent, lorsqu'il énoncera pour l'or qu'il est marqué au premier, second ou troisième titre, et pour l'argent qu'il est au premier ou au second. La loi du 17 brumaire an 6 veut encore que les mêmes ouvrages d'or ou d'argent qui ne pourraient être frappés des poinçons ci-dessus désignés sans être endommagés, soient marqués d'un plus petit poinçon, qu'on appelle poinçon de petite garantie qui, ne portant pas de chiffre indicatif du titre, ne garantit que le titre le plus bas. (Circ. 10 avril 1838.) Le poinçon de vieux, supprimé par l'ordonnance du 5 mai 1819 et destiné uniquement à marquer les ouvrages dits *de hasard*, représente une hache. Un décret du 13 janvier 1864 a modifié la signification, le nombre et la forme des poinçons destinés aux ouvrages venant de l'étranger. C'est aux porteurs de contraintes à distinguer ces différents poinçons, afin de bien remplir le but de la loi, qui est de prévenir la substitution d'une valeur inférieure à celle qui aurait été saisie. Si le poinçon était usé ou effacé par vétusté, ils devraient en faire mention; et, en tous les cas, s'ils étaient embarrassés pour distinguer le poinçon, ils appelleraient un orfèvre.

Enfin, il peut se trouver des objets qui ne soient point marqués, et des bijoux dont le porteur de contraintes ne connaisse pas le prix : il doit être d'autant plus attentif à en faire la désignation par leur usage, leur poids, leur qualité et toutes autres marques qui peuvent les distinguer d'autres objets semblables.

16. Les deniers comptants, c'est-à-dire l'argent monnayé, peuvent être saisis par le porteur de contraintes, mais il doit (Code de proc., art. 590) faire mention du nombre et de la qualité des espèces. S'il ne faisait pas cet désignation, il en résulterait que l'on pourrait prendre l'affirmation du débiteur sur l'espèce de monnaie qui aurait été saisie, et que la valeur de la somme devrait être comptée, soit sur ce qu'elle représentait à l'époque de la saisie, soit sur ce qu'elle représenterait à l'époque du compte qui se ferait entre les parties. Le choix, en pareil cas, appartiendrait au saisi; la diminution, s'il y en avait dans la valeur des espèces, serait au préjudice du porteur de contraintes, et leur augmentation ne lui profiterait pas.

17. Les auteurs ont agité la question de savoir si tous les deniers comptants trouvés chez le débiteur peuvent être saisis. M. Delaporte, t. II, p. 169, pense que l'affirmative paraît résulter des ter-

mes de l'art. 590 du Code de procédure, qui ne fait aucune exception; mais que cependant on pourrait laisser au saisi la somme
qui serait nécessaire pour sa subsistance et celle de sa famille
pendant un mois. « Il serait pénible, observe M. Carré, d'avoir à
combattre cette décision dictée par l'humanité; mais heureuse-
ment elle a pour elle la loi même, puisque l'art. 592 déclare insaisissables les farines et menues denrées nécessaires à la consommation du saisi et de sa famille pendant un mois. » L'opinion de ces
auteurs nous semble devoir être adoptée. Cependant le porteur de
contraintes ne devrait pas prendre sur lui d'arbitrer et de laisser
à la disposition du saisi, dans le cas où il ne trouverait pas, au domicile de ce dernier, les farines et menues denrées nécessaires à sa
consommation et à celle de sa famille pendant un mois, la somme
représentative de ces denrées; il ferait plus sagement de saisir
tous les deniers, sauf au saisi à se pourvoir auprès du sous-préfet,
conformément à l'art. 67, lequel statuerait administrativement et
sous toute réserve pour ledit saisi de faire juger la question de
distraction d'objets insaisissables par le Tribunal civil, s'il voulait
engager l'affaire par les voies contentieuses.

18. Les deniers comptants doivent être déposés au lieu établi
pour les consignations, à moins que le saisissant et la partie saisie,
ensemble les opposants, s'il y en a, ne conviennent d'un autre dépositaire. (Code de proc. civile, art. 590.) L'ordonnance du 3 juillet 1816, qui a expliqué cet article, porte (art. 1er, no 7) qu'il n'y
aura obligation de déposer à la Caisse de dépôts et consignations
les deniers comptants saisis par un huissier chez un débiteur
contre lequel il exerce une saisie-exécution, que « lorsque, conformément à l'article 590 du Code de procédure civile, le saisissant,
la partie saisie et les opposants ayant la capacité de transiger, ne
seront pas convenus d'un séquestre volontaire dans les trois jours
du procès-verbal de saisie. » Comme il n'y a pas encore, au moment de la saisie, d'oppositions, lesquelles ne surviennent que plus
tard, soit avant, soit pendant, soit après la vente, les opposants
n'ont guère occasion de participer au choix d'un autre dépositaire;
mais si leur opposition est formée avant la consignation, dans ce
cas le porteur de contraintes, connaissant les opposants, ne doit
consigner qu'après les avoir avertis, afin qu'ils puissent se concerter avec le saisissant et le saisi pour un autre dépositaire.

L'huissier ne dresse point de procès-verbal particulier; il indique seulement, dans son procès-verbal de saisie, le jour où il fera
la consignation, lequel doit être le plus prochain qu'il est possible.

Le reçu du dépositaire suffit pour constater ce dépôt. Toutefois,
il a été décidé, par un arrêt de la Cour de Rennes du 26 fé-

vrier 1818, que le dépôt à la Caisse des consignations prescrit par
l'article 590 n'était pas nécessaire, à peine de nullité, attendu que
cet article ne prononce pas cette pénalité, et qu'on ne peut suppléer à son silence; que, d'ailleurs, les droits des parties saisies
sont à couvert par la responsabilité solidaire du saisissant et de
l'huissier qui s'est emparé du numéraire trouvé en la possession
du saisi.

S'il n'y avait pas d'opposants, et s'il ne s'élevait pas de difficultés, il est évident que le porteur de contraintes pourrait remettre
les deniers au percepteur à la requête duquel la saisie est faite, en
payement de ce qui est dû par le contribuable.

C'est même ce qu'il devrait faire toutes les fois que les deniers
provenant de la vente sont, par la nature des contributions, affectés au privilége du Trésor. Dans ce dernier cas, il ne saurait y
avoir lieu à consignation, comme nous l'avons fait observer sur
l'article 14, n° 35. Cette distinction est des plus importantes.

19. Nous avons vu que le procès-verbal de saisie devait contenir
la désignation détaillée des objets saisis. Mais cette obligation
de détailler les objets saisis autorise-t-elle le porteur de contraintes à fouiller le débiteur ou les personnes qui lui sont atta-
chées? Nous ne saurions le penser; un tel acte serait à la fois
odieux et illégal. Une ancienne ordonnance de 1485 défendait expressément de fouiller le débiteur, et quoiqu'il ne paraisse pas que
cette défense ait été renouvelée par le Code de procédure, nous
n'hésitons pas à croire que cet acte serait considéré par les Tribunaux comme vexatoire à l'égard du débiteur; de sorte que le
porteur de contraintes pourrait être déclaré coupable de voie de
fait envers ce dernier.

20. Lorsque tous les meubles et effets ont été décrits et qu'il
ne s'en trouve plus à saisir, le porteur de contraintes doit s'occuper de l'établissement d'un gardien. Certaines conditions sont
exigées pour pouvoir être gardien, des obstacles peuvent être
opposés à son établissement; enfin, une grave responsabilité est
imposée à la personne chargée de la garde des effets saisis. Nous
en parlerons sous les articles 72, 73, 74 et 75 du Règlement.

21. Le procès-verbal de saisie doit contenir indication du jour
de la vente (Code de procédure civile, art. 595. Cette indication
a pour motif d'économiser les frais d'une seconde signification
pour indiquer le jour de la vente. Cette formalité n'est pas prescrite par l'article 595, à peine de nullité, mais comme, pour en
réparer l'omission, il serait nécessaire de faire au saisi une seconde signification, les frais seraient mis à la charge du saisissant. Il en résulterait encore que si, sans indication de jour, o'

passait outre à la vente, le saisi aurait droit à des dommages-intérêts.

Le porteur de contraintes doit, par conséquent, ne pas négliger d'indiquer dans son procès-verbal le jour de la vente des effets saisis. Nous ferons remarquer que l'art. 613 du Code de procédure exige qu'il y ait au moins huit jours entre la signification de la saisie au débiteur et la vente. D'autres formalités préalables à la vente sont imposées par les art. 79 et 80 du Réglement et notamment l'autorisation du sous-préfet. (Voir ces articles, où nous examinons comment on peut concilier la nécessité de cette autorisation avec celle de fixer d'avance, dans le procès-verbal de saisie, le jour de la vente.)

22. Le procès-verbal sera fait *sans déplacer*, est-il dit dans l'article 599 du Code de procédure. Faut-il entendre par ces mots *sans déplacer*, que le porteur de contraintes ne pourrait rédiger son procès-verbal sur les lieux, au domicile du saisi et sans se *déplacer*, ou bien qu'il ne pourrait, lors de son procès-verval, *déplacer* les objets saisis? La première interprétation est généralement adoptée par les auteurs. Car il est évident que si les objets saisis ne pouvaient être déplacés lorsque le gardien le requiert, personne ne consentirait à se rendre responsable d'objets qu'on ne pourrait pas surveiller immédiatement, à moins de s'établir chez le saisi, et par conséquent de s'exposer à des avaries et à des soustractions. Ainsi, le porteur de contraintes doit rédiger son procès-verbal sur le lieu même et sans divertir à d'autres actes. Ce qui ne l'empêche pas d'interrompre l'opération si elle ne peut être achevée dans la journée même et de la remettre au lendemain, en établissant un gardien. Mais, dans ce cas, y aurait-il nullité de la saisie, si le porteur de contraintes, employant plusieurs vacations, ne signait pas à la fin de chacune? Carré, qui traite cette question t. II, p. 445, n° 2056, pense avec raison qu'il n'y aurait pas nullité, attendu que les interruptions que la saisie peut exiger n'empêchent pas que le procès-verbal ne fasse un seul et même acte dont les parties sont régies par la signature apposée à la fin. Cependant il vaudrait mieux que le porteur de contraintes signât et fît signer à la fin de chaque vacation. Cette précaution ne peut qu'être fort sage.

23. Le procès-verbal doit être signé par le gardien en l'original et la copie. S'il ne sait signer, il en sera fait mention, et il lui sera laissé copie du procès-verbal. (C. de proc. civ., 599.)

La signature du procès-verbal par le gardien est considérée par Carré comme une formalité substantielle. Cet auteur pense que le défaut de signature équivaut au défaut d'établissement du gar-

dien, et il estime qu'il y aurait nullité si le gardien n'avait pas
signé le procès-verbal ou n'avait pas été du moins interpellé de
signer, parce que la signature tient à la substance de l'acte, en ce
qu'elle sert à prouver qu'un gardien a été établi et a accepté la
garde : cette opinion est cependant contraire à quatre arrêts rendus par les Cours royales de Toulouse, le 1ᵉʳ septembre 1820 ; de
Besançon, le 17 décembre 1824 ; de Bourges, le 26 août 1825, et de
Bordeaux, le 13 avril 1832. (Dalloz, vᵒ *Saisie-exécution*, nᵒ 122.)
Ces arrêts sont fondés sur ce que la peine de nullité n'est pas prononcée formellement par l'article 599.

24. Si la saisie est faite au domicile de la partie, copie doit lui
être laissée *sur-le-champ* du procès-verbal, signée des personnes
qui ont signé l'original ; si la partie est absente, copie doit être
remise au maire ou adjoint, ou au magistrat qui aura été requis
pour l'ouverture des portes, et celui-ci visera l'original. (C. de
proc. civ., art. 601.) On voit, par cet article, qu'il faut distinguer
deux cas d'absence différents : le premier, celui où il a fallu faire
l'ouverture des portes ; alors la copie doit être laissée au maire
ou magistrat ; le second, où les portes ont été trouvées ouvertes ;
alors on laisse la copie à un parent ou serviteur, conformément à
la règle générale prescrite pour tous les exploits par l'article 68
du Code de procédure. — Berriat Saint-Prix observe que cette
dernière mesure ne dispense pas de la première. La loi, dit-il, ne
fait aucune distinction. Elle décide expressément qu'en cas d'absence « copie sera remise au maire ou adjoint, ou *au* magistrat, etc. »

La répétition de la particule *au*, pour ce fonctionnaire, après
qu'elle a été omise pour l'adjoint, semble même annoncer que ce
n'est point parce qu'ils ont pu assister à l'ouverture des portes,
mais à raison de leur qualité d'officiers municipaux, qu'on doit
remettre la copie au maire ou à l'adjoint. Carré est d'avis également que le législateur a voulu qu'en tous les cas d'absence, sans
distinction d'ouverture ou de fermeture des portes, la copie fût
remise au maire ou adjoint ; mais qu'il permet, dans le cas particulier où il y aurait refus d'ouverture, de la remettre au magistrat
qui aurait été appelé à défaut du maire ou de l'adjoint. Il a été
jugé toutefois, par un arrêt de la Cour de Liége du 14 février 1824,
qu'il n'est pas nécessaire, en l'absence de la partie saisie, mais
sans clôture de portes, de remettre la copie de la saisie au maire
ou à l'adjoint, et qu'il suffit de la laisser à l'un de ses parents ou
serviteurs. Nous croyons qu'il y a lieu de suivre cette jurisprudence, qui est assez généralement admise dans la pratique, et qui
a le grand avantage d'éviter des frais.

25. Si la saisie est faite hors du domicile et en l'absence du saisi, copie lui sera notifiée dans le jour, outre un jour par trois myriamètres, sinon les frais de garde et le délai pour la vente ne courront que du jour de la notification. (C. de procédure civile, art. 602.) Tel est le cas où l'on saisit, en l'absence de la partie, dans une maison de simple résidence, comme une maison de campagne, ou hors du domicile et chez un tiers. La notification au débiteur, du procès-verbal de saisie, est nécessaire, afin qu'il n'ignore pas les causes et les motifs de la saisie, et qu'il ne puisse repousser tout gardien qui se présenterait sans un titre qui fût connu. Il peut arriver que la saisie ne soit point finie le même jour, et qu'elle soit renvoyée au lendemain. Dans ce cas, il suffirait de donner à la fin copie de toute la saisie, pour ne pas multiplier les frais et ne pas aggraver inutilement la position du saisi par plusieurs exploits. Telle est l'opinion de Thomine-Desmazures. C'est aussi en ce sens que la Cour royale de Nancy a rendu un arrêt le 14 décembre 1829.

26. Les articles 601 et 602 du Code de procédure ne prononcent pas la peine de nullité pour défaut de notification. Cependant, quoique le défaut de notification dans le jour n'entraîne pas la nullité de la saisie, ainsi que l'a décidé un arrêt de la Cour de Colmar du 23 novembre 1814, il est très important de remarquer que, suivant l'article 602, le retard de la notification entraîne la perte des frais de garde, quand il s'agit de saisie faite hors du domicile, et en l'absence du débiteur. La Cour d'Orléans, par arrêt du 26 décembre 1816, a jugé que le retard de la notification soumettait le saisissant à supporter les frais de garde jusqu'au jour de la dénonciation. — Dans le cas où la saisie aurait été faite à domicile, il pourrait seulement y avoir lieu à dommages-intérêts. Mais, dans l'un et l'autre cas, le porteur de contraintes serait exposé à l'amende prononcée par l'article 1030 du Code de procédure.

27. Dans les explications que nous avons données jusqu'ici, tant sur les formes de la saisie que sur les principaux obstacles qu'elle peut rencontrer, nous avons toujours supposé que les meubles saisis étaient dans le domicile du contribuable ou au moins dans des lieux lui appartenant. Mais il pourrait arriver que ces meubles se trouvassent entre les mains d'un tiers : comment faudrait-il procéder dans ce cas? — Nous examinons cette question, qui n'est pas sans quelque importance dans le *Commentaire* sur les art. 91, 92 et 93 du Règlement.

28. *Saisie-brandon.* — Nous avons vu (art. 63 du Règlement, n° 2) qu'il peut être procédé contre les contribuables, non-seulement par la voie de la saisie des meubles et effets, mais encore

par celle des fruits pendants par racines. Il nous reste donc à faire connaître les formalités de cette saisie, qui doivent, aux termes de l'art. 66 du Règlement, être les mêmes que celles prescrites pour les saisies judiciaires par le Code de procédure. La saisie des fruits tenant aux arbres et des récoltes tenant par les racines, et désignée en droit plus particulièrement sous le nom de *saisie-brandon*, est une véritable saisie-exécution, sauf qu'elle a pour objet des meubles d'une espèce différente. La disposition de l'article 626 du Code de procédure, qui veut que la saisie-brandon ne puisse être faite que dans les six semaines qui précèdent l'époque ordinaire de la maturité des fruits, se trouve reproduite textuellement dans l'art. 64 du Règlement. Nous avons examiné sous cet article quelles étaient les règles d'après lesquelles on pouvait, suivant les usages locaux, déterminer l'époque à laquelle les fruits pouvaient être saisis, et quelle était la nature des fruits et récoltes que la loi permet de saisir mobilièrement.

29. La saisie-brandon doit, comme la saisie-exécution, être précédée d'un commandement, et ne peut avoir lieu, ainsi que le prescrit l'art. 63 du Règlement, que trois jours après la signification de ce commandement. Mais l'itératif commandement (voir n° 12) n'est pas prescrit parce que cette saisie est faite hors de la présence du saisi. (Bioche.)

30. Les fruits que le porteur de contraintes doit saisir peuvent se trouver sur un héritage clos dont les portes sont fermées. La conduite qu'il a à tenir dans ce cas lui est indiquée par l'article 71 du Règlement, avec cette différence que, n'ayant pas à craindre de divertissement pour les fruits sur pied, il n'établira pas de gardien aux portes en attendant l'ouverture, à moins que les fruits ne soient coupés ou détachés. Cet article du Règlement ne paraît tout d'abord applicable qu'aux saisies-exécutions, mais, comme il ne fait que répéter l'article 587 du Code de procédure et que l'article 634 du même Code renvoie au titre des saisies-exécutions auquel appartient l'article 587, il s'ensuit que, pour tous les points non décidés par le titre de la saisie-brandon, il y a lieu de pratiquer ce qui est prescrit pour les saisies-exécutions. Nous en dirons autant en ce qui concerne les formalités du procès-verbal de la saisie-brandon. Ce procès-verbal doit, comme le prescrit l'article 586 du Code de procédure pour les saisies-exécutions, contenir toutes les formalités voulues pour les exploits et que nous avons déjà indiquées au n° 12 ci-dessus.

31. Le procès-verbal de saisie doit contenir l'indication de chaque pièce, la contenance et la situation, et deux au moins de ses tenants et aboutissants, et la nature de ses fruits. (C. proc. civile,

art. 627.) La désignation des fruits et récoltes a pour but de bien faire connaître aux enchérisseurs ce qu'on leur propose d'acheter.

S'il y avait irrégularité ou insuffisance de désignation, erreur grave dans la contenance des objets ou dans l'indication des abornements, ce pourrait être pour le saisi un motif de s'opposer à la vente, et même de demander des dommages-intérêts, s'il était constant qu'il en fût résulté pour lui un préjudice. L'article 627 exigeant que le procès-verbal de saisie indique la contenance de chaque pièce, le porteur de contraintes ferait bien, pour prévenir toute difficulté à ce sujet, de se procurer un extrait de la matrice du rôle, d'après lequel il déterminerait la contenance, en mentionnant que cette indication est donnée d'après cette base. Il n'y aurait sans doute pas de nullité, si le porteur de contraintes se bornait à énoncer approximativement la contenance de chaque pièce, puisque l'article 627 ne prononce point cette nullité; mais, ainsi que nous avons déjà eu occasion de le dire, le porteur de contraintes doit s'attacher à observer rigoureusement toutes les formalités prescrites, afin d'éviter tout prétexte de discussion sur la validité des actes qu'il est chargé de faire.

32. L'assistance des témoins exigée pour la saisie-exécution n'est point nécessaire pour la saisie-brandon. C'est ce qui a été jugé spécialement par un arrêt de la Cour royale d'Agen, du 8 juin 1836. Telle est aussi l'opinion de Carré et de Thomine-Desmazures.

Le tarif civil porte textuellement (art. 43) que, dans la saisie-brandon, l'huissier ne sera pas assisté de témoins.

33 Le garde champêtre est établi gardien, à moins qu'il ne soit compris dans l'exclusion portée par l'article 598 du Code de procédure. Les causes de cette exclusion prises de la parenté sont indiquées sous l'article 73 du Règlement, relatif à l'établissement des gardiens. Le garde-champêtre étant chargé, à raison de la nature de ses fonctions, de veiller à la conservation des récoltes, fruits de la terre et propriétés rurales, il était naturel de lui confier la surveillance spéciale des fruits saisis. Toutefois, comme cette disposition n'est pas prescrite à peine de nullité par le Code de procédure civile, nous pensons que le porteur de contraintes ne devrait pas faire difficulté de préférer un gardien volontaire qui lui serait présenté par le saisi, pourvu que ce gardien fût solvable. Il y a exception à l'obligation d'établir pour gardien le garde champêtre si les communes sur lesquelles les biens sont situés sont contiguës ou voisines. Dans ce cas, est-il dit dans l'article 628 du Code de procédure, « il sera établi un seul gardien, autre néanmoins qu'un garde champêtre. »

34. Le garde champêtre, quoique payé par la commune, a droit au salaire accordé par le tarif. (Bioche.)

35. Le garde champêtre, constitué gardien, doit faire rapport des dégâts commis sur les biens et l'affirmer devant le juge de paix, et, à son défaut devant le maire de la commune. (Pigeau.)

36. Le procès-verbal de saisie-brandon doit être fait sans déplacer, comme en saisie-exécution, c'est-à-dire sur les différents lieux où l'on opère, qu'on décrit à mesure : on le termine à la dernière pièce qu'on saisit. Si cependant les fruits ne pouvaient être saisis tous le même jour, on ferait un procès-verbal pour chaque journée. Lorsque le garde champêtre établi pour gardien n'est pas présent, l'article 628 du Code de procédure civile exige que la saisie lui soit signifiée; qu'en outre, il soit aussi laissé copie au maire de la commune de la situation, et que l'original soit visé par lui. Si les communes sur lesquelles les biens sont situés sont contiguës ou voisines, le visa doit être donné par le maire de la commune du chef-lieu de l'exploitation, et, s'il n'y a pas de chef-lieu, par le maire de la commune où est située la majeure partie des biens, c'est-à-dire la partie des biens qui présente le plus grand revenu, d'après la matrice du rôle. Quoique l'article 628 du Code de procédure civile se borne à dire que le visa doit être donné par le maire sans parler de l'adjoint, nous pensons qu'en l'absence du maire, le porteur de contraintes peut s'adresser à l'adjoint, et que, s'ils sont absents l'un et l'autre, il pourrait valablement remettre la copie à un officier municipal et faire viser l'original par lui. C'est l'avis de Thomine-Desmazures.

37. La saisie-brandon doit être dénoncée avec copie au saisi, puisque cela a lieu en saisie-exécution, et que l'article 634 du Code de procédure veut qu'on en remplisse les formalités. (Voir ce que nous avons déjà dit sur cette signification, aux nos 25 et 26.) La dénonciation au saisi, au garde champêtre et au maire, peut être faite par le procès-verbal de saisie, s'ils sont dans le même lieu, sinon elle l'est par des actes séparés. Si la dénonciation est faite par le procès-verbal de saisie, ce procès-verbal doit contenir indication du jour de la vente. Si la dénonciation a lieu par acte séparé, il n'est nécessaire de faire l'indication que par cet acte. Lorsque entre cette signification ou dénonciation et l'époque où l'on pourra vendre il y a un trop long intervalle pour que l'on puisse fixer le jour précis de la vente, il est indiqué au saisi par une seconde signification.

38. La plupart des formalités prescrites pour la saisie-exécution sont, comme nous l'avons dit, observées pour la saisie-brandon. L'article 634 du Code de procédure civil porte, en effet, que

« seront, au surplus, observées les formalités prescrites au titre
des saisies-exécutions. » Presque tous les commentateurs, Berriat
Saint-Prix, Pigeau, Carré et Thomine-Desmazures, pensent que
cet article se rapporte à toutes les dispositions du texte, et qu'on
doit, en conséquence, appliquer à la saisie-brandon toutes les formalités des saisies-exécutions relatives au commandement, au
procès-verbal de saisie, à la dénonciation au saisi, à la vente, à la
revendication des propriétaires, sauf les exceptions résultant du
titre de la saisie-brandon ou de la nature particulière de cette
saisie. Hautefeuille est d'avis, au contraire, que l'observation des
formalités prescrites par l'article 634 n'est relative qu'à la vente.
Cette opinion peut être appuyée de l'autorité d'un arrêt de la
Cour royale d'Agen, du 8 juin 1836, qui a décidé que, si l'article 634
recommande l'observation des formes prescrites au titre des saisies-exécutions, ce n'est que pour le *surplus*, c'est-à-dire pour ce
qui reste à faire après l'apposition des placards. Mais il nous semble qu'en y faisant attention, on doit demeurer convaincu que le
législateur a entendu nécessairement que l'article 634 devait se
rapporter à toutes les dispositions du titre, parce qu'autrement il
faudrait décider qu'on ne serait assujetti à aucune forme dans la
plupart des points à l'égard desquels il n'en prescrit pas; que,
par exemple, il ne serait pas nécessaire de donner une copie au
saisi, d'observer les règles ordinaires des exploits, etc., quoique
assurément cela soit indispensable dans tout acte d'exécution.

39. Pour l'enregistrement des actes, soit de saisie-exécution,
soit de saisie-brandon, voir le *Commentaire* sur les articles 97 et
98 du Règlement.

40. Les formalités prescrites pour la vente, soit des meubles et
effets saisis, soit des fruits pendants par racines, sont indiquées
par les articles 79, 80, 81 et suivants, auxquels nous renvoyons.

41. Nous donnons un Modèle de la saisie-brandon, au *Formulaire*, n. 19.

ARTICLE 67.

La saisie est exécutée nonobstant toute opposition, sauf à
l'opposant à se pourvoir, par-devant le sous-préfet, contre le
requérant.

1. La saisie-exécution est l'acte de poursuites le plus signifi-
catif pour le redevable. Il lui enlève d'abord la libre disposition
de ses meubles, et lui annonce qu'ils vont être vendus pour payer

sa dette. Il est donc assez naturel et il est assez fréquent, en effet, qu'à ce moment surtout il s'élève des oppositions, soit de la part du redevable lui-même, soit de la part de ses créanciers qui prétendent aussi des droits sur son mobilier, soit même de la part de tiers qui revendiquent la propriété de tout ou partie des meubles saisis.

Ces obstacles à la saisie peuvent être tout à fait matériels, comme, par exemple, si le redevable ou les gens de sa maison font rébellion à force ouverte, ou seulement refusent d'ouvrir les portes. Nous parlons de ces circonstances dans le *Commentaire* sur l'article 71 : nous nous bornerons donc ici à y renvoyer.

2. Mais des obstacles provenant d'oppositions régulièrement formées peuvent se présenter : par exemple, le contribuable poursuivi prétendra qu'il ne doit pas la cote pour laquelle il est contraint et qu'il est à cet effet en réclamation près de l'autorité supérieure ; il soutiendra qu'il a payé et qu'il y a compte à faire entre lui et le percepteur ; il prétendra qu'il n'est pas dans ses meubles, et que le mobilier qu'on veut saisir appartient à un tiers qui le loge; il invoquera la prescription, ou autres exceptions semblables ; il attaquera la forme même des actes de la poursuite ; il alléguera que les degrés prescrits par le Règlement n'ont pas été suivis; que les délais entre les actes n'ont pas été observés ; que le commandement ne remplit pas les conditions prescrites par le Code de procédure civile ; qu'il n'a pas été régulièrement signifié, et qu'enfin il contient une nullité radicale.

Dans tous ces cas, il y a lieu d'appliquer la règle de l'article 607 du Code de procédure civile, qui veut qu'il soit passé outre, nonobstant toutes réclamations de la part de la partie saisie, sauf à faire statuer sur ces réclamations en *référé*.

Cette règle est sage ; car la plupart des oppositions ainsi formées n'ont d'autre objet que de retarder la saisie et ne présentent aucun fondement sérieux.

3. Il en serait de même des oppositions formées par des tiers créanciers du contribuable, quels que soient leurs titres. Aux termes de l'article 609 du Code de procédure civile, la saisie ne serait arrêtée par l'opposition d'aucun créancier, même du propriétaire à qui il serait dû des loyers. Ils ne peuvent faire valoir leurs droits que sur le prix de la vente des meubles. (Voir le *Commentaire* sur l'art. 11, n° 78.)

4. Les tiers revendiquant le mobilier saisi ne peuvent eux-mêmes s'opposer qu'à la vente : ils ne sauraient empêcher la saisie (art. 608); c'est l'opinion de Carré, Pigeau, Dalloz. (Voir, pour le cas de revendication, le *Commentaire* sur l'art. 69.)

5. La vente même des objets saisis passée à un tiers, et qui n'aurait pas de date certaine avant la saisie, serait réputée frauduleuse et ne devrait pas arrêter la saisie. (Berriat de Saint-Prix ; Bioche.)

Si cependant le tiers prétendait que le saisi habite chez lui, et interdisait au porteur de contraintes l'entrée de son appartement, ce serait le cas pour l'agent de poursuites, après avoir, par prudence, établi un gardien aux portes, d'en rendre compte au percepteur, pour que celui-ci pût introduire immédiatement un référé, avec l'autorisation du receveur des finances.

6. Nous avons dit plus haut et nous venons de rappeler ici que c'est en *référé*, c'est-à-dire par le président du Tribunal civil, qu'il devra être prononcé sur les oppositions qui s'élèvent dans le cours des saisies. Comment concilier cette disposition avec celle de notre article 67, qui veut que ces oppositions soient portées devant le sous-préfet ?

Nous avons exposé, dans le *Commentaire* sur l'article 19 du Règlement, n° 13, les principales règles des *référés* et la procédure à laquelle ils donnent lieu. Nous n'y reviendrons pas ; nous rappellerons seulement que le président du Tribunal, quand il statue en référé, ne prononce pas sur le fond de la contestation, et ne fait qu'ordonner, par provision, qu'il sera sursis ou passé outre à l'exécution du titre, toutes choses demeurant en l'état et sous la réserve, d'ailleurs, du droit des parties de porter l'affaire au fond devant le Tribunal compétent. Nous aurons, tout à l'heure, à faire application de cette règle.

7. Mais, si le référé devant le président du Tribunal civil est la voie ordinaire en matière civile, pour faire statuer d'urgence sur les difficultés qui s'élèvent dans le cours des saisies, cette procédure ne pourrait être suivie dans la plupart des cas en matière de saisie pour contributions directes. En effet, il ne faut pas perdre de vue qu'il s'agit ici de l'exécution de contraintes administratives, dont il n'appartient pas à l'autorité judiciaire d'arrêter l'effet, d'après le principe qui établit l'indépendance respective des Tribunaux et de l'Administration. C'est ce qui a été décidé par l'arrêt de la Cour royale de Paris, du 28 janvier 1832 et par l'ordonnance sur conflit du 3 décembre 1846, tous deux rapportés dans la 2e Partie de cet ouvrage. (*Jurisprudence*, pages 129 et 150.)

Ainsi, il est bien évident que, s'il était possible au président d'un Tribunal civil de prononcer la suspension des poursuites du percepteur, sur les réclamations qu'élèverait le contribuable, dans la plupart des cas dont nous avons parlé au n° 2 ci-dessus, il est bien évident, disons-nous, qu'il pourrait, au résultat, entraver l'action administrative, en appréciant des oppositions dont l'objet ne rentre même pas dans les attributions de l'autorité judiciaire. C'est donc avec raison que notre article 67, dans ce cas, renvoie au sous-préfet la connaissance des oppositions.

8. Remarquons bien, toutefois, que ce n'est pas pour prononcer au fond que ce renvoi est fait à ce magistrat. Il n'est pas juge, en effet, des réclamations des contribuables; c'est, comme nous l'avons dit dans le *Commentaire* sur l'article 19, n° 11, le Conseil de préfecture qui est seul compétent en cette matière. Quel est donc ici le pouvoir qu'exercera le sous-préfet?

Selon nous, c'est une attribution de simple tutelle. Il a autorisé, par son *visa*, la mise à exécution de la contrainte ; c'est à lui qu'il doit appartenir d'apprécier si, à raison de la nature des obstacles qui s'élèvent, il doit, pour éviter des inconvenients qu'il peut apprécier, en suspendre l'effet, ou ordonner qu'il sera passé outre, sous toutes réserves, pour les redevables, de faire prononcer par l'autorité compétente. On voit que cette espèce de *référé administratif* a une certaine analogie avec les référés devant le président du Tribunal.

Lorsque l'opposition rentre par son objet dans la compétence du Conseil de préfecture (Voir, à cet égard, le *Commentaire* sur l'article 19, n° 15 et suiv.), il est certain que la décision du sous-préfet qui, par provision, suspend l'exécution de la contrainte ou lui laisse suivre son cours, produit le même effet qu'une *ordonnance de référé* en matière civile.

Mais, s'il s'agit d'une question ressortissant à l'autorité judiciaire (*Commentaire* sur l'art. 19, n°° 59 et suiv.), comme si, par exemple, l'opposition du redevable était fondée sur l'irrégularité même des formes de la saisie, l'intervention du sous-préfet aura pour objet d'examiner les droits du réclamant et de céder à la réclamation, si elle lui paraît fondée, sinon de laisser le percepteur suivre les chances de la procédure devant le Tribunal où le contribuable pourra l'assigner.

Or, sur ce dernier point, nous avons eu occasion d'exposer les principes qui déterminent, suivant les cas, la compétence de telle ou telle juridiction. (Voir le *Commmentaire* sur l'art. 19, n° 78), Ainsi, si l'opposition était de nature à être jugée en *référé* par le président du Tribunal (*Commentaire* sur le même article, n° 13. 3ᵉ alinéa), la décision du sous-préfet ne ferait pas obstacle à ce que la partie se pourvût par-devant ce magistrat, conformément aux règles du droit commun. C'est ce que l'Administration a cru devoir expliquer, dans l'article 67 du Règlement de 1839, par une Note empruntée au présent *Commentaire*.

En résumé, l'attribution conférée par notre art. 67 au sous-préfet, en cas d'opposition aux poursuites, n'a rien de judiciaire : elle est toute de tutelle. C'est un référé administratif, à la suite duquel ce fonctionnaire, en sa qualité de représentant des droits du Trésor, en règle l'exercice et décide s'il y a lieu de céder ou de résister aux réclamations du redevable. Dans ce dernier cas, si l'opposition est du ressort de l'autorité administrative, suivant les principes que nous avons exposés, la contrainte ayant force exécu-toire, fait son effet, nonobstant le recours du saisi au Conseil de préfecture. Si, au contraire, l'opposition est du ressort de l'auto-rité judiciaire, la voie du *référé* reste ouverte au redevable, et celui-ci peut obtenir du président du Tribunal la suspension des poursuites, jusqu'à ce que le Tribunal lui-même ait jugé la ques-tion au fond.

9. Mais, comment les oppositions des contribuables ou des tiers intéressés dans les saisies doivent-elles être formées ? Elles peu-vent l'être de deux manières : 1° par voie d'intervention dans l'acte même d'exécution, c'est-à-dire en requérant l'agent des poursuites, qui ne saurait s'y refuser, de recevoir et d'insérer dans le procès-verbal même de saisie, les dires, déclarations et opposition du requérant, lequel signe, dans ce cas, au procès-ver-bal, s'il sait et peut le faire, ou déclare qu'il ne sait ou ne peut signer, ce dont l'agent des poursuites fait aussi mention (Voir le *Commentaire* sur l'art. 69, n°3, en Note) ; 2° par acte séparé, signifié au percepteur, dans la forme ordinaire des exploits. A cet égard, on pourrait demander si, les porteurs de contraintes étant considérés comme de véritables huissiers en matière de contributions direc-tes, les redevables et autres particuliers ont la faculté de se ser-vir de leur ministère pour les actes et significations qu'ils ont à faire dans les poursuites dirigées par les percepteurs. Nous nous sommes déjà prononcé pour la négative, dans le *Commentaire* sur l'art. 34, n° 4.

Nous dirons de plus ici, que, sans doute, l'article 18 de l'arrêté du 16 thermidor an 8, dont les dispositions, sous ce rapport, sont reproduites par l'article 34 du Règlement, statue que *les porteurs de contraintes feront seuls les fonctions d'huissiers pour les con-tributions directes*. Mais si l'on se reporte aux autres dispositions de cet arrêté et des lois ou règlements qui s'y rattachent, on se convaincra que ces expressions doivent être entendues en ce sens seulement que les porteurs de contraintes, ainsi que l'indique leur dénomination même, sont des agents institués *exclusivement pour exécuter les contraintes délivrées par les receveurs particuliers des finances*, suivant les expressions textuelles de l'article 18 de l'arrêté précité. C'est donc au ministère des huissiers ordinaires que les redévables devraient recourir dans la circonstance dont il s'agit.

10. Parmi les obstacles à la saisie que peut rencontrer le porteur de contraintes, il faut compter une saisie antérieurement pratiquée par un créancier du contribuable. C'est alors le cas de procéder au récolement, ainsi qu'il est prévu et réglé par l'article 70. (Voir cet article.)

ARTICLE 68.

Si, au moment où le porteur de contraintes vient à effectuer une saisie dans l'étendue de la commune du chef-lieu de perception, le contribuable retardataire demande à se libérer chez le percepteur, l'agent de poursuites doit, sur la déclaration écrite du contribuable, suspendre la saisie, et, sur le vu de la quittance du percepteur, il inscrit dans son procès-verbal le motif qui lui a fait suspendre son opération. Dans ce cas, le contribuable doit seulement le prix du timbre du procès-verbal, et, pour les vacations du porteur de contraintes, le prix d'une journée de garnison individuelle, ainsi que le salaire des assistants, d'après le tarif arrêté par le préfet.

Si la saisie a lieu dans une commune autre que celle du chef-lieu de perception, et que le contribuable demande également à se libérer chez le percepteur, le porteur de contraintes s'établit en qualité de garnisaire au domicile du retardataire pendant tout le temps que celui-ci emploie à effectuer sa libération, et, sur le vu de la quittance du percepteur, il inscrit dans son procès-verbal, comme il a été précédemment indiqué, le motif qui lui a fait discontinuer la saisie. Dans ce second cas, le contribuable ne doit au porteur de contraintes, savoir :

S'il justifie de la quittance du percepteur dans la première journée de l'opération, que le prix d'une journée de garnison individuelle et le salaire des assistants ;

Et si cette justification ne peut être donnée que dans la journée du lendemain, que deux journées de garnison individuelle.

Dans les cas précités, le porteur de contraintes est tenu de faire mention, à la suite du procès-verbal de suspension de saisie, de la date de la quittance du percepteur et de la somme pour laquelle elle a été délivrée.

A la fin de la seconde journée, si le contribuable retardataire n'a pas opéré sa libération ou n'en justifie pas, le porteur de contraintes exécute la saisie ; alors le contribuable doit, indépendamment des frais de la saisie, deux journées de garnison individuelle.

1. Les dispositions de cet article sont une conséquence du principe établi par l'art. 50 de l'arrêté du 16 thermidor an 8, qui interdit à la fois aux porteurs de contraintes de recevoir le montant des contributions pour lesquelles ils poursuivent et aux contribuables de le leur remettre. (Voir l'art. 38 du Règlement.)

2. L'article 68 que nous analysons indique, dans les deux premiers paragraphes, ce que doit faire le porteur de contraintes dans le cas où le contribuable demande à se libérer chez le percepteur : 1° si la saisie a eu lieu au chef-lieu de la perception, il se borne, sur la déclaration *écrite* du contribuable, à suspendre la saisie, en indiquant dans le procès-verbal les motifs de cette suspension ; 2° si la saisie a lieu dans une commune autre que le chef-lieu de perception, l'article 68 prescrit au porteur de contraintes, outre les formalités ci-dessus, de s'établir, en qualité de garnisaire, au domicile du retardataire pendant tout le temps que celui-ci emploie à effectuer sa libération.

Cette dernière précaution semble prescrite dans l'intention d'éviter le divertissement des effets mobiliers du redevable pendant l'absence de celui-ci, qui est présumée devoir être plus longue en raison de ce que le percepteur ne réside pas dans la commune. Or, si le même danger paraissait exister dans le premier cas, c'est-à-dire lorsque la saisie a lieu au chef-lieu de la perception, le porteur de contraintes ne pourrait-il pas s'établir en garnison chez le contribuable, comme il y est autorisé pour le second cas ? Nous n'hésitons pas à penser que non-seulement il aurait ce droit, mais que même il en aurait le devoir dans l'intérêt du recouvrement. Cette opinion nous semble conforme à l'esprit général du Règlement. (Voir notamment l'art. 91.)

3. Il peut arriver que, dans le moment où la saisie s'exécute, le percepteur, bien que domicilié dans une autre commune, se trouve dans la commune même où l'exécution a lieu ; ce cas doit être

d'autant plus fréquent que l'article 26 du Règlement recommande de faire en sorte que les poursuites coïncident, autant que possible, avec les époques où le percepteur peut, par *sa présence*, faciliter aux redevables le moyen de se libérer. Il nous semble qu'il y aurait lieu d'assimiler ce cas à celui où la saisie s'exécute au chef-lieu même de la perception, puisque les facilités de se libérer sont les mêmes pour le contribuable. Les dispositions du paragraphe 1er de l'article 68 seraient alors applicables dans cette circonstance.

4. Nous avons fait remarquer que l'article que nous commentons exigeait une déclaration *écrite* du contribuable de l'intention où il était de se libérer chez le percepteur. Mais si le contribuable ne sait pas écrire (hypothèse malheureusement trop probable dans le plus grand nombre des communes), que devra faire le porteur de contraintes? Le Règlement n'a pas prévu ce cas ; il n'a pas non plus indiqué comment et dans quelle forme la déclaration du contribuable, quand il sait écrire, devra être faite. Il faut donc chercher, sur l'un et l'autre de ces points, des règles de conduite dans les principes généraux de procédure : 1° *Cas où le contribuable sait écrire*. Il est de règle dans les saisies-exécutions que, lorsque la partie saisie a des déclarations à faire, soit pour s'opposer aux poursuites, soit pour exprimer des réserves sur tel ou tel point, l'huissier poursuivant reçoit les déclarations et les insère dans le procès-verbal de saisie. Lecture en est donnée à la partie intéressée qui, si elle trouve la rédaction conforme à ses intentions, signe le procès-verbal avec l'agent des poursuites et les assistants. Ce mode, à défaut d'autres qui soit prescrit par le Règlement, nous paraîtrait à la fois le plus simple et le plus conforme aux usages de la procédure ordinaire, à laquelle la Circulaire du 10 octobre 1831 recommande expressément aux porteurs de contraintes de se reporter dans l'exercice de leurs fonctions. 2° *Cas où le contribuable ne sait ou ne peut écrire*. Si l'on adoptait la marche que nous venons d'indiquer pour le premier cas, celui-ci ne présenterait aucune difficulté.

En effet, en prenant pour base les principes de la procédure civile, et en ne perdant pas de vue que les lois considèrent les porteurs de contraintes comme *huissiers* de contributions directes, on peut établir les règles suivantes : les procès-verbaux dressés par les porteurs de contraintes, comme ceux des huissiers ordinaires, font foi en justice jusqu'à inscription de faux : par conséquent, lorsqu'un contribuable aura fait, dans le procès-verbal de saisie, la déclaration qu'il veut aller se libérer chez le percepteur, et qu'il aura en même temps déclaré qu'il ne sait ou ne peut signer, si cette double déclaration est recueillie et inscrite par le porteur de contraintes dans ledit procès-verbal signé de lui et des assistants, il semble qu'on devrait admettre la déclaration comme valable et comme faite conformément au vœu du paragraphe premier de l'art. 68 du Règlement. Car, le procès-verbal du porteur de contraintes faisant foi jusqu'à inscription de faux des dires et déclarations qui y sont contenues, celle du contribuable qui y est insérée avec la mention que *ledit contribuable a, en outre, déclaré ne savoir* ou *ne pouvoir signer*, est aussi authentique que s'il l'avait écrite lui-même, à moins que la partie intéressée ne poursuive le porteur de contraintes comme ayant commis un faux en écriture publique dans l'exercice de ses fonctions : ce qui exposerait cet agent, si le faux était prouvé, à la peine des travaux forcés à temps ; garantie qui paraît suffisante pour les contribuables.

5. Nous n'indiquons, au surplus, cette marche qu'à défaut d'une autre qui soit prescrite officiellement ; et ce qui nous engage à le faire sans hésiter, c'est que nous pensons qu'on ne saurait en aucun cas en contester la parfaite légalité (1).

Quant aux derniers paragraphes de l'article que nous analysons et qui sont relatifs aux frais de poursuites que doit supporter le redevable dans les différents cas prévus par cet article, nous ne pouvons que renvoyer aux articles 52 et 53 du présent Règlement.

Ajoutons cependant, avec la Circulaire du 5 octobre 1844, reproduite dans le tarif des frais de poursuites que nous avons inséré ci-dessus (p. 55) que, dans tous les cas prévus par notre article, le prix de la journée de garnison individuelle doit être fixé de manière à ce que les frais de l'opération, au cas de saisie interrompue, n'excèdent jamais ceux d'une saisie effectuée.

On se demandait autrefois ce qui devait être décidé au cas où le même porteur de contraintes avait commencé, *dans la même journée*, plusieurs saisies qui avaient été interrompues et l'on avait proposé de faire l'application d'un tarif décroissant ; le principe est maintenant adopté d'une taxe purement individuelle et le porteur de contraintes a droit au salaire entier des divers actes qu'il a pu régulièrement accomplir.

7. Mais la même règle devrait-elle être observée si, au lieu de plusieurs saisies interrompues, il s'agissait, pour la même journée, de saisies interrompues et de saisies-exécutions complétement opérées ?

---

(1) Une Note de la dernière édition du Règlement de 1839 donne à notre solution une sanction officielle.

Ce serait au percepteur et au receveur des finances à réprimer les abus s'il venait à s'en produire ; mais chaque acte accompli régulièrement devrait être rétribué par la taxe particulière correspondante du tarif.

8. Si le contribuable qui demande à se libérer, à l'effet d'arrêter la saisie, n'apportait au percepteur que des à-compte, ce comptable serait-il tenu de les accepter, et cette acceptation aurait-elle pour effet de faire considérer les poursuites comme non avenues, de telle sorte que le percepteur serait obligé, s'il y avait lieu de les reprendre ensuite, de recommencer par le premier degré ?

La Circulaire du Ministre des finances, en date du 31 mars 1831, répond à cette question dans les termes suivants : « Quelques percepteurs ont cru devoir refuser les à-compte offerts par les contribuables poursuivis, dans la crainte de nuire à la validité des actes qui leur avaient été déjà signifiés, et d'être obligés, en reprenant les poursuites, de recommencer par les premiers degrés.

« Dans aucun cas, un débiteur ne peut forcer son créancier à cesser ses poursuites en lui payant seulement une partie de sa dette ; mais, selon l'article 1244 du Code civil, le créancier peut, de son plein gré, accepter l'à-compte qui lui est offert, et surseoir à l'exécution des poursuites, *toutes choses demeurant en état.* »

Ainsi, le percepteur n'est pas *obligé*, en recevant les à-compte offerts par les contribuables, dans le cas de l'article 68, de suspendre les poursuites. Toutefois, si l'à-compte a quelque importance et témoigne de la bonne volonté du redevable, il fera généralement bien d'y consentir, puisqu'en définitive ce tempérament ne lui enlève pas le droit de reprendre les poursuites au point où elles en sont restées (1). Voir le *Commentaire* sur l'art. 63 du Règlement, n° 6, où nous établissons que le commandement ne se périme pas pour n'avoir pas été suivi de la saisie dans un temps plus ou moins rapproché.

Voir, en outre, le *Commentaire* sur l'article 7, n° 3).

---

(1) « Dans l'intérêt du recouvrement et aussi pour faciliter aux contribuables le payement de leur dette, les percepteurs peuvent, conformément au § 11 de la Circulaire du 31 mars 1831, accorder la suspension des poursuites commencées lorsque des à-compte importants leur sont versés, et cette disposition peut s'appliquer même lorsqu'il s'agit d'une poursuite à fin de vente dont les actes préparatoires sont déjà exécutés. En effet, le versement des à-compte ne détruit pas le droit qu'a le percepteur de donner un nouveau cours à la vente lorsqu'il le jugera nécessaire, et toutes choses demeurant en état, c'est-à-dire que tous les droits du Trésor restant intacts, et que le gardien doit être conservé jusqu'à ce que la libération soit complète, afin que les objets saisis ne puissent pas être distraits au préjudice

9. Mais il faut remarquer que la suspension des poursuites et le délai accordé pour le payement sont entièrement sous la responsabilité du percepteur. Aussi, comme il pourrait se faire que ce cas se présentât au moment même d'une saisie, le porteur de contraintes qui a interrompu l'exécution par le motif que le contribuable a demandé à se libérer chez le percepteur, devrait avoir soin, lorsque le saisi rapporte la quittance du comptable, de s'assurer si la somme payée le libère des causes de la saisie ; ou bien, si la somme est inférieure, exiger un ordre écrit du percepteur de cesser les poursuites. C'est sans doute un des motifs de la disposition du paragraphe 5 de l'article 68, qui impose à l'agent des poursuites l'obligation de faire mention, à la suite du procès-verbal de suspension de la saisie, de la date de la quittance du percepteur et *de la somme pour laquelle elle a été délivrée*. Nous pensons que, dans l'hypothèse dont nous venons de parler, le porteur de contraintes devrait faire aussi mention de l'ordre donné par le percepteur de suspendre la saisie, bien que la libération du contribuable ne soit pas entière. Cette précaution nous semble de nature à mettre complétement à couvert la responsabilité de l'agent des poursuites.

10. Il pourrait arriver qu'au lieu de demander à aller se libérer chez le percepteur, le redevable, prétendant qu'il a le droit d'exiger que ce comptable vienne recevoir le montant des sommes pour lesquelles la poursuite se fait, veuille faire des offres réelles. Quelle serait la marche à suivre dans ce cas, tant par le porteur de contraintes que par le percepteur? — Pour plus de clarté, nous supposerons des faits: Un percepteur fait signifier un commande-

---

du Trésor. Les seuls inconvénients qui résultent donc du sursis accordé par le percepteur à une vente déjà commencée, c'est, en cas de non libération du contribuable, d'être obligé de répéter contre lui les actes préparatoires, lorsque la vente est reprise et de ne pas retirer le gardien, ce qui entraîne des frais qui eussent été évités si la vente eût été exécutée immédiatement. Mais ce ne peut être que sur la demande du contribuable poursuivi, et lorsqu'il pense y trouver un avantage, que le sursis peut avoir lieu. L'augmentation de frais étant ainsi acceptée volontairement de sa part, il ne pourrait se refuser à faire le payement de ceux qui, à défaut par lui de s'acquitter, ont lieu par double emploi lors de la reprise de la poursuite. Les percepteurs doivent toutefois avoir le soin d'exiger une demande par écrit pour la suspension des poursuites, dans laquelle le contribuable doit aussi s'obliger à tenir compte du supplément de frais auquel donneront lieu la réprise des poursuites qu'il encourrait de nouveau. » (Lettre du directeur de la Comptabilité générale des finances au receveur général de la Gironde, en date du 23 décembre 1831.)

Une Note de la dernière édition du Règlement de 1839 recommande au percepteur qui, recevant un à-compte, accorde un délai pour le surplus, de donner néanmoins ordre au porteur de contraintes d'activer la saisie, sauf à constituer le saisi comme gardien et à assigner pour la vente un jour éloigné.

ment à un redevable, avec élection de domicile dans la commune où celui-ci réside; par suite, il est procédé à la saisie de ses meubles. Bien qu'en général, et d'après l'article 26 du Règlement, les poursuites doivent coïncider avec les jours de recette des percepteurs, la chose cependant n'est pas toujours possible, et, dans l'hypothèse où nous nous plaçons, la saisie a lieu le lundi, par exemple, et le jour de recette pour la commune est fixé au samedi. Le contribuable, s'il veut sérieusement arrêter, par sa libération, les poursuites ultérieures qui le menacent, prendra naturellement le parti de se rendre au bureau du percepteur, et de lui apporter les sommes qu'il doit : il se gardera bien de procéder par offres réelles, procédure qui entraîne des frais et pertes de temps.

Aussi, il faut admettre de la part du contribuable la mauvaise volonté de payer et le désir de chercher à faire naître des difficultés propres à retarder le payement. Se fondant sur l'élection de domicile faite dans le commandement qui lui a été signifié, il se présente à ce domicile élu le jour où il sait bien que le percepteur, en tournée dans les autres communes de sa perception, ne peut pas s'y trouver; et, attendu que personne, si ce n'est le comptable, ne peut recevoir la contribution, il soutient que le défaut de présence du percepteur au domicile élu doit être considéré comme un refus de recevoir le payement, et il se croit dès lors autorisé à faire des offres réelles, suivies immédiatement de la consignation des deniers, le tout aux frais du comptable (1).

11. Or, cette marche est-elle bien régulière, et le contribuable peut-il, en effet, exiger que ses offres soient acceptées, et que le payement ait lieu au domicile élu? Nous ne le pensons pas. Autre chose sont les offres réelles, autre chose est le payement ou la consignation qui en tient lieu.

Les offres réelles sont, pour le débiteur qui les signifie, un moyen d'arrêter immédiatement les poursuites : ce qui est juste, car le débiteur offrant de payer et mettant le créancier en demeure de recevoir, il serait vexatoire de continuer les frais. Par conséquent, il est tout simple que les offres réelles puissent être valablement signifiées au domicile élu. Mais, quand il s'agit de les réaliser, c'est-à-dire d'effectuer le payement, soit directement entre les mains du créancier, soit par la voie de la consignation, le do-

---

(1) Code de proc. civ., art. 1267 : « Lorsque le créancier refuse de recevoir son payement, le débiteur peut lui faire des *offres réelles*, et, au refus du créancier de les accepter, consigner la chose ou la somme offerte. — Les offres réelles, suivies d'une consignation, libèrent le débiteur; elles tiennent lieu, à son égard, de payement, lorsqu'elles sont valablement faites, et la chose ainsi consignée demeure aux risques du créancier. »

micile élu ne pourrait être choisi par le débiteur qu'autant qu'un autre lieu n'aurait pas été déterminé pour le payement. Autrement il dépendrait du débiteur de changer la condition des choses en rendant *quérable* une créance constituée *portable*. Ainsi, dans l'espèce, le contribuable, parce qu'il aurait signifié au percepteur des offres réelles, acquerrait le droit de forcer ce dernier, sous peine de supporter les frais d'une consignation, à venir dans la commune chercher le montant des contributions dues! Cette prétention ne serait pas moins contraire à l'intérêt du recouvrement qu'à la nature même des fonctions du percepteur. Ce comptable ne peut-il pas avoir, le même jour, des poursuites en cours d'exécution dans chaque commune de sa perception? Comment, dans ce cas, parviendra-il à se trouver à la fois dans les différentes communes où sa présence serait nécessaire pour accepter les offres réelles qui lui seraient faites? Evidemment la chose est impossible. Il serait, en outre, peu légal de l'exiger.

Si l'on veut bien se reporter au *Commentaire* sur l'article 26, n° 2, on verra que les contributions directes *quérables* dans la commune du redevable, sont *portables* par ce dernier au bureau du percepteur. Or, le jour de recette dans chaque commune étant déterminé d'avance, et étant connu du contribuable, c'est à ce dernier à se mettre en mesure d'acquitter ses contribution, lorsqu'il peut le faire sans déplacement, entre les mains du percepteur, à son passage dans la commune. Hormis ce jour, le percepteur ne peut être contraint de revenir dans la commune, son obligation légale étant remplie. Les payements que les contribuables auraient à faire devraient évidemment alors être portés au domicile réel du percepteur, c'est-à-dire au bureau du chef-lieu. Que si, au moyen d'offres réelles, les redevables pouvaient obliger le percepteur à venir percevoir dans la commune où ils résident, les conditions du payement seraient changées, et c'est ce qu'on ne peut admettre sans injustice pour le percepteur, et sans inconvénients graves pour le service. Nous n'hésitons donc pas à nous prononcer contre le système qui tendrait à autoriser la consignation, lorsque le percepteur n'est pas dans la commune pour recevoir les offres et en donner quittance. S'il fallait, à l'appui de notre opinion, invoquer l'autorité de la jurisprudence, nous citerions un arrêt de la Cour de cassation du 23 messidor an 4, qui a statué dans une espèce entièrement analogue pour le fond. Il s'agissait d'une rente perpétuelle qui était stipulée payable au domicile du créancier. Celui-ci ayant été obligé, pour obtenir le payement des arrérages, d'agir par les voies de l'exécution forcée, avait fait un commandement, avec élection de domicile dans la commune du débiteur. Ce dernier se hâta de faire à ce domicile élu des offres réelles et consigna la somme. Mais la Cour de cassation déclara nulles les offres réelles et la consignation, « attendu que, dans l'espèce, les offres réelles faites à Paris pour arrêter les poursuites devaient être réalisées au lieu déterminé par les conventions. »

Cette décision nous paraît trancher la question qui nous occupe, et il nous semble bien démontré, en en faisant l'application à notre espèce, que le contribuable peut bien faire des offres réelles au domicile élu dans le commandement signifié à la requête du percepteur; mais qu'il ne peut les réaliser qu'au lieu où doit se faire le payement de l'impôt, c'est-à-dire au bureau de recette du percepteur établi au bureau de la perception; à moins que les offres n'aient lieu le jour de tournée du percepteur dans la commune de la résidence du redevable : auquel cas, elles seraient réalisées naturellement entre les mains de ce dernier. Nous ajouterons, pour ce cas, que si le percepteur avait négligé de se rendre dans la commune au jour fixé par le règlement qui détermine l'ordre de ses tournées, comme alors il mettrait, par son fait et par le défaut de sa présence, le redevable dans l'impossibilité de s'acquitter dans la commune, il s'exposerait à voir déclarer valables les offres réelles et la consignation qui les suivrait, et à en supporter les frais; d'où l'on peut induire toute l'importance qu'il y a pour les comptables à accomplir exactement les obligations que les instructions leur imposent pour la régularité des tournées dans chaque commune de leur perception

12. Quant aux frais des offres réelles, pour savoir par qui ils doivent être supportés, il convient d'appliquer les règles ordinaires en cette matière, et de se demander par qui ces frais ont été occasionnés. Si c'est le percepteur qui a refusé de recevoir, ou s'il ne s'est pas trouvé dans la commune lorsqu'il devait s'y rendre le jour marqué pour sa tournée, et que, par conséquent, les offres réelles et la consignation soient déclarées valables, les frais en sont incontestablement à sa charge. Mais si les offres ont été faites mal à propos, ou bien si seulement le contribuable, comme dans l'espèce que nous supposions, n'a eu d'autre but que d'arrêter les poursuites, en mettant le percepteur en demeure de recevoir les offres, le percepteur qui accepte les offres ne saurait être tenu d'en supporter les frais; car ce n'est pas lui qui les a occasionnés, et si le redevable ne se fût pas mis dans le cas d'être poursuivi, il n'aurait pas eu à signifier des actes d'offres pour arrêter les poursuites du Trésor.

13. En résumé, le percepteur, dans le cas où des offres réelles

lui seraient signifiées par un contribuable au domicile élu dans le commandement, devrait, dès que cette signification lui est faite, notifier lui-même au contribuable son acceptation desdites offres, si d'ailleurs elles sont suffisantes, avec déclaration qu'il est prêt à en recevoir le montant à son bureau de recette, où le contribuable doit porter la contribution. Cette notification, pour avoir un caractère officiel, devrait avoir lieu par le ministère du porteur de contraintes. Il serait important pour le percepteur de ne pas négliger cet acte, attendu que le contribuable qui aurait fait des offres, sous prétexte que le silence du comptable équivaut à un refus de recevoir, consignerait les sommes, et ferait retomber les frais à sa charge.

Comme nous le disions plus haut, une signification d'offres réelles, qui a pour résultat d'ajouter des frais au principal des contributions dues, ne se présentera, en général, que de la part de contribuables qui ne cherchent qu'à élever des difficultés afin de retarder le payement, et c'est une raison de plus pour les comptables de se tenir en mesure contre les chicanes au moyen desquelles on s'efforcerait d'invalider leurs poursuites et de leur en faire supporter les frais.

14. Les offres réelles doivent être faites par un exploit d'huissier. (Art. 812 et suiv. Code de proc. civ.) Le contribuable ne pourrait donc pas exiger que le porteur de contraintes les reçût sur son procès-verbal de saisie. Il se bornerait seulement à constater que, le redevable lui ayant déclaré qu'il avait fait ou qu'il faisait des offres réelles, il a *suspendu la saisie, en en référant au percepteur, sans prétendre rien préjuger sur l'acceptation desdites offres.*

ARTICLE 69.

En cas de revendication des meubles et effets saisis, l'opposition n'est portée devant les Tribunaux qu'après avoir été, conformément aux lois des 5 novembre 1790 et 12 novembre 1808, déférée à l'autorité administrative. En conséquence, le percepteur se pourvoit auprès du sous-préfet, par l'intermédiaire du receveur particulier, pour qu'il y soit statué par le préfet sous le plus bref délai.

1. La loi du 5 novembre 1790, relative à la vente et à l'administration des biens nationaux, porte :

« Art. 13. Toutes actions en justice, principales, incidentes ou en reprise qui seront intentées par les corps administratifs, le seront au nom du procureur-général syndic du département, poursuite et diligence du procureur-syndic du district, et ceux qui voudront en intenter contre ces corps seront tenus de les diriger contre ledit procureur-général syndic.

« Art. 14. Il ne pourra être intenté aucune action par le procureur-général syndic, qu'en suite d'un arrêté du directoire du département, pris sur l'avis du directoire de district, à peine de nullité et de responsabilité, excepté pour les objets de simple recouvrement.

« Art. 15. Il ne pourra en être exercé aucune contre ledit procureur-général syndic, en sadite qualité, par qui que ce soit, sans qu'au préalable on ne se soit pourvu par simple mémoire, d'abord au directoire du district pour donner son avis, ensuite au directoire du département pour donner une décision, aussi à peine de nullité. Les directoires de district et de département statueront sur le mémoire dans le mois à compter du jour qu'il aura été remis avec les pièces justificatives au secrétariat du district, dont le secrétaire donnera son récépissé, et dont il fera mention sur le registre qu'il tiendra à cet effet. La remise et l'enregistrement du mémoire interrompront la prescription ; et, dans le cas où les corps administratifs n'auraient pas statué à l'expiration du délai ci-dessus, il sera permis de se pourvoir devant les Tribunaux.

« Art. 16. Les frais qui seront légitimement faits par les directoires de département et de district, dans la suite des procès, passeront dans la dépense de leurs comptes. »

Les articles de la loi du 5 novembre 1790, à laquelle la loi du 12 novembre 1808 se borne à se référer, sont textuellement cités à la suite du Règlement, et c'est là surtout le motif qui nous engage à les reproduire dans ces remarques ; mais ils exigent, pour être bien compris, quelques explications. Il n'y a guère, au surplus, que l'article 15 qui s'applique directement au cas prévu dans l'article 69 du Règlement que nous analysons.

Cette loi du 5 novembre 1790, qui avait pour objet de régler l'administration des biens nationaux, avait dû s'occuper de déterminer les règles d'après lesquelles seraient intentées et soutenues les actions que l'Etat aurait à poursuivre ou à défendre relativement à ces biens. Depuis, par une analogie naturelle, le mode tracé dans les articles ci-dessus rapportés a été généralisé et étendu à tous les cas où l'Etat se trouvait en position d'intenter ou de soutenir un procès. Ainsi, toutes les fois que le Domaine est intéressé dans une contestation, il appartient au préfet, qui, dans chaque département, représente le gouvernement, et qui, sous ce rapport, a remplacé les diverses autorités dont parlent les articles précités de la loi du 5 novembre, de suivre l'action devant les juges compétents; c'est aussi à ce magistrat que les parties doivent faire leurs significations, etc.

En matière de contributions directes, les préfets n'ont pas à intervenir de la même manière dans les poursuites et les contestations qui en peuvent naître. Ce n'est ni par leurs soins ni en leur nom que les actions sont intentées ou soutenues; c'est par le percepteur, qui est l'agent spécial que la loi commet à cet effet. Aussi n'est-ce pas sous ce rapport que la loi du 12 novembre 1808 et l'article 67 du Règlement renvoient à la loi du 5 novembre 1790; c'est uniquement pour l'application de l'article 15 de ladite loi. Cet article oblige tous les particuliers qui veulent intenter devant les Tribunaux une demande contre l'Etat à adresser préalablement leur mémoire à l'autorité administrative. Or, une action en revendication des meubles et effets saisis chez un redevable intéresse évidemment l'Etat, puisqu'il peut y avoir perte pour le Trésor, s'il est dessaisi des objets revendiqués qu'il considérait comme le gage de l'impôt. Il était donc juste d'appliquer à ce cas particulier les mêmes principes qu'à toutes les actions judiciaires concernant le domaine public.

2. Mais que faut-il entendre par ces mots dont se sert la loi du 12 novembre, et que reproduit notre article 69 : « Après avoir été soumise par l'une des parties intéressées *à l'autorité administrative ?* Quelle est spécialement l'autorité administrative indiquée dans cette disposition ? Est-ce le Conseil de préfecture ou bien le préfet? On a longtemps pensé que c'était au Conseil de préfecture que les parties devaient adresser leurs mémoires, et le Conseil d'Etat l'avait ainsi jugé plusieurs fois. (Voir le décret du 29 août 1809, et les ordonnances des 20 novembre 1816, 9 avril 1817, 18 mars 1818, 1er novembre 1820.) Mais la jurisprudence a changé par suite de l'avis du Conseil d'Etat du 28 août 1823. On nous saura gré de rapporter ici cet acte, qui n'a pas été inséré au *Bulletin des Lois.*

« Le Conseil d'Etat, sur le renvoi fait par le garde des sceaux des questions suivantes, résultant d'une lettre adressée à sa grandeur par Son Excellence le Ministre des finances, le 2 mai 1823 :

« 1° Si, avant d'intenter ou de soutenir des actions dans l'intérêt de l'Etat, les préfets doivent y être autorisés par les Conseils de préfecture, ou s'ils ne doivent pas du moins prendre leur avis ;

2° Si les particuliers qui se proposent de plaider contre l'Etat sont obligés de remettre préalablement à l'autorité administrative

un mémoire expositif de leur demande ; et si ce mémoire doit
être remis au préfet ou au Conseil de préfecture.

« Sur la première question :

« Considérant qu'aux termes de l'article 14 de la loi du 5 novembre 1790 et de l'article 13 de celle du 25 mars 1791, les procureurs-généraux syndics de département, et les commissaires du
gouvernement qui les ont remplacés, ne pouvaient suivre les
procès qui concernent l'État sans l'autorisation des Directoires
de départements ou des administrations centrales qui leur ont
été substituées ;

« Que cette disposition était une conséquence du système d'alors, qui plaçait dans ces autorités collectives l'administration
tout entière et réduisait les procureurs-généraux syndics et les
commissaires du gouvernement à de simples agents d'exécution,
qui ne pouvaient agir qu'en vertu d'une délibération ou autorisation ;

« Mais que cet état de choses a été changé par la loi du 28 pluviôse an 8, qui dispose, article 3 : que le préfet est chargé seul de
l'administration et statue, par cela même, qu'il peut seul, sans
le concours d'une autorité secondaire, exercer les actions judiciaires qui le concernent en sa qualité d'administrateur ;

« Que d'ailleurs l'article 4 de la même loi, qui détermine les
fonctions des Conseils de préfecture, leur attribue la connaissance des demandes formées par les communes pour être autorisées à plaider ; que cet article, ni aucun autre, ne soumet à leur
autorisation, ni à leur examen ou avis, les procès que les préfets
doivent intenter ou soutenir.

« Sur la deuxième question :

« Considérant qu'aux termes de l'article 15 de la loi du 5 novembre 1790, les particuliers qui se proposaient de former une
demande contre l'État devaient en faire connaître la nature par
un mémoire qu'ils étaient tenus de remettre au Directoire du département avant de se pourvoir en justice ;

« Que cette disposition, utile à toutes les parties en cause,
puisqu'elle a pour objet de prévenir les procès, ou de les concilier, s'il est possible, n'a été abrogé ni explicitement, ni implicitement, par la loi du 28 pluviôse an 8 ;

« Mais que le mémoire, dont parle cet article, doit être remis
au préfet qui est chargé seul d'administrer et de plaider, et non
au Conseil de préfecture, qui n'a reçu de lui aucune attribution à
cet égard ;

« Est d'avis : 1° que, dans l'exercice des actions judiciaires que
la loi leur confie, les préfets doivent se conformer aux instruc-

tions qu'ils recevront du gouvernement, et que les Conseils de préfecture ne peuvent, sous aucun rapport, connaitre de ces actions;

« 2° Que, conformément à l'article 15 de la loi du 5 décembre 1790, nul ne peut intenter une action contre l'Etat sans avoir préalablement remis à l'autorité administrative le mémoire mentionné en cet article 15;

« Et que ce mémoire doit être adressé, non au Conseil de préfecture, mais au préfet, qui statuera dans le délai fixé par la loi. »

C'est donc définitivement au préfet, comme administrateur représentant l'Etat, que le mémoire doit être remis. (Voir l'arrêt du Conseil d'Etat du 28 février 1856 et celui du 4 juin 1870, dans la 2ᵉ Partie, *Jurisprudence*, p. 157 et 169.)

Il ne s'agit pas, en effet, ici de porter un jugement entre les pré tentions du percepteur et du tiers revendiquant, puisque la loi déclare que c'est devant les Tribunaux que la contestation doit être portée en définitive (1); c'est plutôt une sorte de mise en demeure par laquelle l'Etat, représenté par le préfet, est sommé de déclarer s'il reconnaît la légitimité de la demande en revendication, ou bien s'il est déterminé à laisser l'action se suivre devant les juges civils. C'est, suivant l'expression de M. Cormenin, dans ses *Questions de Droit administratif*, une sorte de tentative de conciliation. Si le préfet pense que le procès ne doit pas être soutenu dans l'intérêt du Trésor, il accorde la prétention du revendiquant et donne des ordres pour que la distraction des effets saisis qui n'appartiennent pas au contribuable, soit faite au profit du propriétaire. Si, au contraire, il juge qu'il convient de soutenir l'action il refuse de faire droit amiablement à la demande en revendication, ou s'il n'a pas fait connaltre sa décision dans le délai d'un mois à partir de la remise du mémoire, son silence étant interprété comme refus, les parties deviennent libres de saisir les Tribunaux.

3. Ces préliminaires établis, quelle est la conduite à tenir par le percepteur dans le cas de revendication de tout ou partie des meubles saisis sur un contribuable? L'article 4 de la loi du 12 novembre 1808 dit que la contestation sera soumise à l'autorité administrative *par l'une des parties intéressées*. Ainsi, les tiers qui revendiquent ou le percepteur qui poursuit ont également qualité pour saisir le préfet de la demande. Cela est juste, car il ne faudrait pas que la négligence de l'une des parties pût nuire aux in-

---

(1) Application de ce principe a été faite dans un Arrêt du Conseil d'Etat, en date du 16 septembre 1806. (Voir dans la 2ᵉ partie, *Jurisprudence*, page 71.)

térêts de l'autre. Dans tous les cas, l'article 69 du Règlement prescrit au percepteur de faire les diligences nécessaires pour la prompte décision de la difficulté. Le Trésor est, en effet, doublement intéressé à ce qu'il soit promptement statué, d'abord parce qu'il doit tenir à la rentrée rapide de l'impôt, ensuite parce que, plus la contestation traînera en longueur, plus il y aura à craindre que les frais de garde ne finissent par consommer toute la valeur des objets saisis. Le percepteur doit donc, lorsque l'opposition a été faite par exploit (1), remettre cet exploit au receveur particulier qui est chargé de le faire parvenir au sous-préfet. Il n'a plus ensuite qu'à attendre la décision à intervenir, et qui lui sera communiquée. (Voir le *Formulaire*, n° 37.)

4. Nous n'avons pas besoin de faire observer que le mode de procéder ci-dessus indiqué serait toujours le même, soit que la saisie s'opérât au domicile du contribuable, soit qu'elle eût lieu

---

(1) La manière de former la revendication des meubles, compris, mal à propos, dans une saisie, est l'objet de quelques règles de procédure que nous croyons utile de faire connaître sommairement ici : — Ceux qui se prétendent propriétaires de tout ou partie des objets saisis, dit l'article 696 du Code de procédure civile, peuvent les revendiquer. Ils n'ont pas le droit, comme nous l'avons déjà dit à l'article 67 du Règlement, de s'opposer à la saisie; mais seulement d'empêcher la vente. (Code de proc. civ., art. 608.)

La revendication sera donc utilement formée tant que la vente n'a pas eu lieu; mais si elle n'est faite qu'après l'apposition des placards, le revendiquant, dont la propriété serait reconnue, doit néanmoins supporter les frais d'affiches et de publication, comme peine de son défaut de diligence. (Bioche.)

La revendication s'effectue au moyen d'un exploit signifié au gardien, avec injonction de ne souffrir ni l'enlèvement, ni la vente des objets réclamés, jusqu'à ce qu'il ait été statué sur la revendication.

L'exploit est dénoncé au saisissant ou au saisi dans le délai des ajournements (huit jours francs).—Cour royale de Besançon, 30 avril 1814. Il doit contenir, du moins en ce qui concerne la notification au saisi et au saisissant l'énonciation des preuves de propriété, à peine de nullité. (Art. 608.) — L'assignation doit être signifiée au domicile réel du saisissant.

La demande en revendication est jugée par le Tribunal civil du lieu de la saisie, comme en matière sommaire. (C. de proc. civ., art. 608.) — Le réclamant qui succombe peut être, s'il y a lieu, condamné à des dommages-intérêts envers le saisissant.

Si la revendication est admise, le jugement qui y fait droit est signifié au saisissant, à la partie saisie et au gardien, avec défense de procéder à la vente, soit de la totalité, soit de partie des objets saisis. — Si, au contraire, la revendication est rejetée, le revendiquant peut, suivant les circonstances, être condamné à des dommages-intérêts envers le saisissant. Le jugement de rejet lui est signifié par un porteur de contraintes, ainsi qu'au gardien. (Favard de Langlade.)

Si le tiers ne justifiait de sa propriété qu'après la vente, il lui serait tenu compte, par le saisissant, de la valeur de l'objet. (C. de Bruxelles 12 mars 1806.)

hors de son domicile, sur des objets mobiliers à lui appartenant, en vertu de la disposition de l'article 1er de la loi du 12 novembre 1808, qui permet au Trésor d'exercer son privilége sur les meubles du redevable, *en quelque lieu qu'ils se trouvent.* La circonstance de la saisie hors du domicile du débiteur ne change rien à la nature de l'action en revendication intentée par un tiers ; et, par conséquent, cette action doit rester soumise aux mêmes règles.

5. Lorsque la demande en revendication est, après la décision de l'autorité administrative, portée devant les Tribunaux, il devient nécessaire de faire l'avance des frais d'instance. Comment et par qui ces avances doivent-elles être faites ? — Consulté sur cette question, le Ministre des finances a répondu que « les frais de procès, de même que les autres frais judiciaires ou administratifs, devaient être payés aux avoués ou huissiers par les receveurs des finances, sur mémoire des frais dûment taxés par l'autorité judiciaire. (Lettre au préfet des Boûches-du-Rhône, du 11 décembre 1835.)

6. Quant au remboursement desdits frais, doit-il être poursuivi contre le tiers qui a succombé dans sa revendication, ou contre le redevable ? et, dans ce cas, le montant doit-il être prélevé simplement sur le produit de la saisie ? — Le directeur de la comptabilité des finances, dans une lettre adressée au receveur général de la Gironde, le 17 septembre 1834, a émis l'opinion que « les frais de la revendication devaient être considérés comme les accessoires de la saisie-exécution, et que dès lors, le percepteur devait demander au Tribunal l'autorisation d'en prélever le montant sur le prix de la vente des objets saisis, sauf au redevable à exercer ensuite une action récursoire, s'il y a lieu, contre le tiers qui, par sa revendication mal fondée, a occasionné les frais.

7. La communication préalable prescrite par l'article 69 est spéciale à la demande en revendication : elle ne devrait pas avoir lieu pour toutes contestations qui interviendraient dans le cours des poursuites (V. le *Commentaire* sur l'art. 86), sauf pour le cas de demande en distraction de meubles insaisissables. (V. le *Commentaire* sur l'art. 77, n° 17.)

ARTICLE 70.

Le porteur de contraintes qui, se présentant pour saisir, trouve une saisie déjà faite, se borne à procéder au récolement des meubles et effets saisis, et, s'il y a lieu, provoque la vente. ainsi qu'il est prescrit par les articles 611 et 612 du Code de procédure civile.

1. Une saisie préexistante, avec constitution d'un gardien, est un obstacle à une nouvelle saisie. Dans ce cas, est-il dit dans l'article 611 du Code de procédure civile, l'huissier ne peut pas saisir de nouveau, mais il peut procéder au récolement des meubles et effets sur le procès-verbal de saisie que le gardien est tenu de lui représenter.

Le récolement est un procès-verbal qui constate, sans entrer dans aucuns détails, si les effets saisis se retrouvent, qui signale ceux qui manquent et qui saisit ceux qui ont été omis. Ce récolement, équivalant à une saisie, doit être fait avec l'assistance de deux témoins (Pigeau).

2. Il peut arriver que le gardien établi, lors d'une première saisie, se trouve absent au moment où le porteur de contraintes se présente pour saisir ; que devrait faire alors ce dernier ?

Il demanderait, soit à la partie saisie elle-même, si elle est présente, soit aux gens de la maison qui ont déclaré qu'une saisie avait déjà été faite, la production du procès-verbal, et il ferait alors le récolement.

Que si le procès-verbal n'était pas représenté, le récolement deviendrait alors impossible et, de plus, rien ne constaterait que la saisie qu'on annoncerait avoir été faite précédemment, l'eût effectivement été. Dans ce cas, le porteur de contraintes devrait, pour agir prudemment, prendre chez un voisin les renseignements propres à l'éclairer sur la vérité de la déclaration qui lui est faite et envoyer un de ses assistants chercher le gardien. Si les diverses recherches auxquelles il se serait livré lui faisaient soupçonner la fausseté de la déclaration d'une saisie antérieure et de l'établissement d'un gardien, il procéderait alors lui-même à la saisie, conformément aux règles prescrites.

3. Il a été décidé, du reste, qu'un créancier peut, nonobstant une première saisie, lors de laquelle il n'a pas été constitué de gardien, procéder à une seconde saisie et faire vendre les meubles (Arr. de la C. de Caen du 10 avril 1827; Dalloz, v° *Saisie-exécution*, n° 105), comme aussi, lorsqu'on n'a pas donné au porteur de contraintes connaissance d'une première saisie apposée, la nouvelle saisie n'est pas nulle, mais elle doit être convertie en un simple procès-verbal. (A. C. de Limoges, 18 décembre 1813.)

4. Si le porteur de contraintes ne trouve point à recharger la première saisie d'objets qui auraient été omis, il se borne à ouvrir son procès-verbal de la même manière qu'il ferait à l'égard d'un

procès-verbal de saisie ; puis, à l'endroit où il aurait eu à décrire les objets saisis, il constate que tel individu lui a déclaré être constitué gardien à une précédente saisie, etc., etc., et qu'en conséquence il a procédé au récolement. (Voir au Formulaire le Modèle nº 20.) Comme nous le disons, ce récolement ne doit pas, dans ce cas, contenir de détails. Si le porteur de contraintes ne se bornait pas à une constatation pure et simple que les objets décrits au procès-verbal de saisie existent dans le même état, ses frais d'écritures seraient frustratoires, et ils ne lui seraient pas alloués en taxe par le sous-préfet.

5. Si, au contraire, le porteur de contraintes remarquait des effets omis, il les saisirait, ainsi que le prescrit l'article 611 du Code de procédure ; à cet effet, il en ajouterait la description à la suite de la partie de son procès-verbal où il a constaté le récolement, et il suivrait, au surplus, pour cette circonstance la forme de rédaction prescrite pour la saisie-exécution. (Modèle nº 18).

6. Il pourrait arriver que le précédent saisissant eût, contrairement à la loi, compris dans la saisie des effets déclarés insaisissables par l'article 592 du Code de procédure civile. Le porteur de contraintes devrait alors faire mention de cette circonstance dans le procès-verbal de récolement, sauf à faire distraction de ces objets s'il procédait à la vente au lieu et place du premier saisissant. (Voir ci-après les nºˢ 11 et 12.) Mais, s'il s'agissait d'objets que l'article 77 du Règlement, conforme sur ce point à l'arrêté du 16 thermidor an 8, déclare insaisissables pour contributions arriérées, et dont la plupart cependant peuvent être saisis, en vertu de l'article 593 du Code de procédure civile, lorsque la saisie a lieu pour aliments, loyers et autres créances privilégiées énumérées dans cet article, le porteur'de contraintes ne devrait pas faire distraction de ces objets compris dans le procès-verbal de la première saisie, pour réduire la vente, dans le cas où y il procéderait, à ceux que le Règlement permet seulement de saisir en matière de contributions directes. En pareille occurrence, le porteur de contraintes agit dans l'intérêt de tous les créanciers, et il réalise pour tous le mobilier saisi, afin que la distribution des deniers se fasse ensuite entre eux suivant les droits et privilèges de chacun. (Voir le *Commentaire* sur l'art. 81, nº 41.)

7. Les objets omis et qu'on saisit dans le récolement, doivent être confiés au gardien de la première saisie. C'est l'opinion de tous les auteurs.

L'établissement d'un autre gardien, bien qu'il ne fût pas essentiellement nul, entraînerait des frais frustratoires que le sous-préfet croirait sans doute devoir mettre à la charge du porteur de contraintes, par cela seul qu'ils pouvaient être évités.

8. Le porteur de contraintes, après avoir procédé au récolement des meubles et effets saisis, et opéré, s'il y a lieu, la saisie de ceux omis par le premier saisissant, doit faire sommation à ce dernier de vendre le tout dans la huitaine (Code proc. civ., art. 611), soit qu'il n'y ait eu que récolement, soit qu'il y ait eu plus ample saisie.

Cette sommation doit être faite par le procès-verbal même de saisie. (Carré.)

9. Lorsqu'il y a plus ample saisie, trois copies du procès-verbal contenant récolement et saisie des effets omis doivent être données : une première au saisi, puisqu'il y a réellement saisie, et que l'article 601 du Code de procédure civile veut que, dans ce cas, copie lui soit laissée ; une seconde au gardien, pour le même motif et exécution de l'article 599 ; une troisième au premier saisissant, puisque cette seconde saisie, contenant récolement de la première, vaut à ce titre opposition sur les deniers de la vente, aux termes du dernier paragraphe de l'article 611 ; et que, d'ailleurs, cet acte renfermant sommation de vendre, le premier saisissant en a besoin pour suivre et faire faire la vente des nouveaux effets avec les anciens.

10. Lorsqu'il n'y a que récolement, le porteur de contraintes doit donner deux copies : une première au saisi ; une seconde au saisissant, puisque ce récolement vaut opposition. Il n'est pas besoin d'en donner une troisième au gardien, le récolement ne lui imposant aucune obligation nouvelle.

La copie à donner au premier saisissant ne doit point être remise au gardien, mais à la personne ou au domicile réel du saisissant, parce que la règle générale veut que toute copie soit donnée à personne ou à domicile, et que la loi ne fait pas exception pour ce cas-ci.

11. Le législateur ayant voulu qu'une première saisie en empêchât une seconde, et que les autres créanciers se bornassent à faire opposition sur le prix de la vente, il était de conséquence nécessaire de rendre la saisie commune aux créanciers opposants, et de donner à ceux-ci le droit de provoquer eux-mêmes la vente, en cas de négligence ou de collusion de la part du premier saisissant avec le débiteur. Ce droit leur est accordé par l'article 612 du Code de procédure. Ainsi, lorsque le premier saisissant n'a pas obtempéré à la sommation qui lui a été faite par le porteur de contraintes, conformément à l'article 611 du Code de procédure civile, de vendre dans le délai de huitaine, celui-ci peut, à l'expi-

ration de ce délai, après avoir fait préalablement sommation au
saisissant (Voir au Formulaire le Modèle n° 29), procéder au récolement des effets saisis sur la copie du procès-verbal de saisie
que le gardien est tenu de représenter, et de suite à la vente, sauf
l'autorisation spéciale du sous-préfet, conformément à l'article 79
du Règlement.

12. Il est un autre cas où le porteur de contraintes aurait encore
la faculté de procéder directement à la vente, bien qu'il ne fût
que le second saisissant, c'est celui où la première saisie serait
une *saisie-gagerie* (1). La saisie-exécution pratiquée postérieurement par le porteur de contraintes devrait avoir la préférence,
parce qu'elle est, dit Pigeau, plus expéditive et plus sûre que la
première pour procurer le payement aux créanciers : plus expéditive, en ce qu'il n'est pas besoin de la faire déclarer valable pour
faire vendre, formalité nécessaire pour la première et qui occasionnerait du retard ; plus sûre, en ce que, dans la saisie-gagerie,
les effets sont confiés au saisi, qui peut les soustraire ; tandis que,
dans la saisie-exécution, la garde en est confiée à un tiers.

13. Qu'arriverait-il si le débiteur saisi parvenait à faire déclarer
nulle la première saisie ? Quelques auteurs établissent une distinction entre la saisie déclarée nulle pour *défaut de forme*, comme
s'il n'avait pas été fait de commandement, par exemple, et la saisie déclarée nulle pour *moyen de fond*, comme s'il était justifié
que le saisissant n'était point créancier du saisi. Selon eux, dans
le premier cas, la procédure, annulée pour défaut de forme, est
comme non avenue à l'égard de tous ; dans le second, la procédure
étant régulière, a son effet en faveur des créanciers autres que le
saisissant, pourvu que ces créanciers aient un titre exécutoire qui
autorise la continuation des poursuites. Thomine-Desmazures n'a-
dopte pas tout à fait cette distinction. Lorsqu'il s'agit de créanciers, simples opposants qui, n'ayant pas récolé, sont étrangers à
la procédure, il n'hésite pas à partager l'opinion d'après laquelle
la nullité de la première saisie fait tomber toutes les oppositions
de ces créanciers, comme étant accessoires de la saisie. Mais, quant
à ceux qui ne sont pas simplement opposants, en ce qu'ils ont, en
vertu d'un titre exécutoire, fait faire un récolement de saisie (et
c'est dans cette catégorie de créanciers que le percepteur, poursuivant au nom du Trésor, doit être rangé, puisqu'il y a eu procès-

---

(1) On appelle *saisie-gagerie* l'acte conservatoire et d'exécution par lequel le
propriétaire ou principal locataire d'une maison ou d'une ferme a fait saisir les
objets garnissant la maison louée ou la ferme, et sur lesquels il a un privilège en
vertu de l'article 2102 du Code civil.

verbal de récolement, en exécution de la contrainte décernée contre le saisi), ce commentateur estime, avec raison, selon nous, que ce récolement équivaut pour ces créanciers à une nouvelle saisie, et que leur droit devient indépendant de celui du premier saisissant. (Voir aussi Dalloz, v° *Saisie-exécution,* n°ˢ 351 et 352.) Ainsi donc, nous pensons que lorsqu'un procès-verbal de récolement a été fait par le porteur de contraintes qui a trouvé une saisie déjà faite, ce procès-verbal de récolement produit tous les effets d'une saisie, et peut servir de base à la vente des meubles saisis, alors même que la première saisie est annulée, et quels que soient les circonstances et les motifs de cette annulation.

ARTICLE 71.

Lorsque le porteur de contraintes ne peut exécuter sa commission parce que les portes sont fermées ou que l'ouverture en est refusée, il a le droit d'établir un gardien pour empêcher le divertissement.

Il se retire sur-le-champ devant le maire ou l'adjoint, lequel autorise l'ouverture des portes, y assiste, et reste présent à la saisie des meubles et effets.

L'ouverture des portes et la saisie sont constatées par un seul procès-verbal dressé par le porteur de contraintes, et signé en outre par le maire ou son adjoint.

1. Cet article est la reproduction presque littérale de l'article 587 du Code de procédure civile, qui est ainsi conçu : « Si les portes sont fermées ou si l'ouverture en est refusée, l'huissier pourra établir un gardien aux portes pour empêcher le divertissement; il se retirera sur-le-champ, sans assignation, devant le juge de paix, ou, à son défaut, devant le commissaire de police, et dans les communes où il n'y en a pas, devant le maire, et, à son défaut, devant l'adjoint, en présence desquels l'ouverture des portes, même celle des meubles fermants, sera faite au fur et à mesure de la saisie. L'officier qui s'y transportera ne dressera point de procès-verbal, mais il signera celui de l'huissier, lequel ne pourra dresser du tout qu'un seul et même procès-verbal. »

La défense qui est faite par l'article 587 de pénétrer, sans la présence d'un officier public, dans les maisons fermées, ou dont on refuse l'entrée, est absolue et de droit rigoureux. La saisie serait nulle si le porteur de contraintes, ne trouvant personne au domicile du saisi, ou, sur le refus qu'on ferait d'en ouvrir les portes, les ouvrait lui-même, quoique sans efforts ni fractures et lors même qu'elles ne seraient pas fermées à clef, et procéderait sans être assisté d'un officier public (Arrêt de la Cour de Poitiers du 7 mai 1818 (1). Il faut, pour qu'il ait le droit de pénétrer dans la maison du saisi, qu'il la trouve habitée et les portes ouvertes ou que, du moins, l'ouverture des portes ait lieu sur sa simple réquisition. (A. Cour de cassation, 28 mai 1851.)

Il en serait de même pour l'ouverture des meubles (Voir ci-après, n° 7.)

2. On remarquera une différence de rédaction entre l'article 71 du Règlement et l'article 587 du Code de procédure civile, en ce qui concerne l'indication des fonctionnaires devant lesquels le porteur de contraintes doit se retirer dans le cas prévu par ces articles. Le Règlement n'indique que le maire ou son adjoint pour autoriser l'ouverture des portes, tandis que, d'après le Code de procédure, ce n'est qu'à défaut du juge de paix d'abord, et ensuite du commissaire de police, que l'assistance du maire ou de son adjoint semble devoir être requise. Le Règlement ne s'est occupé que du cas le plus fréquent. En effet, dans le plus grand nombre des communes, il n'y a ni juge de paix ni commissaire de police. Mais nous pensons que, dans les villes et communes où ces fonctionnaires sont établis, il sera préférable que le porteur de contraintes réclame leur ministère, afin de se conformer plus exactement au Code de procédure, dont la Circulaire du 10 octobre 1831 recommande de ne pas s'écarter. C'est aussi l'opinion exprimée, sous notre article, dans une Note de la dernière édition du Règlement.

Cependant nous devons dire que le défaut d'exécution ponctuelle de l'article 517 du Code de procédure civile, sous ce rapport, ne nous semblerait pas de nature à entraîner la nullité des poursuites. M. Pigeau observe que le projet primitif de rédaction de l'article 610 disait : devant le juge de paix *ou* le commissaire, devant le maire *ou* l'adjoint, ce qui laissait l'alternative ; mais

---

(1) S'il arrivait que le porteur de contraintes, entré d'abord sans obstacles dans la maison, éprouvât ensuite de la résistance, des menaces ou voies de fait de la part du saisi ou de ses gens, il en dresserait procès-verbal, pour être en mesure d'agir conformement à l'article 40 du Règlement, et en attendant, après avoir établi gardien aux portes, il se retirerait devant l'un des fonctionnaires désignés dans l'article 587 ci-dessus rapporté, du Code de procédure civile, ou même devant le commandant de la gendarmerie pour requérir main-forte. (Voir la *Commentaire* sur l'art. 40 du Règlement, n° 20.)

que, d'après la rédaction définitive dudit article, on doit suivre l'ordre hiérarchique.

Au contraire, Thomine-Desmazures pense, et nous sommes porté à partager en cela son opinion, que c'est ou le juge de paix, ou le commissaire de police, ou le maire, ou l'adjoint, n'importe lequel, qui peuvent être requis pour assister à la saisie, parce qu'ils sont également dignes de confiance. Il n'y a point, en effet, entre le juge de paix, le commissaire de police, le maire ou son adjoint, de prérogative à conserver, dans la circonstance prévue par l'article 587, et il n'y a pas de motif pour que la saisie soit plus ou moins régulière, selon le caractère de la personne présente. Il suffit que ce soit l'un des officiers publics que désigne la loi. Tout au moins est-il certain qu'il n'est pas nécessaire de constater l'empêchement du juge de paix, lorsque l'huissier ou le porteur de contraintes se fait assister par un des fonctionnaires suppléants que la loi désigne. (A. C. de cassation, du 1er avril 1813.)

3. Il n'est pas indispensable de présenter une requête écrite au fonctionnaire dont l'assistance est sollicitée. Une demande verbale suffit. S'il arrivait que les officiers auxquels le porteur de contraintes doit s'adresser, aux termes de l'article 587, ne voulussent pas faire droit à sa réquisition, ce dernier devrait-il surseoir à l'exécution? — Il est évident que, dans ce cas, qui se présentera bien rarement, puisque le porteur de contraintes peut épuiser la série des conseillers municipaux (L. 5 mai 1855, art. 4), la saisie ne pouvant être faite d'une manière régulière en l'absence de l'officier public, il y aurait nécessité de surseoir à son exécution. — M. Carré, qui s'est occupé de cette question, pense que, dans ce cas, le saisissant aurait le droit d'intenter une action en dommages-intérêts contre l'officier qui refuserait son assistance.

Quoi qu'il en soit, le porteur de contraintes ne pourrait, dans la circonstance, que se borner à consigner le fait dans son procès-verbal et se retirer auprès du percepteur, qui en référerait au receveur des finances.

4. Si l'ouverture des portes ou des meubles exigeait le ministère d'un serrurier ou de tout autre ouvrier, le porteur de contraintes devrait les faire requérir par le fonctionnaire appelé pour assister à l'opération. Si la réquisition n'était faite que par le porteur de contraintes, elle ne serait pas obligatoire pour l'ouvrier, et celui-ci pourrait refuser, sans encourir l'amende de 6 fr. à 10 fr., prononcée par l'article 475, § 12, du Code pénal, contre ceux qui

refusent le service dont ils ont été requis en cas d'exécution judiciaire (1).

5. C'est uniquement en qualité d'officiers publics ou magistrats du lieu que le juge de paix, le commissaire de police, le maire ou l'adjoint sont appelés dans l'intérêt du saisi. Pour un pareil office, il ne s'agit ni d'émettre une opinion, ni de faire acte de juridiction; de sorte qu'ils ne devraient se dispenser ou ne pourraient être récusés, sous prétexte de parenté. (Arr. C. Metz du 20 novembre 1828.)

6. L'officier qui se sera transporté pour faire ouvrir les portes doit rester avec le porteur de contraintes jusqu'à ce que celui-ci ait achevé la saisie. L'article 71 du Règlement a sagement interprété sur ce point l'article 587 du Code de procédure. Car il résulte de ce dernier article que la présence de l'officier requis pour l'ouverture des portes est constatée par sa signature sur le procès-verbal de saisie. (Voir Dalloz, v° *Saisie-exécution*, n° 86.)

7° D'un autre côté, il ne doit pas assister seulement à l'ouverture des portes, mais encore à celle des meubles meublants; d'où la conséquence qu'il doit être présent à toute la saisie. En effet,

---

(1) C'est ce qui a été jugé par la Cour de cassation, le 20 février 1830, dans l'espèce suivante : — Le porteur de contraintes Sabatté, allant faire une saisie chez le sieur Desquey, trouva les portes fermées; il alla en prévenir le juge de paix, et ensuite requérir le sieur Sourisseau, serrurier, de venir les ouvrir. Le sieur Sourisseau refusa d'obtempérer à cette réquisition. Procès-verbal fut dressé contre lui, et il fut cité ensuite devant le Tribunal de police de Marmande. Le 4 décembre 1829, jugement de ce Tribunal qui renvoie le prévenu de la citation, attendu, entre autres motifs, qu'il n'y a aucune loi qui punisse le refus du sieur Sourisseau, et que, d'ailleurs, l'obligation imposée à tous les citoyens de prêter main-forte pour les exécutions judiciaires ne doit s'entendre que de l'exécution des jugements criminels ou correctionnels, et ne peut pas s'appliquer aux jugements civils. Pourvoi par le maire de Marmande, remplissant les fonctions du ministère public près le Tribunal de simple police, en cette ville.

Arrêt. — LA COUR, — Attendu que le refus d'un individu d'obtempérer à la réquisition à lui faite par un officier ministériel ou porteur de contraintes, d'exercer un acte de sa profession, sans l'ordre direct ou immédiat d'un officier public ou magistrat dépositaire de l'autorité publique, n'est prévu ni puni par aucune loi; attendu qu'il ne paraît point que le juge de paix, quoique appelé sur les lieux, ait donné un ordre de cette nature, ou autorisé la réquisition faite par le porteur de contraintes; — Sans toutefois approuver le motif consigné dans le jugement, et fondé sur une prétendue distinction entre les jugements en matière civile et ceux rendus en matière criminelle ou de police correctionnelle, distinction réprouvée par les règles universellement applicables d'ordre public, qui veulent que la même force d'exécution, la même protection, la même garantie, soient assurées à tous les jugements, de quelque juridiction qu'ils soient émanés; — Attendu que, dans cet état, le dispositif du jugement n'a violé aucune loi; — Rejette.

l'article 591 du Code de procédure civile, qui est ıu complé
ment de l'article 587 du même Code, porte que, « si le saisi est ab
sent, et qu'il y ait refus d'ouvrir une pièce ou meuble, l'huis
sier requerra l'apposition des scellés par l'*officier appelé à l'ouverture.* »

8. La disposition finale de l'article 591 exige quelques explications. La nécessité de l'apposition des scellés sur les papiers,
prescrite par cet article, est évidente pour le cas où le saisi est
absent. Mais on sent qu'elle ne serait pas applicable si le saisi
était présent, car personne n'a le droit de prendre connaissance de
ses papiers (Carré, Bioche; Arr. C. de Paris, 12 février 1853).

Par le mot *absent*, il ne faut pas entendre, au surplus, un homme
déclaré ni même présumé absent dans le sens des articles
112 et suivants du Code civil. Toute personne qui se trouve, au
moment de la saisie faite sur elle, hors de l'endroit où sont les
effets à saisir, doit être considérée comme absente dans le sens de
l'article 591. — Les papiers de famille, des obligations donnant
créance au débiteur, ne doivent pas être compris dans la saisie. Le
porteur de contraintes exposerait sa responsabilité personnelle si,
par une telle saisie, il empêchait le saisi de poursuivre lui-même
ses débiteurs et lui occasionnait quelque perte. Il pourrait, seulement, prendre note du nom des débiteurs, pour que le percepteur
pût faire ensuite, à l'égard de ces derniers, une saisie-arrêt ou une
sommation, conformément à l'article 14 du Règlement, s'il y avait
lieu. Mais, dans le cas d'absence du saisi, il serait responsable
s'il ne requérait pas l'apposition des scellés sur ses papiers par
l'officier public présent à la saisie. Cette apposition se fait sur la
fermeture du local ou du meuble dans lequel ils sont renfermés,
et il en dresse procès-verbal. Le gardien est par lui constitué gardien des scellés. Il importe de remarquer que l'apposition des
scellés sur les papiers du saisi ne doit pas être, comme l'ouverture des portes, pièces et meubles, constatée seulement par le
procès-verbal de la saisie ; il est convenable que le fonctionnaire
dresse séparément celui de l'apposition, afin de le guider dans la
levée qu'il aura à faire des scellés, dès que le saisi l'en requerra.
Cette levée des scellés se fait sans description, mais aux frais du
saisi, puisque c'est dans son intérêt qu'ils ont été apposés.

ARTICLE 72.

Le procès-verbal de saisie fait mention de la réquisition faite
au saisi de présenter un gardien volontaire. Le porteur de con-

traintes est tenu d'admettre ce gardien, sur l'attestation de solva-bilité donnée par le maire de la commune.

1. Nous avons dit au *Commentaire* sur l'article 66, en parlant des formalités relatives à la saisie, qu'il devait être préposé un gardien aux effets saisis. Le choix de ce séquestre n'est pas aban-donné entièrement au porteur de contraintes. Il faut, comme l'in-dique notre article 72, que réquisition soit faite au saisi d'en pré-senter un, et la loi (Code proc. civ., art. 696) veut que le gardien offert par lui soit établi s'il est reconnu *solvable*, et se charge *volontairement* et *sur-le-champ*. Il est, en effet, de l'intérêt du débiteur de prévenir des frais de garde, et il serait vexatoire de refuser le gardien qui se présente et qui se soumet volontaire-ment aux obligations que cette fonction lui impose, pour en placer un autre que le saisi serait obligé de payer. D'après notre article, il suffit que la solvabilité soit attestée par le maire de la com-mune.

2. Si le saisi offrait pour gardien une femme dont la solvabilité serait, d'ailleurs, attestée par le maire de la commune, le porteur de contraintes devrait-il l'accepter? La difficulté que présente cette question naît de ce que l'article 2060 du Code civil, § 3, d'a-près lequel la contrainte par corps a lieu pour la présentation des choses déposées aux séquestres, commissaires et autres gardiens, n'est pas applicable aux femmes, aux termes de l'article 2066 du même Code; de sorte qu'en préposant une femme à la garde d'une saisie, le porteur de contraintes priverait le Trésor de la garantie de la contrainte par corps. Ce ne serait donc, en général, qu'au-tant que la femme offerte pour gardienne offrirait toutes les condi-tions de solvabilité, et qu'il serait difficile de trouver d'autres gar-diens, qu'il faudrait l'admettre; mais il sera plus prudent de s'en dis-penser, toutes les fois qu'on le pourra. C'est, au surplus, l'opinion émise par le garde des sceaux dans une lettre que nous rapportons dans le *Commentaire* sur l'article 81, n° 5. Et il faut, en outre, prendre garde qu'une femme mariée ne pourrait accepter la garde des effets saisis qu'avec l'autorisation de son mari. (Arr. C. de cassa-tion du 10 février 1840.)

3. En règle générale, le porteur de contraintes peut refuser pour gardiens:

1° Le saisi, à moins qu'il n'y eût nécessité et avantage de lais-ser les objets à sa garde, quand ils sont de peu de valeur et que les frais de saisie et de l'établissement du gardien de rigueur ne dussent excéder la valeur des meubles;

2° Les personnes qui ne sont pas capables de s'obliger, telles que les mineurs, les interdits, les femmes mariées;

3° Celles qui ne peuvent pas s'obliger *par corps*, telles que les septuagénaires, les femmes et les filles (C. civil, art. 2066);

4° Celles dont la solvabilité n'est pas constatée par le maire.

4. Il *doit* refuser celles qui sont comprises dans les prohibitions portées par l'article 598 du Code de procédure civile, dont parle l'article 73 du Règlement.

5. Lorsqu'un gardien volontaire n'est pas proposé par le saisi, ou que celui qui a été proposé n'a pas dû ou pu être accepté, le porteur de contraintes en établit un d'office. C'est le cas dont nous allons nous occuper à l'article 73.

ARTICLE 73.

Si le saisi ne présente pas de gardien, le porteur de contraintes en établit un d'office, en observant les prohibitions portées par l'article 598 du Code de procédure civile.

1. C'est à défaut de présentation par le saisi d'un gardien solvable et de la qualité requise (C. de procédure civile, art. 597) que le porteur de contraintes en établira un d'office. Mais toutes personnes ne peuvent être choisies par lui. L'article 598 du Code de procédure civile prononce à cet égard des prohibitions qui comprennent le saisissant, son conjoint, ses parents et alliés, jusqu'au degré de cousin issu de germain inclusivement, et les domestiques. Leur exclusion se justifie par les mêmes motifs de convenance qui ont fait interdire au saisissant d'assister à la saisie. (Art. 585 du C. de procédure civile). Mais, est-il dit dans l'article 598, « le saisi, son conjoint, ses parents, alliés et domestiques pourront être établis gardiens, de leur consentement et de celui du saisissant. » Dans le cas où ce consentement leur serait donné, il n'y aurait pas nécessité qu'il le fût par écrit; il suffirait que le porteur de contraintes l'énonçât dans son procès-verbal.

2. Les incapacités dont parle l'article 598 ne sauraient être étendues. Ainsi, il a été jugé par un arrêt de la Cour de Metz du 20 novembre 1818, et par un autre arrêt de la Cour de Rennes du 19 mars 1820, que les témoins qui ont assisté l'huissier dans la saisie peuvent être constitués gardiens. Ces deux décisions sont conformes à l'opinion de Carré, de Delaporte et du *Praticien français*. Par application de ces principes, on doit décider que les garnisaires peuvent être choisis pour gardiens aux saisies par les

porteurs de contraintes, puisque leur qualité ne peut les faire ranger dans aucune des prohibitions portées par l'article 593 du Code de procédure civile. Mais il est utile de signaler à ces agents la différence qui existe entre les fonctions qu'ils remplissent dans ce cas, et celles de garnisaires. Autre chose, en effet, est la garnison, autre chose la garde d'une saisie. Dans le premier cas, le garnisaire n'est envoyé à domicile chez le contribuable que dans le but d'engager celui-ci, par l'incommodité de la présence d'un étranger dans son domicile, à se libérer promptement. Le garnisaire n'a alors aucune surveillance légale à exercer ; il n'aurait pas qualité pour empêcher le contribuable d'emporter au dehors ses effets mobiliers ; et s'il croyait, dans l'intérêt du recouvrement, devoir avertir le percepteur qu'il y a un commencement d'enlèvement de meubles, ce serait pour que celui-ci prît immédiatement les mesures autorisées par la législation pour empêcher la disparition du gage du Trésor ; car il n'aurait pas lui-même le droit de s'y opposer de vive force. Il en serait tout autrement dans le second cas : institué gardien et responsable des objets saisis, il devrait, dans son propre intérêt, s'opposer personnellement à la sortie desdits objets ; et, s'il n'y pouvait parvenir seul, il pourrait requérir la force armée pour lui prêter aide et assistance. (Voir le *Commentaire* sur l'art. 71, n° 1, à la Note.)

3. Les auteurs sont divisés sur la question de savoir si les fonctions de gardiens sont obligatoires ou peuvent être refusées. L'affirmative est soutenue par Merlin, Carré, Pigeau, Bioche et Thomines-Desmazures ; la négative par Demiau, Berriat Saint-Prix, Lepage, Pothier et Dalloz, v° *Saisie-exécution*, n° 204. Il nous semble qu'on ne saurait trouver la nécessité de se rendre gardien d'effets saisis, écrite nulle part dans nos Codes. On voit, au contraire, que le débiteur lui-même ne peut être constitué gardien de ses propres meubles sans son consentement. En admettant, du reste, que, suivant l'opinion de Pothier, le porteur de contraintes pût désigner un individu et l'assigner devant le Tribunal pour le faire condamner à se charger de la garde, ou bien, qu'il fût préférable, pour éviter des retards et des frais, que le porteur de contraintes référât de cette difficulté au président du Tribunal du lieu de la saisie, qui désignerait le gardien, et choisirait, sans doute de préférence, un agent de la force publique, il en résulterait toujours qu'une telle marche, alors même qu'elle serait sanctionnée sans opposition par les Tribunaux, entraînerait des délais, pendant lesquels un contribuable de mauvaise foi pourrait faire disparaître le gage du Trésor. Pour éviter cet inconvénient, nous conseillerons aux agents de poursuites, lorsqu'ils se transportent

dans les localités où ils prévoient qu'il leur sera difficile de trouver un gardien, d'amener avec eux un homme de confiance qui, après avoir servi de témoin pour la saisie, pourra être constitué gardien, moyennant le salaire fixé par le tarif de la préfecture. C'est ainsi qu'agissent ordinairement les huissiers dans leurs exécutions.

Quoi qu'il en soit, et en supposant qu'on puisse forcer un citoyen à accepter un mandat qui l'oblige à veiller pour l'intérêt d'autrui, et qui le rend responsable par corps, toujours est-il que ce droit, déjà exorbitant, ne saurait aller jusqu'à contraindre le citoyen, constitué gardien d'office par le Tribunal, à se déplacer, et à venir sur les lieux pour prendre la garde des objets saisis. Il a été jugé que, dans un cas semblable, le gardien forcé n'est tenu de l'obligation ordinaire du gardien, c'est-à-dire de la représentation des meubles saisis, qu'autant que l'huissier les a mis en sa possession en les faisant transporter à son domicile. (Arr. C. de Toulouse du 31 juillet 1832.)

4. On ne pouvait exiger toutes les qualités de la part du gardien que le porteur de contraintes établit d'office ; car, le plus souvent, on n'en trouverait pas : aussi remarque-t-on que le Règlement n'exige pas, dans ce cas, comme lorsqu'il s'agit d'un gardien volontaire présenté par le saisi au porteur de contraintes, que la solvabilité de ce gardien soit attestée par le maire de la commune. Il suffit donc, à la rigueur, que le gardien établi d'office soit majeur, et qu'il ne soit pas compris dans les prohibitions de l'article 598 du Code de procédure civile.

5. Les redevables ou autres personnes qui, par voie de fait, empêcheraient l'établissement du gardien, ou enlèveraient ou détourneraient des effets saisis, doivent, d'après l'article 600 du Code de procédure civile, être poursuivis conformément au Code pénal (1).

Le porteur de contraintes, afin de constater le délit et de mettre le saisissant à même de le poursuivre, dresse procès-verbal des obstacles apportés à la saisie. Le gardien, de son côté, pourrait porter plainte de voies de fait au ministère public, qui poursuivrait d'office. (Thomine.)

---

(1) Code pénal, art. 209 : Toute attaque, toute résistance avec violences et voies de fait envers... les préposés à la perception des taxes et des contributions, leurs porteurs de contraintes,... les séquestres,... agissant pour l'exécution des lois, des ordres ou ordonnances de l'autorité publique, est qualifiée, selon les circonstances, crime ou délit de rébellion.

Art. 379. Quiconque a soustrait frauduleusement une chose qui ne lui appartient pas, est coupable de vol. (Voir, pour le cas où la soustraction aurait été commise par le saisi lui-même, le *Commentaire* sur l'art. 75.)

6. S'il s'agissait de l'enlèvement des effets saisis, le gardien dont on aurait trompé la vigilance ne devrait pas se borner à adresser sa plainte au ministère public ; il devrait encore, dans son intérêt, faire la recherche des auteurs de l'enlèvement et du lieu où les objets auraient été recélés. Il aurait trois ans pour revendiquer les objets où ils seraient, suivant l'article 2279 du Code civil. Il devrait, à cet effet, présenter requête en revendication, conformément à l'article 826 du Code de procédure civile, qui n'autorise à procéder à une saisie-revendication, sous peine de dommages-intérêts, qu'en vertu d'une ordonnance du président du Tribunal de première instance.

7. Les gardiens sont eux-mêmes responsables de l'exécution de leurs obligations, tant à l'égard du saisissant qu'à l'égard du saisi. (Nous parlons de ce qui concerne cette responsabilité au *Commentaire* sur les articles 75 et 76.)

8. Les porteurs de contraintes et subsidiairement les percepteurs peuvent-ils être déclarés garants et responsables des gardiens établis d'office ? — Plusieurs arrêts ont décidé l'affirmative contre les huissiers et les parties pour lesquelles ils instrumentent (C. de cass., 18 avril 1827 ; Cour de Paris, 20 août 1826 ; de Poitiers, 7 mars 1827) ; mais d'autres décisions sont intervenues dans le sens de la négative. (Arr. Cour de Paris, 20 août 1825 ; de Caen. 12 décembre 1826 et 24 avril 1833 ; de Rennes, 8 janvier 1834 ; de Rouen, 5 décembre 1831 et 15 janvier 1836 ; C. de cass., 25 janvier 1836.) Nous inclinons à partager cette dernière opinion.

Il faut remarquer, en effet, que ce n'est qu'à défaut par le saisi de présenter un gardien solvable que l'agent de poursuites en a établi un d'office, et qu'il ne serait pas juste, dès lors, d'imposer à celui-ci la responsabilité absolue d'un choix qui n'a pas été tout à fait libre. La responsabilité ne serait encourue qu'autant que le choix du porteur de contraintes aurait été fait de mauvaise foi, ou bien serait tombé sur un individu d'une insolvabilité ou d'une inconduite notoire. — Nous y ajouterons le cas où, contrairement à la disposition de l'article 72 du Règlement, le porteur de contraintes aurait négligé de faire au saisi la réquisition prescrite par cet article, de présenter un gardien solvable. Dans cette hypothèse, on pourrait lui objecter, en effet, que rien ne l'obligeait à constituer un gardien d'office ; que, puisqu'il a pris sur lui d'en nommer un sans la participation ou le refus du saisi, il doit en demeurer responsable.

ARTICLE 74

Il ne peut être établi qu'un seul gardien. Dans le cas où la nature des objets saisis en exigerait un plus grand nombre, il y serait pourvu sur l'avis du maire de la commune.

1. Le Code de procédure ne s'explique pas d'une manière formelle sur le nombre de gardiens à établir aux saisies. Mais il résulte implicitement des articles 596 et 597, qui ne parlent que d'*un* gardien, que la loi n'a pas entendu qu'en général il pût en être établi plusieurs. C'est ce qui est observé dans la pratique, à moins, toutefois, que les objets ne soient en divers lieux trop éloignés les uns des autres pour qu'un seul homme puisse exercer la surveillance nécessaire, ou que quelque circonstance extraordinaire, dont il serait fait mention au procès-verbal, n'exige l'apposition de plusieurs gardiens.

Les dispositions de notre article 74 sont entièrement conformes à ces principes. Cet article pose en règle qu'il n'y aura qu'un seul gardien, sauf, en cas de nécessité absolue, au porteur de contraintes à juger dans sa prudence, et après en avoir référé au maire, s'il y a lieu d'en établir un plus grand nombre.

2. Nous ne pensons pas que l'avis donné par ce dernier fonctionnaire couvrît entièrement la responsabilité du porteur de contraintes. S'il était établi que plusieurs gardiens n'étaient pas indispensables, le sous-préfet, en arrêtant l'état des frais, aurait alors le droit de rejeter les frais frustratoires à la charge de l'agent de poursuites. (Art. 103 du Règlement.)

ARTICLE 75.

Les gardiens à la saisie sont contraignables, par corps, pour la représentation des objets saisis.

ARTICLE 76.

Si le gardien d'effets mobiliers ne les représente pas, le percepteur se pourvoit auprès du sous-préfet en autorisation de poursuivre ce gardien devant le Tribunal civil, à l'effet de le faire condamner par corps au payement des contributions dues et des frais de poursuites, conformément aux articles 2060, 2065 et 2067 du Code civil et à la loi du 17 avril 1832 sur la contrainte par corps.

ARTICLE 76 *bis.*

En cas de soustraction frauduleuse, les gardiens d'objets saisis, autres que le saisi lui-même, peuvent être poursuivis par la voie criminelle.

Le contribuable qui aura détruit, détourné ou tenté de détourner les objets saisis sur lui et confiés à sa garde, est passible des peines portées à l'article 406 du Code pénal. Il est passible des peines portées à l'article 401, si la garde des objets saisis et par lui détruits ou détournés avait été confiée à un tiers.

1. Les fonctions de gardien aux saisies entraînent, pour ceux qui en sont chargés, diverses obligations, qui, en général, peuvent se résumer dans l'obligation principale de représenter les objets donnés en garde. Nous allons examiner sommairement ces obligations et la responsabilité qui résulte de leur inexécution. Avant la loi du 22 juillet 1867, l'efficacité de cette responsabilité avait pour garantie la contrainte par corps; mais l'article 1er de cette loi, lorsqu'il a déclaré que la contrainte par corps était abolie *en matière civile*, n'a fait aucune réserve au profit du Trésor public. Les articles 75 et 76 n'ont donc plus d'objet, en tant qu'ils considèrent l'emprisonnement comme la sanction possible d'une condamnation purement civile; il ne peut plus y avoir à recourir à cette voie rigoureuse d'exécution que dans l'hypothèse, prévue par l'article 76 *bis*, où la soustraction frauduleuse donne lieu, soit contre le gardien, soit contre le saisi lui-même, à une condamnation pénale. La société tout entière, comme on l'a dit (Exposé des motifs de la loi du 22 juillet 1867), est intéressée à l'acquittement de ce genre de dette, et la contrainte par corps est une sorte de peine éventuelle et complémentaire prononcée par anticipation pour le cas où le condamné ne satisferait pas aux condamnations pécuniaires dont il s'est rendu passible. Cette peine reste évidemment applicable au gardien infidèle ou au saisi coupable de destruction ou de détournement, indépendamment de celles que les articles 400 et 401 du Code pénal édictent pour la répression du fait délictueux en lui-même. (Voir ci-dessous, nos 8 et 9.)

2. Le gardien est tenu d'apporter à la conservation des objets qui lui ont été confiés tous les soins d'un bon père de famille. (Code

civil, 1962.) Il lui est interdit de se servir des choses saisies, à
moins que ce ne soit pour leur conservation même, de les louer et
de les prêter, à peine de privation des frais de garde et de dommages-intérêts. (Code proc. civ., 603.) — Il est responsable des dé-
tériorations survenues à ces objets par sa faute. (A. de la C. de
cassation du 31 janvier 1820.) Ainsi, il a été jugé le 22 janvier 1840
par la Cour royale de Nancy que, lorsque des chevaux ont été compris dans une saisie, le gardien doit veiller à ce que ces animaux
ne manquent pas de la nourriture qui leur est nécessaire.

3. Si les objets saisis ont produit des fruits ou revenus, il est
tenu d'en compter (Code de proc. civ., art. 604), à moins, dit
Thomine-Desmazures, que le saisi lui-même n'en eût profité,
comme il arriverait, par exemple, dans le cas de saisie d'une vache.
On ne pourrait, en effet, sans inhumanité, empêcher le saisi de la
traire et d'en emporter le lait.

Au surplus, l'article 604 ne nous paraît s'appliquer qu'aux fruits
naturels qui viennent sans le secours de l'homme, tels que le croît
des animaux ou leur lait, comme dans l'exemple dont nous venons
de parler. Mais, si on avait déposé entre les mains du gardien des
deniers comptant compris dans la saisie, il n'en devrait pas l'intérêt. On ne pourrait pas obliger le gardien à les faire valoir,
puisqu'il lui est interdit d'ailleurs de s'en servir.

4. Enfin, il doit, après avoir conservé les objets, les représenter
quand il en est requis.

A cet égard, on s'est demandé si, lorsque les effets saisis sont
enlevés pour être vendus, le gardien en demeure responsable
jusqu'à ce que la vente soit consommée.

Les auteurs se prononcent pour la négative. En effet, le devoir
de veiller à la conservation des objets saisis cesse naturellement
à dater du moment où il les livre à l'agent chargé d'en effectuer
la vente. Le transport des meubles lui est étranger : c'est au porteur de contraintes à l'effectuer. Il n'est donc tenu de représenter
ces objets qu'au lieu même où ils lui ont été confiés.

5. En général, la responsabilité du gardien est plus ou moins
grande selon les cas : s'il s'est offert lui-même pour remplir ces
fonctions, il ne peut être déchargé qu'autant qu'il prouve que
c'est par un cas fortuit et tout à fait indépendant de ses soins,
comme incendie, mort de bestiaux ou autres causes semblables,
qu'il a été mis hors d'état de représenter les objets confiés à sa
garde.

Il en est de même s'il a été mis en possession réelle des objets,
comme il peut arriver dans le cas dont nous avons parlé au *Com-*

mentaire sur l'article 75, n° 3. Il est alors responsable envers le saisi comme envers le saisissant. (C. civil, art. 1962, § 2.)

Au contraire, si le gardien a été présenté par le saisi et apposé d'office par le porteur de contraintes, si les effets n'ont pas été mis en dépôt entre ses mains, dans ce cas, si un objet vient à être soustrait à sa surveillance, il perd ses frais de garde et peut être condamné à des dommages-intérêts sans être admis à établir une compensation entre les frais de garde et le prix des objets enlevés. (Voir ci-dessous n° 16, Arr. de la Cour de Bordeaux, 20 janvier 1826 et 21 décembre 1827.)

6. Comme nous l'avons dit ci-dessus, n° 5, le gardien est responsable de la non-représentation des objets qui lui ont été confiés, tant à l'égard du saisi qu'à l'égard du saisissant. Mais il y a à faire une différence qui semble avoir été implicitement reconnue dans la rédaction de notre article 76. Cet article prescrit, en effet, au percepteur de demander au sous-préfet l'autorisation de poursuivre le gardien qui ne représente pas les effets confiés à sa garde, devant le Tribunal civil, à l'effet de le faire condamner *au payement des contributions et des frais de poursuites.*

Il semblerait d'abord que les mots que nous avons soulignés présentent une idée peu exacte. En effet, la poursuite exercée contre le gardien infidèle n'a point pour objet direct le payement de la contribution, mais la représentation des objets saisis. Ce n'est même que sur ce dernier chef qu'il était contraignable par corps, comme l'indiquait l'article 75 du Règlement ; car la simple dette pour contribution n'a jamais donné au percepteur le droit de faire emprisonner le redevable, d'où la conclusion que ce n'était point ici la somme d'impôt due par le contribuable et pour laquelle la saisie a lieu, qu'il faudrait considérer, mais bien la valeur des objets confiés au gardien et non représentés par lui, et que la condamnation prononcée par le juge devrait porter sur le montant estimatif des objets à représenter, et non pas sur le montant de la cote et des frais y relatifs. Ce raisonnement est fort juste, en effet, en ce qui concerne le saisi, lequel doit avoir et a, en effet, contre le gardien une action en dommages-intérêts pour la valeur des objets à représenter ; mais il a été décidé que la responsabilité envers le saisissant devait être limitée à la valeur de la créance, pour le payement de laquelle la saisie aurait eu lieu (C. de Rennes, 19 novembre 1813) : et cela est tout simple, car le seul intérêt du saisissant est d'être payé du montant de sa créance et, dès qu'il en est couvert, il doit être satisfait. — C'est le principe admis par notre article 76, dans les expressions que nous avons soulignées.

7. Il n'est pas sans intérêt de noter que la preuve du contrat qui se forme entre le saisissant et celui qu'il établit en qualité de gardien judiciaire des effets saisis ne peut résulter que de la signature de ce gardien, ou de la mention de la cause qui l'a empêché de signer. Par application de ce principe, il a été jugé que les peines de l'article 408 du Code pénal n'avaient pu être appliquées à l'individu qualifié de gardien de l'objet saisi, mais non signataire du procès-verbal, pour n'avoir pas représenté cet objet à la réquisition du saisissant. Le même arrêt de la Cour de cassation, rendu le 15 novembre 1844, juge encore que, dans ce cas, il ne peut pas être prononcé de dommages-intérêts contre le gardien au profit du saisissant, par où l'on voit de quelle importance il est, pour le porteur de contraintes, de se conformer strictement à l'article 599 du Code de procédure civile.

8. En général, le défaut de représentation par le gardien des objets saisis sur un contribuable n'expose pas seulement le gardien à des dommages-intérêts. Il peut, en outre, comme l'exprime l'article 76 *bis*, être poursuivi criminellement suivant les cas: le refus de représenter les objets confiés à sa garde pourrait, en effet, avoir le caractère de la soustraction frauduleuse prévue par l'article 379 du Code pénal; et, dans ce cas, il donnerait lieu aux peines portées par ledit Code, contre le vol, suivant que la soustraction aurait été commise avec des circonstances plus ou moins aggravantes.

9. Lorsque c'est le contribuable lui-même qui, établi gardien de ses propres effets, les détruit, les detourne ou tente de les détourner, on ne peut considérer cet acte comme un vol, attendu qu'on ne se vole pas soi-même et que la saisie n'a pas pour effet d'enever au débiteur son droit de propriété sur les objets saisis. Aussi, avant la loi du 28 avril 1832, qui a apporté quelques modifications au Code pénal, la Cour de cassation avait-elle décidé que le saisi, dans ce cas, n'était passible d'aucune peine. Mais le législateur a considéré que, si le saisi constitué gardien de ses propres effets ne pouvait pas, à proprement parler, être considéré et puni comme voleur lorsqu'il les détournait ou les détruisait, il se rendait du moins coupable d'un abus de confiance, puisqu'il ne représentait pas les objets qui avaient été confiés à sa garde. Il a, dès lors, introduit à l'article 400 du Code pénal l'addition suivante, légèrement modifiée depuis par la loi du 13 mai 1863:

« Le saisi qui aurait détruit, détourné ou tenté de détruire ou de détourner des objets saisis sur lui et confiés à sa garde, sera puni des peines portées en l'article 406. » (Un emprisonnement de deux mois au moins, de deux ans au plus, et d'une amende qui ne doit pas excéder le quart des restitutions et des dommages-intérêts dus aux parties lésées, ni être moindre de 25 fr.)

« Il sera puni des peines portées en l'article 401, si la garde des objets saisis et qu'il aura détruits ou détournés ou tenté de détruire ou de détourner avait été confiée à un tiers. » (Un emprisonnement d'un an au moins et de cinq au plus, et même une amende de 16 fr. au moins, et de 500 fr. au plus. En outre, mise en surveillance de la haute police pendant cinq ans au moins et dix ans au plus. Dans ce cas, comme dans celui du paragraphe précédent, le saisi peut être interdit durant le même espace de temps des droits mentionnés en l'article 42 du Code pénal, savoir : de vote et d'élection, d'éligibilité, d'être appelé ou nommé aux fonctions de juré ou autres fonctions publiques, ou aux emplois de l'administration, ou d'exercer ces fonctions ou emplois ; du port d'armes, de vote et de suffrage dans les délibérations de famille ; d'être tuteur, curateur, si ce n'est de ses enfants et sur l'avis seulement de la famille ; d'être expert ou employé comme témoin dans les actes ; de témoigner en justice, autrement que pour y faire de simples déclarations.)

« Celui qui aurait recélé sciemment les objets détournés, le conjoint, les ascendants et descendants du saisi qui l'auront aidé dans la destruction ou le détournement ou la tentative de destruction ou de détournement de ces objets, seront punis d'une peine égale à celle qu'il aurait encourue. »

Faut-il regarder comme un détournement accompli par le contribuable, constitué gardien, le fait de se refuser à livrer des objets saisis sur lui pour les cotes dont il était redevable ? Le Ministre des finances et le garde des sceaux l'avaient pensé ; mais un jugement du Tribunal correctionnel de Bordeaux, du 28 décembre 1838, confirmé par la Cour royale de la même ville, le 5 mars 1839, a décidé, au contraire, que le simple refus du saisi de représenter les objets dont il avait été établi gardien ne pouvait, dans le silence de la loi, donner lieu à l'application d'aucune peine (1). Nous devons reconnaître que cette solution est parfaitement fondée : le

---

(1) Voici le texte de cet arrêt :

« La Cour,

« Attendu que l'article 400 du Code pénal ne déclare passible des peines correctionnelles prévues par l'article 406 du même Code que celui qui aura détruit, détourné ou tenté de détourner les objets saisis sur lui et confiés à sa garde ;

« Attendu que les dispositions spéciales sont de droit étroit et qu'elles ne peuvent, dans aucun cas, recevoir d'interprétation extensive ;

« Attendu qu'il est seulement établi, par le procès-verbal rédigé le 5 septembre dernier, que le porteur de contraintes de l'Administration s'étant présenté ledit jour au domicile du sieur Fabreguette, pour procéder au récolement des objets

refus du gardien ne témoigne que d'une mauvaise volonté qu'il faut vaincre au besoin par les moyens légaux qu'indique l'article 587 du Code de procédure civile pour parvenir à l'ouverture des portes. (Voir *supra*, art. 71.) Celle-ci une fois obtenue, le porteur de contraintes procédera au récolement et, s'il a été commis un détournement, cette opération en donnera la preuve qui servira de base aux poursuites.

M. le Ministre des finances a donné des instructions en ce sens à M. le receveur général des finances de la Gironde, le 30 septembre 1839. Nous ajoutons seulement que l'abolition de la contrainte par corps en matière civile ne permettrait plus de compter sur le moyen de coercition indiqué par la Cour de Bordeaux et emprunté à l'article 2060 du Code civil.

10. Lorsque l'incarcération des gardiens a son effet, les percepteurs ne sont pas tenus de consigner les aliments, attendu qu'il résulte de l'article 1er du décret du 4 mars 1808, que les détenus en prison pour cause de dettes envers l'Etat, recevront la nourriture aux frais du gouvernement, comme les autres prisonniers, (Circ. du 31 mars 1831 et loi du 22 juillet 1867, art. 6.)

11. L'action du saisissant contre le gardien pour la représentation des objets saisis ne s'éteindrait que par la prescription ordinaire de trente ans; mais on ne pourrait raisonnablement contraindre un gardien à conserver indéfiniment les fonctions qui lui sont confiées. Aussi les articles 603 et 606 du Code de procédure civile lui donnent-ils, dans certains cas, la faculté de résigner ces fonctions et de demander sa décharge.

Aux termes du premier de ces articles, le gardien peut demander sa décharge si, par le fait du saisissant, la vente n'a pas été faite au jour indiqué par le procès-verbal de saisie. (Voir le *Commentaire* sur l'art. 66 du Règlement, n° 21.) Que, si le retard provient

---

mobiliers saisis à son préjudice, afin d'assurer le payement de ses contributions arriérées, *il refusa de les représenter ;*

« Attendu que le législateur pouvait créer une peine spéciale contre le saisi qui refuse de représenter les objets dont il est constitué gardien ;

« Que, ne l'ayant pas fait, il ne peut appartenir aux Tribunaux de suppléer à son silence ;

« Attendu, d'ailleurs, qu'indépendamment de la contrainte par corps que l'Administration pouvait exercer, aux termes du paragraphe 4 de l'article 2060 du Code civil, la loi lui indiquait les formalités qu'elle avait à remplir pour parvenir à la représentation et à la remise des meubles saisis ;

« Qu'en l'absence de ces formalités, il n'y a pour la justice aucune certitude que Fabreguette se soit réellement rendu coupable du délit prévu par l'article 400 du Code pénal précité ;

« Met au néant l'appel que le procureur du roi a interjeté du jugement rendu par le Tribunal correctionnel de Bordeaux, le 28 décembre 1838. »

d'obstacles indépendants des diligences du saisissant, ce n'est que deux mois après la saisie qu'il peut demander sa décharge, sauf au saisissant à faire nommer un nouveau gardien.

Ainsi, le gardien n'est tenu de proroger ses fonctions, au plus, que durant deux mois, à dater du jour de la saisie, comme il ne peut s'en démettre avant, par sa seule volonté. — Néanmoins, s'il lui survenait quelque circonstance majeure, quelque impossibilité de continuer la garde, par absence forcée ou par toute autre cause bien justifiée, nous pensons qu'il pourrait obtenir plus tôt sa décharge. C'est ainsi que Thomine-Desmazures a interprété l'article 605 du Code de procédure civile.

12. L'article 606 de ce même Code indique la voie à prendre par le gardien pour se faire décharger de ses fonctions : c'est de demander sa décharge contre le saisissant et le saisi, par une assignation en référé devant le président du Tribunal (1) du lieu de la saisie. (Voir, au sujet des *référés*, le *Commentaire* sur l'article 19, n° 67, à la Note.)

Si la décharge est accordée, il est préalablement procédé au récolement des objets saisis. (Code proc. civ., 606.)

Le porteur de contraintes, sans assistance de témoins, dresse un procès-verbal, par lequel il constate qu'il a retrouvé tous les objets détaillés dans la saisie, ou, s'il en trouve en *déficit*, il doit les indiquer. Copie de ce procès-verbal est laissée au gardien déchargé et au nouveau gardien, qui reçoit, en même temps, copie de la saisie ; enfin, au saisissant et au saisi. (Favard de Langlade, Berriat de Saint-Prix, Carré, Chauveau, Bioche.) Les frais de ce changement de gardiens seraient taxés, comme les autres frais de poursuites, par le préfet, et ils seraient remboursés, en définitive, par le redevable, sur le montant de la vente.

13. Le salaire des gardiens est fixé, par le tarif de la préfecture, à raison du nombre des jours de garde ; et il appartient au sous-préfet d'en faire la taxe, en exécution de l'article 103 du Règlement (Voir cet article), sauf recours au Conseil de préfecture en cas de contestation. (Voir le *Commentaire* sur l'art. 19, n° 54.) Le règlement de la taxe ne peut donc être une affaire judiciaire ; cependant il nous a paru utile d'indiquer quelques principes posés par la loi elle-même, en matière de fixation des salaires des gardiens, dans la procédure ordinaire :

---

(1) Un arrêt du Conseil d'Etat du 2 juin 1819 a déclaré que ce n'était pas au président du Tribunal civil, mais à l'autorité administrative, qu'il appartenait d'autoriser le remplacement des gardiens aux saisies pour contributions. Mais cette doctrine est évidemment erronée, et nous l'avons combattue dans le *Commentaire* sur l'art. 19, n° 67, à la Note.

14. D'après l'article 602 du Code de procédure civile, lorsque la saisie est faite hors du domicile du saisi (*Commentaire* sur l'art. 66, n° 27), le salaire du gardien ne court que du jour de la notification de la saisie au débiteur, quand cette notification est faite dans le délai légal, c'est-à-dire dans le jour. D'où il résulte que, dans ce cas, le salaire court naturellement du jour de la saisie, comme si elle avait lieu au domicile même du saisi.

15. Les frais de garde doivent être alloués au gardien jusqu'à sa décharge ; les juges n'ont pas le droit de les modérer, sous prétexte que la garde effective a cessé avant cette époque. (A. de la Cour de Bourges, 19 août 1825.)

16. Le gardien n'a droit à un salaire que tout autant qu'il a veillé, avec soin, à la conservation des objets confiés à sa garde. Il a été jugé, en conséquence, que, s'il laisse détourner tout ou partie des objets saisis, il n'a droit à aucune indemnité, même en tenant compte de la valeur des objets détournés. (A. de la Cour de Bordeaux, 21 décembre 1827.)

17. Si le gardien n'a pas de quoi subsister, il peut exiger du saisissant l'avance de son salaire, sans attendre la vente.

18. Il a encore le droit, lorsque la garde exige des frais, comme pour nourriture de chevaux, bestiaux, etc., de demander que le saisissant les avance ; sinon il pourrait réclamer sa décharge, dans les formes dont il est parlé ci-dessus, au n° 12.

19. En cas de nullité de la saisie, prononcée sur la demande d'un tiers, ou même du saisi, c'est le saisissant seul qui doit le salaire du gardien, puisqu'il a été établi dans son seul intérêt ; et que, même, il a été choisi par lui. (C. de Bordeaux, 17 mars 1831.)

20. En cas de décès du gardien, ses héritiers sont tenus de prévenir le saisissant de pourvoir, en attendant l'établissement d'un nouveau gardien, à la conservation des objets saisis (C. civ. 2010) ; mais ils ne succèdent pas aux fonctions du gardien. (Bioche.)

21. Lorsque, en exécution de l'article 594 du Code de procédure civile, il est nommé un gérant à l'exploitation d'une usine dont on a saisi les ustensiles, ou d'une ferme dont on a saisi les animaux, ce gérant est soumis aux mêmes obligations et à la même responsabilité que le gardien. (Carré, Pigeau.)

ARTICLE 77.

Ne peuvent être saisis pour contributions arriérées et frais faits à ce sujet :

Les lits et vêtements nécessaires au contribuable et à sa famille ;

Les outils et métiers à travailler;

Les chevaux, bœufs, mulets et autres bêtes de somme ou de trait servant au labour;

Les charrues, charrettes, ustensiles et instruments aratoires, harnais de bêtes de labourage;

Les livres relatifs à la profession du saisi, jusqu'à la somme de trois cents francs, à son choix;

Les machines et instruments servant à l'enseignement pratique ou l'exercice des sciences et arts, jusqu'à concurrence de la même somme et au choix du saisi;

Les équipements des militaires, suivant l'ordonnance et le grade.

Il est laissé au contribuable saisi une vache à lait, ou deux chèvres, ou trois brebis, à son choix, avec les pailles, fourrages et grains nécessaires pour la nourriture et la litière de ces animaux pendant un mois; plus la quantité de grains ou de graines nécessaires à l'ensemencement ordinaire des terres.

Les abeilles, les vers à soie, les feuilles de mûrier, ne sont saisissables que dans les temps déterminés par les lois et usages ruraux.

Les porteurs de contraintes qui contreviennent à ces dispositions, sont passibles d'une amende de cent francs.

1. La loi qui a donné au créancier le droit de faire vendre, pour s'en appliquer le prix, les biens de son débiteur, a voulu cependant mettre quelques bornes à l'exercice de cette faculté et concilier les intérêts de la justice et ceux de l'humanité. Ainsi, elle n'a pas permis que la saisie allât jusqu'à enlever instantanément au débiteur tout moyen de travail et de subsistance; et elle a déclaré, à cet effet, que certains objets seraient insaisissables. Ce principe, en ce qui concerne la créance de l'impôt direct, a été appliqué dans la loi du 26 septembre-2 octobre 1791, et dans l'arrêté du 16 thermidor an 8, et, en matière civile ordinaire, dans l'article 592 du Code de procédure civile. C'est en combinant ces diverses dispositions de la manière la plus favorable au débiteur, que l'Administration a formé la nomenclature de notre article 77; on ne saurait donc se tromper en interprétant et en appliquant cet article dans le sens le plus large.

Pour entrer dans ces vues, nous relèverons une omission de l'article 77. Parmi les objets déclarés insaisissables par cet article, il n'est pas fait mention *des farines et menues denrées nécessaires à la consommation du saisi et de sa famille pendant un mois.* Cette exception est cependant indiquée dans l'article 592 du Code de procédure. Il en est de même des objets qui, quoique meubles en apparence, ont été déclarés immeubles par destination. Quelques autres dispositions nous paraissent aussi laisser un peu de vague, et pourraient peut-être embarrasser les agents de poursuites. Nous croyons donc utile d'essayer nous-même d'établir la nomenclature des objets insaisissables, d'après les dispositions combinées, tant du Code de procédure civile que de la loi du 26 septembre-2 octobre 1791, et de l'arrêté du 16 thermidor an 8, en la complétant par quelques explications.

2. Ne peuvent être saisis :

1° Les objets que la loi déclare immeubles par destination.

Ce sont, d'après les articles 524 et 525 du Code civil, les objets que le propriétaire d'un fonds y a placés pour le service et l'exploitation de ce fonds, tels que :

Les animaux attachés à la culture (chevaux, bœufs, mulets et autres bêtes de somme ou de trait servant au labour, — pourvu qu'ils soient reconnus rigoureusement nécessaires à l'exploitation du fonds) (C. de Limoges, 15 juin 1820) ;

Les ustensiles aratoires (charrues, charrettes, harnais de bêtes de labourage) ;

Les semences données au fermier ;

Les pigeons de colombier, les lapins de garennes, les ruches à miel, les poissons des étangs, les pressoirs, chaudières, alambics, cuves et tonnes ; les ustensiles nécessaires à l'exploitation des forges, papeteries et autres usines ; les pailles et engrais, — pourvu qu'ils aient été remis par le propriétaire au fermier pour l'exploitation du fonds ; autrement on peut les saisir (Favard, Dalloz, Carré) ; tous les effets mobiliers que le propriétaire a attachés au fonds à perpétuelle demeure. L'article 525 explique comment doit s'entendre cette dernière disposition.

Nous avons déjà donné des explications détaillées sur les dispositions des articles 524 et 525 du Code de procédure civile, en commentant l'article 11 du Règlement. Ainsi, nous y avons indiqué, d'après quelles règles certains objets pouvaient perdre ou reprendre le caractère de meubles et devenir, par conséquent, ou cesser d'être insaisissables. Nous nous bornerons à y renvoyer pour ne pas entrer ici dans des répétitions inutiles. (Voir le *Commentaire* sur ledit art. 11, n° 25 et suivants.) Il est important encore de faire remarquer que la défense de saisir les objets que la loi déclare immeubles par destination, cesse toutes les fois qu'ils ne peuvent plus être employés à l'usage auquel ils étaient destinés. Ainsi, le propriétaire qui a vendu les charrues, charrettes, pailles et fourrages d'une ferme et rendu par là la culture des terres impossible, ne saurait se plaindre de la saisie des bœufs de la même ferme. (C. de Bourges, 9 février 1838.)

La loi du 2 octobre 1791 indique comme insaisissables les portes et fenêtres. Il ne peut exister aucun doute à cet égard, ces objets sont considérés comme immeubles par le Code civil.

Il faut remarquer que les articles 524 et 525 du Code civil ne déclarent immeubles par destination que les objets placés par le *propriétaire* pour le service de l'exploitation du fonds, et qui, par conséquent, lui appartiennent comme le fonds lui-même. Si donc ces objets n'y avaient été placés que par le *locataire* ou le *fermier*, ils seraient saisissables dès que la saisie s'exécuterait contre ces locataires ou ces fermiers, à moins qu'il ne fût constaté par le bail qu'ils n'ont été placés qu'avec la condition de rester au propriétaire après la location. (Dalloz, vº *Saisie-exécution*, nº 176.)

3. 2º Le coucher nécessaire des saisis, ceux de leurs enfants vivant avec eux, les habits dont ils sont vêtus et couverts. (C. de proc. civ., art. 592, § 2.)

Dans l'expression de *coucher nécessaire*, on entend ordinairement une paillasse, deux matelas, les traversins, les draps, les couvertures et la couchette. Ainsi, comme la loi parle du coucher *nécessaire*, si le lit se composait de plusieurs matelas, lits de plume, édredons, rideaux et autres objets de luxe, ces objets pourraient être saisis, à défaut d'autres meubles, attendu qu'ils ne sauraient être considérés comme nécessaires. La même règle s'applique aux lits des enfants des saisis *qui vivent avec eux*. — Il nous semble qu'il faudrait comprendre aussi dans l'exception le coucher des père et mère des saisis vivant avec eux : c'est du moins ce qui paraît résulter de l'esprit de la loi et de l'expression générale de *leur famille*, dont se sert l'arrêté du 16 thermidor an 8. Mais nous ne croyons la disposition applicable que lorsque les enfants ou les parents des saisis vivent habituellement avec eux et font ainsi partie de la maison. Il n'en serait pas de même s'il s'agissait d'un enfant qui, habitant hors de la maison paternelle, y coucherait accidentellement lors de la saisie. Autrement, un aubergiste, par exemple, pourrait soustraire à la saisie la presque totalité de son mobilier, en plaçant momentanément ses parents dans les chambres de sa maison destinées aux voyageurs.

Tous les auteurs décident que c'est aux Tribunaux à apprécier, suivant les circonstances, ce qui est nécessaire et ce qui est de luxe. L'article 592, § 2 du Code de procédure, relatif au coucher nécessaire du saisi et de sa famille, doit être entendu dans le sens le plus favorable au débiteur. Un jugement du juge de paix du 6ᵉ arrondissement de Paris, du 6 novembre 1833, conforme à ce principe d'humanité, a décidé que la couchette en bois de noyer du saisi ne peut être échangée, par le saisissant, contre une autre en bois peint, sous prétexte qu'elle est trop somptueuse. Les juges doivent encore apprécier, suivant les auteurs, s'il faut un coucher pour chacun des époux et des enfants; à l'égard de ces derniers, on devrait laisser des couchers séparés pour les garçons et pour les filles : ils peuvent également apprécier s'il est nécessaire de laisser au saisi le coucher de ses domestiques (Thomine-Desmazures). Au surplus, le coucher du saisi ne peut être que celui de sa résidence personnelle, et non celui d'un domicile légal où il ne ferait pas son habitation. (Cour d'Orléans, 24 août 1832.)

4. 3° Quant aux vêtements nécessaires désignés par le Règlement, ces expressions doivent s'expliquer par celles de la disposition du Code : *dont les saisis sont vêtus et couverts*. Les autres objets de garde-robe sont saisissables. Il n'y a pas même à distinguer, dit Thomine-Desmazures, ce qui est nécessaire de ce qui est superflu. Ce serait une rigueur condamnable d'ôter au débiteur son manteau et autres vêtements dont il se serait couvert, même quand on établirait qu'il ne les portait pas ordinairement. Il n'en serait pas de même des bijoux.(Dalloz, v° *Saisie-exécution*, n° 170.)

5. 4° Les livres relatifs à la profession du saisi, jusqu'à la somme de 300 francs, à son choix. Cette évaluation doit être faite à l'amiable entre le saisi et le porteur de contraintes. S'ils ne s'accordaient pas, ils devraient recourir à un expert, qui ferait l'estimation.

On s'est demandé si un manuscrit pouvait être saisi chez l'auteur. Cette question est délicate : d'après Dalloz (v° *Propriété littéraire*, n° 319), les manuscrits ne peuvent, du vivant de l'auteur, être saisis par ses créanciers, car ce serait, dit-il, violer le sanctuaire de sa conscience que de le contraindre à publier ainsi sa pensée. Le Code de procédure, il est vrai, ne contient aucune disposition particulière qui prohibe la saisie, mais l'opinion qui soutient la validité d'une exécution aussi rigoureuse présenterait des difficultés sérieuses dans l'exécution; car il est presque certain que l'auteur refuserait de terminer son manuscrit saisi, et qu'ainsi il en rendrait la vente impossible. Une autre raison nous paraîtrait encore dominante pour déclarer le manuscrit insaisissable, c'est qu'on ne peut vendre ou faire vendre que ce qui est dans le commerce. Or, un manuscrit, tant que l'auteur n'a point manifesté la résolution de le publier, n'a pas d'existence. Il n'est pas dans le commerce dans le sens légal de ce mot. Il est donc insaisissable. Après le décès de l'auteur, il en pourrait être autrement; les Tribunaux auraient à cet égard un droit souverain d'appréciation.

6. 5° Les machines et instruments servant à l'enseignement pratique ou exercice des sciences et arts, jusqu'à concurrence de la même somme et au choix du saisi. (C. pr. civ., art. 592, § 4.)—On doit laisser cumulativement les livres et instruments de science au saisi, de sorte que les objets qu'il peut conserver s'élèvent jusqu'à 600 francs. C'est l'avis de Carré, Favart et Bioche. Ces mêmes auteurs pensent qu'on ne peut saisir non plus les vases, ornements et objets nécessaires aux prêtres des divers cultes pour l'exercice de leur ministère.

7. 6° Les équipements militaires, suivant l'ordonnance et le grade. (C. pr. civ., art. 592, § 5.) — Nous avons, dans notre première édition, exprimé l'avis que les uniformes des gardes nationales devaient, par analogie, être compris dans cette disposition, surtout quant à la garde nationale du département de la Seine, depuis la loi du 14 juillet 1837 qui rendait l'uniforme et l'équipement obligatoires pour le garde national qui n'avait pas été dispensé, et qui déclarait que l'infraction à cette disposition serait considérée comme refus de service d'ordre et de sûreté et punies des mêmes peines. Cette solution a cessé d'être directement applicable, mais il est évident qu'elle devrait, par analogie, servir de règle au cas où un porteur de contraintes se trouverait amené à saisir les vêtements d'un officier de l'armée territoriale.

8. 7° Les outils des artisans nécessaires à leurs occupations personnelles (C. pr. civ., art. 592, § 6). — On pourrait saisir chez un artisan les outils qui servent à ses ouvriers, puisque la loi ne déclare insaisissables que les outils nécessaires aux occupations personnelles, c'est-à-dire *individuelles* du débiteur. (C. de Toulouse, Arr. du 3 mars 1837.) Le cheval et la charrette d'un meunier ne sont pas compris dans cette disposition de l'article 592. On ne peut les assimiler aux objets dont la conservation est nécessaire à l'existence des artisans, *et indispensable à la mise en activité des moulins;* en conséquence, il est permis de les saisir. (Arr. C. d'Orléans du 20 novembre 1823.) Le four ou les ustensiles propres à l'exercice de la profession d'un boulanger ne sont pas non plus les outils dont la loi prohibe la saisie. (Arr. C. de Lyon du 14 janvier 1832.) Dalloz professe une opinion contraire (v° *Sai-*

sie-exécution, n° 192.) Nous hésiterions également à adopter la jurisprudence consacrée par cet arrêt en présence du paragraphe de l'article 592 du Code de procédure civile, qui déclare expressément insaisissables les outils des artisans *nécessaires à leurs occupations personnelles.*

Les costumes d'un artiste dramatique peuvent-ils être déclarés insaisissables, en les assimilant aux outils des artisans ?—Nous ne le pensons pas. Il est évident que le législateur, dans le § 6 de l'article 592 du Code de procédure civile n'a entendu parler que des objets indispensables à l'exercice d'une profession mécanique; c'est ce qu'indiquent clairement les expressions *outils des artisans*. Or, on ne saurait ranger dans cette dernière catégorie les acteurs qui de tous temps ont été considérés comme exerçant un art plutôt qu'un métier, et à qui on donne, comme ils se donnent eux-mêmes, le titre d'artistes.

Le paragraphe précité ne nous paraît donc pas applicable; mais, en retour, il nous semble qu'on pourrait invoquer avec plus de succès le § 4 du même article.— En effet, ce paragraphe déclare insaisissables, jusqu'à concurrence d'une valeur de 300 francs, les machines et instruments servant à l'exercice des sciences et arts. Les costumes et accessoires qui servent à l'acteur à jouer ses rôles, sont évidemment les instruments et outils de l'exercice de son art, aussi bien que pour le musicien son violon ou sa flûte, et pour le peintre ses pinceaux et ses chevalets. Nous estimons donc que si la garde-robe scénique des artistes dramatiques est saisissable, elle ne saurait l'être que déduction faite d'une valeur de 300 francs, au choix du saisi.

9. 8° Les farines et menues denrées (pain et pot-au-feu, disait la loi du 2 octobre 1791, art. 16) nécessaires à la consommation du saisi et de sa famille pendant un mois. (C. de proc. civ., art. 592, n° 7.) — Il peut arriver qu'il ne se trouve pas chez le saisi des farines et menues denrées. En pareil cas, une somme devrait être réglée par la justice pour en tenir lieu. (Tel est l'avis de Delaporte, Carré et Dalloz, v° *Saisie-exécution*, n° 196.)

10. 9° Une vache, ou trois brebis, ou deux chèvres, au choix du saisi, avec les pailles, fourrages et grains nécessaires pour la litière et la nourriture desdits animaux durant un mois. (C. de proc. civ., art. 592, n° 8.) — Cette disposition ne s'applique qu'aux indigents et n'empêche pas le créancier de saisir tout le bétail donné à cheptel par le débiteur. (Arr. C. de cassation, 1er thermidor an 11.) Il en est de même, observe Dalloz, des pailles et fourrages pour un mois.

11. 10° La quantité de grains ou de graines nécessaires à l'en-

semencement des terres. (Loi du 26 septembre-2 octobre 1791, art. 16, et Arr. du 16 thermidor an 8, art. 52; C. civ., art. 524).

12. 11° Enfin les vers à soie et les feuilles de mûrier ne sont déclarés saisissables par la loi du 2 octobre 1791 et l'arrêt du 16 thermidor an 8, que dans les temps déterminés par les lois et usages ruraux. Une déclaration de Louis XV, du 16 février 1732, défendait également de saisir la feuille du mûrier. Elle avait pour but de protéger et d'encourager l'industrie dans les provinces méridionales de la France, où l'insecte qui produit la soie forme un des principaux objets de commerce. Le Code civil, pas plus que le Code de procédure, n'a reproduit la prohibition de saisir les vers à soie et les feuilles de mûrier. Mais, comme le fait observer M. Favard de Langlade, dans son *Répertoire de législation*, l'intérêt bien entendu du créancier et du débiteur s'accordent pour empêcher la saisie et la vente intempestive des vers à soie pendant leur travail, ainsi que de la feuille de mûrier qui leur est nécessaire pendant leur éducation. Nous pensons que, sur ce point, la législation de 1791 doit continuer à être observée. C'est donc avec raison que le Règlement a admis cette prohibition.

13. 12° L'arrêté du 16 thermidor an 8 déclare aussi les *abeilles* insaisissables *pendant la saison de leurs travaux;* mais il doit être modifié sur ce point d'après la disposition de l'article 524 du Code civil ci-dessus rapportée, et d'où il résulte que les ruches à miel sont *insaisissables dans tous les temps*, pour dettes envers l'Etat.

14. Après avoir fait, dans l'article 592, l'énumération des objets insaisissables que nous avons indiqués ci-dessus, le Code de procédure civile porte, article 593 : « Lesdits objets ne pourront être saisis pour aucune créance, *même celle de l'Etat*, si ce n'est pour aliments fournis à la partie saisie ou sommes dues aux fabricants ou vendeurs desdits objets, ou à celui qui aura prêté pour les acheter, fabriquer ou réparer; pour fermages et moissons de terres, à la culture desquelles ils sont employés; loyers des manufactures, moulins, pressoirs, usines dont ils dépendent, et loyers des lieux servant à l'habitation du débiteur. Les objets spécifiés sous le n° 2 ne pourront être saisis pour aucune créance. »

Il est bien évident, d'après cet article, que les créanciers particuliers ont, dans certaines circonstances et à l'égard de certains meubles, un droit plus étendu que celui du Trésor, puisqu'ils peuvent faire saisir et vendre des objets que la loi déclare insaisissables, même pour l'Etat. Cette disposition est bizarre, et nous l'avons déjà signalée dans le *Commentaire* sur l'article 11, n° 77; mais, quoi qu'il en soit, il nous suffit de bien faire remarquer que le porteur de contraintes ne serait, en aucun cas, autorisé à les saisir. Il y a cependant un cas où il pourrait être conduit à en faire la vente, s'ils avaient été précédemment saisis par un des créanciers dénommés dans l'article 593. (Voir, pour ce cas, le *Commentaire* sur l'art. 81, n° 43)

15. L'article 77 du Règlement prononce une amende de 100 francs contre le porteur de contraintes qui aurait passé outre à la saisie d'objets déclarés insaisissables. Cette disposition est conforme à celles de la loi du 2 octobre 1791 et de l'arrêté du 16 thermidor an 8. Mais il est à remarquer que le Code de procédure civile ne contient pas de dispositions semblables. Il en résulte, par conséquent, que ce n'est que la loi de 1791 et l'arrêt du 16 thermidor an 8 qu'on pourrait légalement appliquer quant à la pénalité dont il s'agit, c'est-à-dire que l'amende ne serait encourue qu'autant que les objets insaisissables compris dans la saisie des objets seraient du nombre de ceux qui sont déclarés tels par la loi et l'arrêté. Il nous paraît dès lors essentiel de rapporter textuellement ici la nomenclature spéciale de ces objets, qui n'est pas semblable pour tous les articles à celle que nous avons donnée plus haut, comme ressortant de l'ensemble de notre législation.

Tels sont : les lits, vêtements nécessaires au contribuable et à sa famille, pain et pot-au-feu, suivant la loi de 1791; les chevaux, les animaux de trait servant au labourage, les harnais et instruments servant à la culture, les outils et métiers à travailler, une vache à lait; à défaut de vache, une chèvre, ainsi que la quantité de grains ou graines nécessaires à l'ensemencement ordinaire des terres qu'il exploite; les vers à soie et les feuilles de mûrier hors des temps déterminés par les lois sur les biens et usages ruraux.

16. L'amende dont il s'agit doit être prononcée par les Tribunaux civils, qui, d'après la jurisprudence établie dans le *Commentaire* sur l'article 19, n° 66, connaissent de la régularité des actes de poursuites qui ont suivi le commandement. L'article 25 de l'arrêté du 16 thermidor an 8 charge bien les sous-préfets de statuer sommairement sur les plaintes qui leur parviendront contre les porteurs de contraintes et même de les révoquer, s'il y a lieu; mais, en ce qui concerne la condamnation à l'amende, il nous semble que ce cas doit rentrer dans ceux dont le sous-préfet doit, d'après l'article 26, renvoyer le jugement aux Tribunaux compétents.

17. Indépendamment de la peine de l'amende que la partie saisie a le droit de requérir contre le porteur de contraintes, elle a une action civile à exercer pour faire ordonner la distraction du procès-verbal de saisie, et par conséquent de la vente, des objets qui

y ont été compris, bien que déclarés insaisissables. Cette demande en distraction doit être portée devant les Tribunaux civils; mais, comme la demande en revendication, elle doit être préalablement soumise par simple mémoire à l'autorité administrative, conformément à la loi du 5 novembre 1790. C'est ce qui a été décidé par un arrêt du Conseil d'Etat du 29 août 1809. Les dispositions de l'article 69 du Règlement sont par conséquent applicables à ce cas. (Voir le *Commentaire* sur cet article.)

18. Il a, du reste, été jugé qu'une saisie mobilière n'est pas nulle, par cela seul qu'elle comprend des objets insaisissables, tel qu'un lit à l'usage des saisis (Arr. C. de Metz, 10 mai 1825, et C. de cassation, 1er thermidor an 11), alors surtout que le saisissant consent à ce qu'il soit fait distraction des objets insaisissables (Arr. C. de Metz, 20 novembre 1818.) Seulement, l'agent de poursuites pourrait être passible de dommages-intérêts envers le saisi. (C. de cassation, 1er thermidor an 11.)

19. Voir, pour les objets incorporels insaisissables, le *Commentaire* sur les articles 88 et 89.

ARTICLE 78.

A défaut d'objets saisissables, et lorsqu'il sera constant qu'il n'existe aucun moyen d'obtenir le payement de la cote d'un contribuable, il est dressé sur papier libre un procès-verbal de carence, en présence de deux témoins. Ce procès-verbal doit être certifié par le maire.

Le préfet décide, selon les différents cas d'insolvabilité, s'il y a lieu de mettre les frais de ce procès-verbal à la charge du percepteur, ou s'ils sont susceptibles d'être imputés, comme la cote elle-même, sur le fonds de non-valeurs.

ARTICLE 78 *bis* (1).

L'insolvabilité des contribuables sera constatée, savoir :

1° Pour les retardataires qui auraient primitivement été réputés solvables, et contre lesquels une saisie précédée de commandement aurait été intentée, il sera fait usage des procès-verbaux de carence prescrits par l'art. 78; ces procès-verbaux seront

---

(1) Article additionnel prescrit par la Circulaire du 31 mars 1831.

individuels, ou collectifs suivant le nombre des contribuables insolvables contre lesquels la saisie aurait été dirigée dans le même jour;

2° Pour les contribuables dont l'insolvabilité serait notoire, la formalité des procès-verbaux de carence n'aura pas lieu; les percepteurs devront seulement, au moment où ils reconnaîtront cette insolvabilité, obtenir (en exécution de l'arrêté du gouvernement du 6 messidor an 10) des certificats des maires attestant l'indigence desdits contribuables. Ces comptables conserveront les certificats pour justifier du non-recouvrement des cotes, et pour former, en fin d'exercice, leurs états de cotes irrecouvrables.

Quant aux procès-verbaux de carence, ils seront rédigés en double original et sur papier libre.

L'un des doubles restera entre les mains des percepteurs, pour être joint comme pièce justificative à l'appui des états de cotes irrecouvrables; l'autre double sera mis à l'appui des états de payement du salaire des porteurs de contraintes, pour rester ensuite à la recette particulière.

Le salaire des porteurs de contraintes et des témoins pour les procès-verbaux de carence est fixé par le tarif annexé au présent (1).

Dans le cas où les témoins auraient été pris hors de la commune, leur salaire serait alloué comme si la saisie avait eu lieu, et conformément à la taxe réglée pour ce dernier acte.

1. L'arrêté du 6 messidor an 10 porte :

« Article 1ᵉʳ. — L'insolvabilité ou l'absence des redevables du Trésor public seront constatées ou par des procès-verbaux, soit de perquisition, soit de carence, dressés par des huissiers, ou par des certificats délivrés, sous leur responsabilité, par les maires et adjoints des communes de leur résidence ou de leur dernier domicile.

« Art. 2. — Ces certificats sont visés par les préfets pour l'arrondissement du chef-lieu, et par les sous-préfets pour les autres arrondissements. »

_____

(1) Voir le tarif des frais de poursuites, tome Iᵉʳ, page 52.

Cet arrêté prévoit un cas de plus que l'article 78 du Règlement. Celui-ci ne parle que de l'*insolvabilité* des redevables, tandis que l'arrêté s'occupe aussi de leur *absence*. Il peut arriver, en effet, qu'au moment où le percepteur veut exercer ses poursuites contre un débiteur de contributions, celui-ci ait disparu sans qu'on puisse indiquer ce qu'il est devenu, et sans qu'il soit représenté par personne. Il était nécessaire d'indiquer à l'agent du Trésor par quels moyens il pourrait, dans ce cas, mettre sa responsabilité à couvert. Nous allons parler successivement de ces deux circonstances :

Insolvabilité du contribuable. La manière de constater l'insolvabilité des redevables a été rattachée dans le Règlement à ce qui concerne la saisie. C'est, en effet, au moment où l'on s'occupe d'exécuter le débiteur dans ses biens, que se présente plus particulièrement la question de savoir quels sont ceux qu'il possède et qu'on peut saisir. Cependant le percepteur ne devrait pas toujours attendre, pour faire constater cette insolvabilité, que les poursuites fussent allées jusqu'à la saisie. Si, avant de commencer les actes de contrainte, il connaissait l'insolvabilité, il est évident qu'il aurait été répréhensible de donner cours à des poursuites qui ne pouvaient aboutir qu'à des frais inutiles; aussi, dans ce cas, les frais retomberaient-ils à sa charge, comme nous le dirons ci-après.

La Circulaire du Ministre des finances du 31 mars 1831, qui a eu pour objet d'indiquer à MM. les préfets quelques articles complémentaires des Règlements sur les poursuites en matière de contributions directes, trace aux percepteurs la marche qu'ils doivent suivre dans les diverses circonstances où il y a lieu de justifier de l'insolvabilité des redevables. Ces formalités sont celles qu'indique notre article 78 *bis*. Nous n'avons guère qu'à nous en référer aux dispositions mêmes de cet article, qui sont très explicites.

3. L'arrêté du 6 messidor an 10 admettait deux manières de constater l'insolvabilité : le procès-verbal de carence ou le certificat du maire. Notre article 78 *bis* précise plus formellement les cas où il y aura lieu d'employer l'un ou l'autre de ces modes. Il réserve l'emploi des procès-verbaux de carence pour le cas où l'insolvabilité n'a été découverte que postérieurement aux poursuites : tel était aussi le cas prévu dans l'article 78 du Règlement. Cet article suppose, en effet, que les poursuites ont été commencées, et que ce n'est qu'au moment où le porteur de contraintes se présente pour saisir qu'on s'aperçoit que le contribuable ne possède aucun meuble saisissable. Nous disons *saisissable*, comme

le porte l'article 78, parce qu'il est évident que l'existence d'objets qui ne peuvent être saisis équivaut absolument au défaut complet de mobilier. Cependant il serait utile que le procès-verbal de carence mentionnât cette circonstance, que *tels ou tels meubles se sont trouvés au domicile du redevable, mais qu'ils n'ont pu être saisis, attendu qu'ils étaient déclarés insaisissables par le Règlement : c'est pourquoi le porteur de contraintes a dressé le procès-verbal de carence.* La désignation au procès-verbal des objets mobiliers trouvés chez le contribuable servirait à reconnaître s'ils étaient, en effet, insaisissables, et par conséquent si le porteur de contraintes a bien procédé dans l'intérêt du Trésor. (Voir, au *Formulaire*, le n° 31.)

4. Les frais des procès-verbaux de carence sont à la charge des redevables, comme tous autres frais de poursuites ; et si, par la suite, ceux-ci devenaient solvables, ils pourraient être contraints à les payer ; mais, au moment où ces procès-verbaux sont dressés, les frais n'en peuvent être imputés, comme la cote elle-même, que sur les fonds de non-valeurs. Cependant le Règlement charge les préfets d'examiner et de décider, suivant les cas d'insolvabilité, s'il y aurait lieu de mettre les frais dont il s'agit à la charge du percepteur. S'il était constaté, en effet, que ce comptable a pu, avant de commencer les poursuites, connaître l'état d'insolvabilité du contribuable, il est évident qu'il aurait lui-même, dans ce cas, occasionné des frais inutiles en provoquant les actes de contrainte, et non-seulement il serait passible des frais du procès-verbal de carence, mais il pourrait même être déclaré responsable des frais de toutes les autres poursuites, conformément à l'article 105 du Règlement. (Voir le *Commentaire* sur cet article et, en outre, ce que nous avons dit au *Commentaire* sur l'art. 20, n° 10, en Note, sur la justification et le jugement des cotes irrecouvrables.)

5. Quelle est la voie à prendre par le percepteur pour obtenir l'allocation en non-valeurs des frais de poursuites irrecouvrables par suite de l'insolvabilité des contribuables? — Si les *états de cotes irrecouvrables* ne sont pas clos, le percepteur doit y porter les frais dont il s'agit, et se pourvoir devant le préfet pour en obtenir l'allocation en non-valeurs. Si les états sont clos, le percepteur se pourvoit devant le Ministre par l'entremise du receveur des finances, et, à cet effet, il doit adresser à la comptabilité générale, indépendamment du bordereau des frais, visé par l'autorité administrative, l'expédition tant des jugements qui ont été rendus que de tous les autres actes judiciaires ou administratifs. (Lettre du Ministre des finances au préfet des Bouches-du-Rhône, en date du 11 septembre 1835.)

6. Lorsque l'insolvabilité du redevable était notoire avant les poursuites, au lieu d'agir par les voies de contrainte, c'est alors que le percepteur devrait procéder, ainsi qu'il est indiqué à l'article 78 *bis*, c'est-à-dire se pourvoir auprès du maire pour en obtenir, sous la responsabilité de ce magistrat, un certificat d'indigence, qu'il conserverait pour être joint, en fin d'exercice, à l'état des cotes irrecouvrables.

7. Quelques préfets ont craint que l'attribution conférée aux maires de délivrer des certificats d'indigence ne vînt à dégénérer en abus ; et ils ont demandé si ces fonctionnaires devaient la conserver dans tous les cas, à quelque somme que s'élevât la cote d'impôt. — Le Ministre des finances a répondu que le motif qui avait déterminé l'Administration à autoriser les maires à délivrer des certificats d'indigence, était d'éviter les frais de poursuites qui, en définitive, seraient en pure perte pour le Trésor. Or, ce motif existe dans les cotes élevées comme pour les moindres. C'est donc avec raison qu'on n'a limité aucun taux à l'exercice de l'attribution dont il s'agit.(Lettre au préfet de la Loire, du 22 septembre 1831.)

8. Si le maire refusait de délivrer le certificat d'indigence, ou de certifier le procès-verbal de carence que devrait faire le percepteur ? — Il a été répondu à cette question dans la lettre suivante, adressée par le directeur de la comptabilité générale des finances (Lettre au receveur général de l'Aisne, en date du 28 janvier 1833) :

« Par votre lettre du 2 de ce mois, vous m'avez consulté sur les deux questions suivantes :

« 1° Un contribuable débiteur, à l'égard duquel toutes les démarches sont restées sans succès, a été poursuivi par voie de saisie ; mais aucun objet saisissable n'ayant été trouvé chez lui, il a été dressé procès-verbal de carence, que le maire refuse de certifier, attendu que le contribuable est titulaire d'une pension sur l'Etat. Cette pension étant insaisissable, il s'agit de savoir de quelle manière on doit suppléer au procès-verbal de carence, qui ne peut être admis en non-valeurs, à défaut de la signature du maire ?

« 2° Plusieurs contribuables débiteurs, ne possédant que des masures dont ils font leur habitation, n'ont pu être saisis faute d'objets saisissables, et les procès-verbaux de carence, constatant leur insolvabilité, n'ont pu être admis en non-valeurs, attendu que les maires se refusent de les certifier ?

« A l'égard de la première question il est à observer que les maires ne sont point fondés à se refuser à constater le défaut d'objets saisissables, puisque la pension que possède le contribuable ne peut être affectée, par voie de contrainte, au payement de la contribution due. Le seul parti que vous ayez à prendre est donc, si vous êtes certain que le débiteur ne possède réellement aucun objet qui puisse être soumis à la contrainte, de réclamer vous-même du maire le certificat qu'il se refuse à accorder, en l'invitant à expliquer sur cette pièce que le contribuable ne possède d'autre ressource qu'une pension militaire. Après la délivrance d'un certificat de carence ainsi motivé, ou en cas d'un nouveau refus du maire, que je ne saurais présumer, vous devrez vous concerter avec M. le préfet sur les mesures qui resteraient à prendre pour l'allocation en non-valeurs.

« En ce qui concerne la seconde question, il existerait un droit d'expropriation sur les habitations des contribuables, pour les contraindre à s'acquitter; mais ce moyen est trop rigoureux, et ne pourrait être employé qu'avec l'approbation du Ministre, qui serait refusée, puisqu'il s'agit sans doute de faibles cotes. La marche que vous devez suivre est donc de vous concerter avec M. le préfet, auquel il appartient de régler cet objet, en donnant des instructions aux maires pour la délivrance de certificats d'indigence admissibles en non-valeurs, comme les procès-verbaux de carence, ainsi que l'explique la circulaire du 31 mars 1831.

9. *Absence des redevables.* — Ce cas, qui est prévu par l'arrêté du 6 messidor an 10, nous paraît exiger quelques explications détaillées.

Que faut-il d'abord entendre précisément par le mot *absence?* Dans le sens légal, il n'a pas toujours la même signification que dans le langage ordinaire. Lorsqu'une personne a cessé de paraître au lieu de son domicile ou de sa résidence, sans avoir laissé un fondé de pouvoirs pour la représenter, si on n'a point de ses nouvelles, qu'on ignore enfin ce qu'elle est devenue, le Code civil déclare cette personne *présumée absente.* Dans cet état, si cette personne a des biens qu'il faille administrer, des intérêts auxquels il soit nécessaire de pourvoir, le Tribunal, sur la demande des parties intéressées, désigne un notaire pour la représenter. Si cette absence se prolonge durant l'espace de temps et avec les circonstances déterminées par le chapitre II du titre IV du livre 1er du Code civil, le *présumé absent* est déclaré *absent* après diverses formalités dont nous n'avons pas à nous occuper ici. Dans ce cas, il est pourvu d'une manière définitive à la gestion des biens de l'*absent,* et il est légalement représenté.

Dans l'un ou l'autre de ces cas, la conduite que doit tenir l'agent de poursuites est toute simple. Comme il y a quelqu'un qui représente la personne *présumée absente* ou *déclarée absente*, comme c'est à ce représentant que les avertissements et les autres actes préliminaires de poursuites ont été remis, c'est aussi en *parlant à sa personne* que la saisie est exécutée. Il est évident que, dans ce cas, il n'y a pas à dresser le procès-verbal d'absence dont parle l'arrêté du 6 messidor an 10.

D'un autre côté, si l'on donne au mot *absence* le sens qu'il a dans le langage vulgaire, il s'appliquerait même à une personne qui, momentanément hors de son domicile, ne s'y trouverait pas lorsque le porteur de contraintes se présente pour instrumenter. Evidemment encore, ce ne peut être ce cas que l'arrêté précité a eu en vue, et il n'y aurait pas lieu non plus, dans cette circonstance, à dresser le procès-verbal dont il s'agit, nous avons d'ailleurs indiqué, au *Commentaire* sur l'article 57, n° 8, du Règlement, comment l'agent de poursuites devait agir dans ce cas d'absence.

10. Quels sont donc les cas où l'absence doit être constatée par procès-verbal de perquisition, ou par certificat du maire de la commune du dernier domicile, en exécution de l'arrêté du 6 messidor an 10 ? Nous allons essayer de les indiquer. Lorsque le porteur de contraintes arrive dans la commune pour mettre une contrainte à exécution contre un redevable, s'il ne trouve pas celui-ci à son domicile, et que, sur les renseignements qu'il recueille chez les voisins et dans le pays, il vienne à apprendre que le contribuable a cessé depuis quelque temps de paraître dans la commune et qu'on ignore ce qu'il est devenu, il devra, avant tout, s'informer s'il a laissé des meubles, ou bien s'il a déménagé furtivement sans faire connaître le lieu de sa nouvelle résidence. Dans l'un comme dans l'autre cas, il doit bien s'assurer si personne n'est chargé de répondre pour le redevable, et il doit se rendre chez le maire ou l'adjoint pour l'entretenir des circonstances de cette disparition. Alors, quand l'absence est bien reconnue, il demande au maire ou à l'adjoint qu'elle soit certifiée, afin qu'il puisse justifier des causes qui l'ont empêché d'exécuter sa commission. Le certificat doit constater si le contribuable, qui a disparu, a emporté ou laissé ses meubles.

11. Dans le premier cas, le percepteur aura à examiner s'il ne peut pas exercer son recours contre le propriétaire ou le principal locataire, conformément aux articles 15 et 16 du Règlement, et il procédera comme il est dit dans ces articles.

12. Le second cas offre plus de difficulté. Si le contribuable a laissé des meubles, bien qu'ils soient affectés au privilége du Trésor, le porteur de contraintes ne pourrait pas passer outre aux actes de poursuites et à la saisie. La raison en est simple :

pour qu'on puisse agir contre un redevable par les voies de contrainte et se mettre en possession du produit de son mobilier, il faut que ce redevable soit averti, qu'il puisse avoir connaissance de sa dette et des poursuites qu'on veut exercer contre lui : cela est juste, car il serait possible qu'il eût des motifs légitimes de refuser le payement et de s'opposer aux poursuites. Il est donc indispensable, pour que les droits du contribuable soient ménagés, que quelqu'un puisse les examiner et les défendre au besoin contre le percepteur, si les poursuites n'étaient pas fondées. Le porteur de contraintes n'a donc, après avoir fait certifier l'absence comme nous l'avons dit ci-dessus, qu'à se retirer vers le percepteur, afin de lui rendre compte de l'état des choses, à moins qu'il n'y eût lieu de craindre l'enlèvement des meubles, auquel cas on pourrait prendre les mesures prescrites par les articles 91 et 92 du Règlement. Le percepteur, muni du certificat d'absence, devrait demander immédiatement au receveur des finances des instructions pour sa conduite ultérieure. Il s'agit, en effet, d'une circonstance qui n'est pas ordinaire : l'absence du redevable présente les caractères qui constituent la *présomption d'absence* dont nous avons parlé plus haut, et il y aurait lieu de présenter requête au Tribunal pour faire nommer un représentant au présumé absent, afin de procéder ensuite contre lui aux poursuites. Mais on conçoit que cette procédure ne doit être entamée par le percepteur qu'autant qu'il en recevrait l'ordre, sa responsabilité étant du reste à couvert par le certificat du maire qui constate l'absence du contribuable, conformément à l'arrêté du 6 messidor an 10.

13. Les procès-verbaux de carence, comme les certificats d'indigence, ne sont pas soumis au timbre. Ils ne doivent pas non plus être enregistrés.

14. La Circulaire du 31 mars 1831 appliquait aux procès-verbaux de carence le principe du tarif décroissant en raison du nombre d'actes faits dans la même journée.

L'abandon de ce mode de rétribution (Circul. du 21 décembre 1839) oblige les préfets à indiquer dans leurs arrêtés un salaire fixe. Celui qui est alloué dans le département de la Seine est de 75 centimes pour le porteur de contraintes et de 50 centimes pour chacun des témoins.

ARTICLE 79.

Aucune vente ne peut s'effectuer qu'en vertu d'une autorisation spéciale du sous-préfet, accordée sur la demande expresse du percepteur, par l'intermédiaire du receveur particulier.

L'avis du receveur particulier et l'autorisation du sous-préfet seront placés à la suite de la demande du percepteur.

1. L'arrêté du 16 thermidor an 8, ni aucune autre loi, n'exigent l'autorisation spéciale du sous-préfet pour la vente des effets saisis sur les contribuables, en vertu d'actes de poursuites réguliers ; et il semblerait, en effet, que, lorsque le sous-préfet a visé la contrainte et a ainsi approuvé sa mise à exécution, il doit être présumé avoir implicitement autorisé les poursuites de tous les degrés qui sont la conséquence de cette contrainte. Mais, en examinant les choses de plus près, on conçoit que l'Administration, par suite de ce système de bienveillance et de ménagements que nous avons déjà eu occasion de faire remarquer, ait voulu qu'avant de procéder au dernier acte de poursuite, au plus sérieux de tous, puisqu'il a pour effet de dépouiller définitivement le contribuable de ses meubles, la position du débiteur fût l'objet d'un nouvel examen. C'est une garantie de plus que le Règlement ministériel ajoute à celles que la loi assure aux redevables, et que les percepteurs ne pourraient pas négliger sans compromettre leur responsabilité.

2. Cette autorisation, qui doit être inscrite, avec l'avis du receveur particulier, sur la demande même du percepteur (*Formulaire*, Modèle n° 21), doit être exactement conservée par le comptable, pour être jointe aux pièces justificatives de la régularité des poursuites : il doit, au surplus, en être fait mention en tête du procès-verbal de vente. (*Formulaire*, Modèle n° 27.)

3. Cette nécessité d'obtenir, avant de procéder à la vente, l'autorisation du sous-préfet, pourrait peut-être occasionner quelque embarras aux porteurs de contraintes, pour l'exécution de l'article 595 du Code de procédure civile, qui veut que le procès-verbal de saisie contienne l'indication du jour de la vente. Comment pourra-t-il faire cette indication, puisque la vente elle-même est subordonnée à l'autorisation du sous-préfet ? Devra-t-on demander cette autorisation avant même de procéder à la saisie, de manière à être en mesure d'indiquer le jour de la vente dans le procès-verbal de saisie ? Si cette marche pouvait être, en effet, suivie, il n'y aurait pas de raison pour ne pas solliciter cette autorisation dès le commencement des poursuites, c'est-à-dire, au moment du visa de la contrainte ; et alors la disposition de l'article 79 du Règlement serait véritablement éludée. C'est, comme nous l'avons dit, un nouvel examen que l'Administration charge le sous-préfet de faire : on suppose de la mauvaise volonté chez le contribuable qui ne se libère pas d'une cote de contribution,

qui ne lui a été imputée qu'en raison de ses facultés, et que, par conséquent, il est présumé pouvoir acquitter. S'il en est ainsi, on doit penser que les poursuites de différents degrés, et surtout la saisie, vaincront cette résistance.

Or, il est évident que si l'autorisation de vendre était donnée avant même que ces poursuites aient été effectuées, on agirait en aveugle, et que la garantie d'un examen nouveau, assurée au contribuable, au moment où il va être exproprié, deviendrait complètement illusoire. L'autorisation prescrite par notre article ne peut donc et ne doit être demandée qu'après la saisie faite. Mais rien n'empêche que, bien que cette autorisation n'ait pas encore été donnée, le porteur de contraintes n'indique dans le procès-verbal de saisie qui doit être signifié au contribuable le jour de la vente, au marché qui suit la huitaine comme il est d'usage, sauf dans l'intervalle à obtenir l'autorisation nécessaire, et sauf aussi, dans le cas où la vente ne pourrait pas se faire au jour indiqué au procès-verbal, à procéder ainsi qu'il est réglé par l'article 614 du Code de procédure civile.

Cette marche nous paraît la plus naturelle pour concilier l'exécution de l'article 595 de ce dernier Code avec la disposition de l'article 79 du Règlement.

4. Voir, pour les formalités de la vente des meubles ou des fruits saisis, le *Commentaire* sur l'article 81.

ARTICLE 80.

Il n'est procédé à la vente des meubles et effets saisis, et des fruits pendants par racines, que huit jours après la clôture du procès-verbal de saisie.

Néanmoins, ce délai peut être abrégé avec l'autorisation du sous-préfet, lorsqu'il y a lieu de craindre le dépérissement des objets saisis.

1. La disposition de cet article est conforme à celle de l'article 613 du Code de procédure civile, qui porte qu'il y aura au moins huit jours entre la signification de la saisie au débiteur et la vente. Ces huit jours doivent être francs, c'est-à-dire, pour bien préciser les choses, que, si la saisie était effectuée le lundi, la vente ne pourrait avoir lieu au plus tôt que le mercredi de la se-

maine suivante. Il importe que ce délai soit respecté, car ce n'est pas sans raison que la loi l'a établi. Elle a pensé que, pendant ce temps, le débiteur menacé d'être dépouillé de son mobilier chercherait plus activement et pourrait trouver les moyens de se libérer. Il faut bien remarquer, au surplus, que cette disposition restrictive doit être entendue en ce sens, que, si elle ne permet pas que la vente soit faite avant huit jours, elle ne commande pas qu'il y soit nécessairement passé outre après ce délai. Il arrive le plus souvent, au contraire, que, par suite des dispositions mêmes de la loi, ce délai de huit jours se trouve forcément prolongé.

Ainsi, d'après l'article 617, la vente doit être faite le jour du marché ou un dimanche. Supposons que le marché se tienne un *lundi* de chaque semaine, il est évident que si la saisie a été faite un mardi, par exemple, la vente ne pourra pas être faite le dimanche suivant, ni le lundi d'après, jour de marché, parce que le délai de huit jours ne sera pas écoulé. Il faudra donc remettre an dimanche ou au lundi d'ensuite, ce qui établit un intervalle de douze ou treize jours entre la saisie et la vente.

2. Ce délai se trouve encore forcément prolongé dans d'autres circonstances, notamment, dans le cas de l'article 620 du Code de procédure civile, qui dispose ainsi : « S'il s'agit de barques, chaloupes et autres bâtiments de mer du port de dix tonneaux et au-dessous, bacs, galiotes, bateaux et autres bâtiments de rivière, moulins et autres édifices mobiles assis sur bateaux ou autrement, il sera procédé à leur adjudication sur les ports, gares ou quais où ils se trouvent. Il sera affiché quatre placards au moins, conformément à l'article précédent, et il sera fait, à trois divers jours consécutifs, trois publications au lieu où sont lesdits objets. *La première publication ne sera faite que huit jours au moins après la signification de la saisie.* Dans les villes où il s'imprime des journaux. il sera suppléé à ces trois publications par l'insertion qui sera faite au journal, de l'annonce de ladite vente, *laquelle annonce sera répétée trois fois dans le cours du mois précédant la vente.* »

La loi ne prescrivant pas l'intervalle qu'il doit y avoir entre chacune des insertions, il convient de les faire, comme les publications, à trois jours consécutifs ; la fin de l'article 620 défend seulement de faire la première plus d'un mois avant la vente.(Bioche.)

3. Il y a également des formalités spéciales et d'où résulte une prolongation du délai ordinaire pour la vente de la vaisselle d'argent et des bijoux. (Nous en parlons au *Commentaire*, sur l'art. 81, n°s 15 et suiv.)

4. Nous ne dirons rien des dispositions particulières prescrites

par le Code de commerce pour la vente des bâtiments de mer. Des opérations de cette importance ne sauraient guère avoir lieu pour la dette de contribution.

5. Nous avons dit plus haut, nº 1, que le saisissant n'était pas absolument obligé de donner cours à la vente à l'expiration de la huitaine. C'est un point de droit qui ne laisse aucun doute, la loi n'ayant pas fixé de délai fatal après lequel la saisie serait périmée ; il a même été jugé que la vente d'effets saisis pourrait avoir lieu valablement plusieurs années après le commandement ou le procès-verbal de saisie. (Paris, 28 germinal an 11 ; Pau, 29 juin 1821. Voir aussi Pigeau, Lepage.)

6. Cependant le saisissant ne pourrait pas non plus ajeurner la vente arbitrairement, s'il se trouvait en contact avec d'autres intéressés. Ainsi, et en premier lieu, si postérieurement à la saisie opérée sur un contribuable à la requête du percepteur, il se présentait un autre créancier pour saisir le même individu, ce dernier créancier, récolement fait des meubles et effets portés sur le procès-verbal, conformément à l'article 611, aurait le droit, aux termes du même article, de forcer le premier saisissant, c'est-à-dire le percepteur, de procéder à la vente dans le délai de huitaine. (Voir le *Commentaire* sur l'art. 70.) D'un autre côté, ce droit de faire effectuer la vente dans le délai de la loi ne saurait non plus être refusé au saisi, qui, dans certains cas, ou même pour éviter de plus grands frais de garde, peut avoir intérêt à ce que la vente soit promptement effectuée (Pothier, *Procéd. civ.*, 4ᵉ part., chap. 2, art. 7.) Ce n'est donc qu'autant que le percepteur n'aurait à subir ni l'exigence d'un tiers nouveau saisissant, ni celle du saisi lui-même, qu'il pourrait ajourner la vente, s'il jugeait convenable de le faire sous sa responsabilité.

7. Si la vente se fait à un jour autre que celui indiqué par la signification, la partie saisie sera appelée, avec un jour d'intervalle, outre un jour pour trois myriamètres, en raison de la distance du domicile du saisi, et du lieu où les effets seront vendus. (C. proc., art. 614.) On lui signifie, à cet effet, une sommation à personne ou à domicile (art. 29). — Si ce domicile est hors du continent français, on se conforme à l'article 90 du Code de procédure. (Voir Lepage, Berriat, Pigeau.)

8. Le second paragraphe de l'article 80 permet d'abréger le délai de la vente avec l'*autorisation du sous-préfet*, lorsqu'il y a lieu de craindre le dépérissement des objets saisis. C'est une opinion reçue par les auteurs, que les prescriptions de l'article 613 du Code de procédure quant à la fixation des délais de huitaine, ne sont pas tellement absolues qu'elles ne puissent céder devant une

nécessité bien constatée. Mais l'autorisation seule du sous-préfet serait-elle suffisante? Nous ne le pensons pas. Les délais fixés par l'article 613 sont établis dans l'intérêt du saisi, et, lorsqu'il s'agit de porter une sorte d'atteinte à cet intérêt, il ne semble pas que l'Administration puisse prononcer entre elle et le redevable, et décider à elle seule de l'urgence qu'il peut y avoir à s'écarter de la règle générale. Si on laissait au sous-préfet seul, qui représente l'Administration, le droit d'abréger le délai fixé par la loi, sous prétexte du dépérissement des objets saisis, le contribuable pourrait prétendre que l'Administration est juge dans sa propre cause.

Nous pensons qu'en pareil cas, et lorsque les objets saisis sont sujets à se corrompre, le percepteur doit, outre l'autorisation du sous-préfet, qui lui est toujours nécessaire pour sa propre responsabilité, prendre la précaution de se faire autoriser par le juge et cette opinion est consacrée par une note de la dernière édition du Règlement sous le présent article. La demande d'autorisation devra être faite par voie de simple requête adressée au président du Tribunal civil. (Voir, au *Formulaire*, le Modèle n° 23 *bis*.)

Voir, en outre, le *Commentaire* sur l'article 82, n° 2, où nous traitons une question analogue en ce qui concerne le lieu de la vente.

ARTICLE 81.

Les ventes de meubles sont faites par les commissaires-priseurs, dans les villes où ils sont établis. (Art. 31 de la loi du 23 juillet 1820.)

Toutes autres ventes sont faites par les porteurs de contraintes, dans les formes usitées pour celles qui ont lieu par autorité de justice. (Titre IX, livre V du Code de procédure civile.)

Les porteurs de contraintes et commissaires-priseurs sont tenus, sous leur responsabilité, de discontinuer la vente aussitôt que son produit est suffisant pour solder le montant des contributions dues et les frais de poursuites.

1. Nous avons indiqué, dans le *Commentaire* sur l'article précédent, le délai après lequel il pouvait être passé outre à la vente des meubles et fruits saisis. Nous avons fait connaître sous quelles conditions et par quelle autorité ce délai pouvait être abrégé. Nous allons nous occuper maintenant des formalités mêmes de la

vente. Ces formalités sont celles que prescrivent les titres VIII et IX, livre V du Code de procédure civile, auxquels le paragraphe 2 de notre article 81 se réfère.

Nous parlerons successivement de la vente sur saisie-exécution et de la vente sur saisie-brandon.

2. *Vente sur saisie-exécution.* — Avant de procéder à la vente des meubles saisis, l'officier public qui en est chargé doit en faire la déclaration au bureau de l'enregistrement dans l'arrondissement duquel elle a lieu, sous peine de 20 fr. d'amende. Cette déclaration doit contenir les noms, qualités et domicile de l'officier qui la fait, ceux du requérant, ceux de la personne dont le mobilier est mis en vente, et l'indication du jour où elle aura lieu ; la déclaration est datée et signée par l'officier public, et il lui en est fourni une copie, sans autres frais que ceux du papier timbré sur lequel cette copie est délivrée. (Loi du 22 pluviôse an 7, articles 2, 3, 5, 7 ; et 16 juin 1824, article 10. — Favard de Langlade, Bioche.)

Cette déclaration est transcrite en tête du procès-verbal de la vente. (Voir ci-après, n° 27.)

3. Le porteur de contraintes somme le gardien de se trouver sur le lieu de la saisie pour faire la délivrance des objets saisis, à peine pour ce dernier d'y être contraint par toutes les voies de droit.

4. La vente est précédée d'un procès-verbal de récolement, qui ne doit contenir aucune énonciation des effets saisis, mais seulement de ceux en déficit, s'il y en a. (C. de proc. civ., art. 616.)

Une énonciation plus détaillée ne rendrait pas le procès-verbal nul ; mais il ne serait alloué en taxe au porteur de contraintes que les frais ordinaires fixés par le tarif (tome Ier, p., 52), lors même qu'il aurait employé plusieurs feuilles de papier timbré.

Ce procès-verbal se fait avec l'assistance de deux témoins ; mais il n'en est pas donné copie, à la différence de ce qui se pratique pour le récolement, dont nous avons parlé à l'article 70, n° 10.

5. Lorsque le porteur de contraintes se présente pour procéder au récolement et à l'enlèvement des meubles pour la vente, il peut rencontrer une partie des obstacles dont nous avons parlé à l'occasion de la saisie. Ainsi, par exemple, il pourrait trouver les portes fermées. Dans ce cas, devrait-il procéder comme nous l'avons dit au *Commentaire* sur l'article 71, et requérir l'assistance d'un des officiers publics désignés dans l'article 587 du Code de procédure civile, pour être présent à l'ouverture ?

Cette question a été discutée dans une lettre écrite, sous la date du 6 février 1832, par M. le Ministre de la justice à son collègue des finances, et dont les principes ont été adoptés par ce dernier.

Voici le texte de cette lettre :

« Monsieur et cher collègue, vous me donnez connaissance du refus que le juge de paix du canton Nord de la ville de Saintes a fait d'assister à une ouverture de porte qui était requise par un porteur de contraintes pour procéder au récolement et à l'enlèvement des meubles du sieur Boussogal, contribuable retardataire, qui se trouvaient dans le cas d'être vendus à la suite d'une saisie, attendu, selon lui, que l'article 587 du Code de procédure civile n'autorisait cette mesure que lorsqu'il s'agissait d'exécuter une saisie, et non lorsqu'un gardien étant placé, il y avait lieu de procéder au récolement des meubles avant de les enlever et de les vendre ; et vous me consultez sur le point de savoir si la conduite tenue par le juge de paix dans cette circonstance est bien conforme à l'esprit de la loi.

« Je pense que les motifs sur lesquels ce magistrat a appuyé le refus qu'il a fait sont parfaitement fondés, et que les juges de paix et les autres fonctionnaires qui, à leur défaut, sont appelés à les remplacer, ne peuvent être légalement requis d'assister à une ouverture de porte en matière de saisie, que lorsqu'il s'agit d'exécuter cette saisie elle-même.

« La loi ne contient, en effet, pour le cas où il n'y a lieu qu'à procéder au récolement des meubles qui doit précéder la vente, aucune disposition de laquelle on puisse inférer que les mesures prescrites par l'article 587 du Code de procédure civile doivent être employées, quand les portes des lieux où sont déposés les effets déjà saisis sont trouvées fermées.

« La contrainte par corps, que l'article 2060, n° 4, du Code civil permet de faire prononcer contre les séquestres, commissaires ou autres gardiens pour les obliger à la représentation des objets qui ont été déposés entre leurs mains, était, suivant mon opinion, la seule voie qui pouvait être prise dans la circonstance dont il s'agit.

« Il est vrai que la contrainte par corps ne devant, aux termes de l'article 2067 du même Code, être appliquée qu'en vertu d'un jugement, ce moyen peut souvent, comme vous me le faites observer, nécessiter, de la part du Trésor, l'avance de frais plus considérables que le produit de la vente des meubles saisis. Cet état de choses est fâcheux, j'en conviens ; mais, je le répète, je ne pense pas qu'il y ait un autre moyen légal de procéder autrement.

« L'Administration des contributions directes ne peut donc, afin d'éviter, autant que possible, que des difficultés de cette nature ne viennent apporter, à l'avenir, des entraves au recouvrement des

impôts, surveiller avec trop de soin le choix des gardiens qu'il y aura lieu d'établir pour la conservation des meubles saisis sur les contribuables retardataires.

« Elle ne doit même, en général, consentir qu'avec beaucoup de prudence et de circonspection, à laisser établir des femmes pour gardiennes, comme elle l'a fait dans l'espèce dont il est question, puisqu'en agissant ainsi elle se prive d'un moyen puissant de coaction, l'article 2066 du Code civil portant, expressément, que la contrainte par corps ne peut être prononcée contre les femmes que dans le cas de stellionat. »

La suppression de la contrainte par corps, en matière civile, par la loi du 22 juillet 1867, commande à l'Administration un redoublement de surveillance sur les gardiens des saisies. Au cas où cette surveillance serait éludée, le percepteur aurait, suivant nous, la ressource d'assigner le saisi lui-même en référé, devant le président du Tribunal, pour voir ordonner l'ouverture des portes qui aurait lieu, au besoin, par la force publique.

6. L'article 617 du Code de procédure civile détermine le lieu et le jour où la vente doit être faite.

Quant au *lieu*, nous nous en occupons au *Commentaire* sur l'article 82 du Règlement.

7. Quant au jour, l'article 617 précité dispose que la vente doit avoir lieu aux jour et heure ordinaires des marchés, ou *un jour de dimanche*.

8. Lorsque la vente aura lieu le dimanche, le Code de procédure n'indique pas l'*heure* à laquelle elle doit être effectuée. Mais les auteurs s'accordent à penser que ce doit être à une heure autre que celle de l'office divin ; autrement le but que le Code s'est proposé, savoir : d'attirer à la vente le plus de monde possible, serait manqué. Thomine estime même que si le placard indiquait les heures de célébration, le saisi aurait le droit de s'y opposer, et de faire condamner le saisissant aux frais de l'apposition des placards.

9. Mais le Tribunal ne pourrait-il pas permettre de vendre un autre jour que le dimanche ? Ni le Règlement ni le Code de procédure n'ont prévu ce cas. Nous pensons néanmoins que cette faculté pourrait être accordée, si elle était motivée par des circonstances telles, que la vente fût plus évidemment avantageuse. C'est l'opinion de Thomine et de Dalloz, v° *Vente publique de meubles*, n° 74. — Nous renvoyons, du reste, pour les formes à suivre dans ce cas, aux remarques que nous faisons ci-après sur l'article 82, n° 3, en Note.

10. Dans tous les cas, la vente doit être annoncée un jour aupa-

ravant, par quatre placards au moins, affichés, l'un au lieu où sont les effets, l'autre à la porte de la maison commune, le troisième au marché du lieu et, s'il n'y en a pas, au marché voisin, le quatrième à la porte de l'auditoire de la justice de paix; et si la vente se fait dans un lieu autre que le marché ou le lieu où sont les effets, un cinquième placard sera apposé au lieu où se fera la vente. La vente sera, en outre, annoncée par la voie des journaux dans les villes où il y en a. (Art. 617 du Code de pr. civ.) — Ces placards indiqueront les lieu, jour et heure de la vente, et la nature des objets, sans détail particulier. (Art. 618.)

Le droit de rédiger les placards appartient à l'officier public chargé de la vente. Ainsi, les commissaires-priseurs, seuls investis du droit de procéder aux ventes publiques de meubles dans le chef-lieu de leur établissement, ont seuls aussi, à l'exclusion des huissiers et des porteurs de contraintes, le droit de rédiger et de préparer les placards destinés à les annoncer. Il ne reste en pareil cas, au porteur de contraintes, que le droit de procéder à l'apposition prescrite par l'article 619 du Code de procédure. Cette solution résulte d'un arrêt de la Cour de cassation du 23 juin 1852. (Voir ci-dessous, n° 11.)

Nous avons vu, au *Commentaire* sur l'article 66, n° 21, que la vente pouvait être indiquée à la huitaine dans le procès-verbal, sans que l'autorisation du sous-préfet ait été préalablement obtenue, ou sauf à l'obtenir dans l'intervalle ; mais les affiches annonçant la vente ne sauraient être apposées avant que l'autorisation de vendre n'ait été définitivement obtenue. (Lettre adressée à un porteur de contraintes, le 16 novembre 1837, par M. le directeur de la comptabilité générale des finances.) La raison en est que l'apposition des placards est un commencement d'exécution de la vente.

11. Le porteur de contraintes doit, autant que possible, afficher lui-même les placards, afin d'être bien certain que cette formalité a été accomplie. Cependant il n'y aurait pas irrégularité à ce qu'il se servît d'un afficheur, lors même, dit Chauveau, que les affiches seraient manuscrites.

12. L'apposition est constatée par un exploit auquel est annexé un exemplaire du placard (art. 619). — Le porteur de contraintes attestera par cet acte que l'apposition a été faite aux lieux désignés par la loi, sans les détailler (Voir, au *Formulaire*, le Modèle n° 26). — Il n'est pas donné copie de cet exploit. (Bioche.)

13. La vente est, en outre, annoncée par la voie des journaux dans les villes où il y en a (art. 617). — Il en est justifié par la

feuille même du journal contenant l'annonce, avec la signature de l'imprimeur, légalisée par le maire. (Argument de l'art. 683 du Code proc. civ.)

Les frais d'insertion dans les journaux, au cas dont nous parlons, sont alloués, comme tous autres frais de poursuites, sur le vu des déboursés. (Lettre du Ministre des finances au receveur général de Vaucluse, 22 mars 1836.)

14. L'inobservation des formalités prescrites par les articles 617, 618 et 619 du Code de procédure civile n'entraînerait pas la nullité de la vente, mais elle pourrait exposer le porteur de contraintes à des dommages-intérêts envers les parties. (Chauveau, Demiau, Pigeau, Biret, Thomine.)

15. La vaisselle d'argent, les bagues et et les joyaux de la valeur de 300 fr. au moins ne peuvent être vendus qu'après trois expositions, soit au marché, soit dans l'endroit où sont lesdits effets. (Code pr. civ., art. 621.) Par joyaux il faut entendre, d'après l'opinion des auteurs, tout ce qui sert à la parure des femmes. — Les contestations sur ce point sont vidées en référé. (Bioche.)

16. En disposant que lesdits objets ne pourront être vendus au-dessous de l'estimation qui en aura été faite par les gens de l'art, l'article 621 n'indique pas les formalités à suivre pour cette estimation. M. Pigeau pense qu'elle doit être faite par un expert choisi par le saisissant et l'officier chargé de la vente; il n'est pas besoin que cet expert prête serment; son estimation est écrite sur le procès-verbal d'exposition, qu'il signe. Les frais d'estimation, s'il y en a, seront alloués sur les quittances de l'expert qui aura procédé à l'opération.

17. L'exposition prescrite par l'article 621 doit avoir lieu pendant trois jours de marchés différents. La première exposition se fait huit jours après la signification de la saisie, et la troisième peut être faite le jour de la vente. (Carré, Berriat, Chauveau, Pigeau.)

18. Des formalités particulières sont prescrites par le Code de procédure civile pour la vente des bacs, bateaux, moulins et autres édifices mobiles assis sur bateaux. Nous en avons parlé au *Commentaire* sur l'article 80, n° 2.

19. Le porteur de contraintes doit être assisté de deux témoins sachant signer, et domiciliés dans la commune où se fait la vente, il pourrait être accompagné d'un crieur.

20. L'adjudication est faite au plus offrant (art. 624), sauf la vaisselle d'argent, qui ne peut, comme nous l'avons dit au n° 16 ci-dessus, être vendue au-dessous de sa valeur réelle, et les bagues et joyaux au-dessous de l'estimation.

21. Si le porteur de contraintes ne pouvait pas vendre tous les

effets dans le jour indiqué, il renverrait la vente au plus prochain jour de marché ; il n'aurait pas le droit de la continuer au lendemain, si ce lendemain n'était pas un jour de marché (Carré) ou un dimanche.

22. Il en serait de même si la vente n'avait pas eu lieu faute d'enchérisseur, le porteur de contraintes devrait, après avoir fait mention de cette circonstance dans le procès-verbal, renvoyer la vente, soit au dimanche suivant, soit au plus prochain jour de marché. Que si, enfin, cette nouvelle tentative demeurait encore sans résultat, il dresserait un procès-verbal de carence.

Ce cas ne saurait être très fréquent. Cependant il peut arriver que les objets saisis chez des contribuables pauvres soient dans un état de vétusté ou de détérioration tel, qu'il ne se trouve pas d'acquéreurs. Dans ce cas, renvoyer la vente à un autre jour et faire une nouvelle tentative d'adjudication est certainement ce qu'il y a de plus sage. Mais si cette seconde tentative reste encore sans résultat, et que les objets saisis ne puissent se vendre, le percepteur ne peut demeurer indéfiniment dans cette situation, et il faut, dans l'intérêt de sa responsabilité, qu'il prouve que le défaut de recouvrement qui provient de l'impossibilité de réaliser la valeur du mobilier du redevable ne saurait lui être imputé. A cet effet, il devra faire constater par le porteur de contraintes ou le commissaire-priseur chargé de procéder à la vente, dans son procès-verbal, qu'après deux tentatives d'adjudication, aucun acquéreur ne s'étant présenté, il n'était pas à espérer qu'une autre tentative eût plus de succès, et qu'en conséquence il convenait, pour éviter les frais de nouvelles affiches, de reconnaître purement et simplement qu'il y avait carence. En fait, l'insolvabilité du redevable est suffisamment démontrée, du moment que les meubles qui forment son seul avoir ne peuvent être réalisés en argent. Le procès-verbal de vente, devenu ainsi un procès-verbal de carence, serait envoyé aux préfets, suivant la marche tracée par les articles 78 et 78 bis du Règlement, afin que ce magistrat pût en allouer les frais en non-valeurs, comme la cote elle-même.

Resterait encore la question de savoir ce qu'il faudrait faire des meubles saisis. Devraient-ils être remis en la possession du contribuable ou demeurer entre les mains du gardien ? Ce dernier parti aura l'inconvénient grave de perpétuer les frais de garde, qui ne pourraient pas même s'imputer sur la valeur des objets gardés, puisque la vente n'en peut pas être réalisée, et qui augmenteraient la perte du Trésor. D'autre part, ne serait-il pas d'un dangereux exemple de les remettre au contribuable ? — Quelque fâcheuse que cette mesure puisse paraître, nous ne voyons cependant pas comment on pourrait faire autrement, si on ne se déterminait pas à maintenir le gardien ; car la loi ne confère pas au créancier, même au cas d'impossibilité de vente, le droit de disposer à son gré des meubles saisis. Au surplus, ce serait particulièrement le cas, pour le percepteur, de prendre les ordres du receveur des finances, qui se concerterait avec le sous-préfet, ou provoquerait les instructions de l'autorité supérieure.

23. Si la vente ne pouvait pas avoir lieu, parce que l'objet est complétement avarié? — Le porteur de contraintes ferait constater l'avarie, et il serait fait mention au procès-verbal de la cause qui empêche la vente, sauf recours contre le gardien, si l'avarie pouvait être imputée à sa négligence.

24. Les procès-verbaux constatant qu'une vente n'a pu être faite et chaque vacation de procès-verbaux de vente doivent être inscrits au répertoire. (Voir l'art. 39 du Règlement.)

25. Le prix des effets vendus doit être payé comptant. Faute de payement, l'effet est revendu sur-le-champ à la folle-enchère de l'adjudicataire (Code procédure civile, art. 624), sans qu'il soit besoin d'aucune autorisation (Carré, Pigeau). Si, par suite de la revente sur folle enchère, le prix était supérieur à celui de la première adjudication, l'excédant n'appartiendrait pas au premier adjudicataire ; il tomberait dans la masse du montant de la vente. Si, au contraire, la revente produisait moins que la première adjudication, le premier adjudicataire serait tenu de la différence ; mais pour contraindre ce dernier au payement de cette différence il faudrait un jugement ; le procès-verbal ne suffirait pas : cet acte n'est pas, en effet, un titre exécutoire.

26. Le porteur de contraintes ne pourrait rien recevoir au-dessus de l'enchère, à peine de concussion. (Code proc. civ., art 625.)

27. Le procès-verbal de vente contient, indépendamment de la copie de la déclaration dont nous avons parlé au n° 2 ci-dessus, 1° les nom, prénoms, qualités, demeure et élection de domicile du saisissant ; 2° les nom et demeure de la partie saisie ; 3° les nom, prénoms, demeure et immatricule du porteur de contraintes ; 4° l'énonciation de l'article du rôle et de la contrainte en vertu de laquelle la saisie se fait ; celle de la saisie elle-même ; celle des récolements et sommations au saisi, s'il en a été fait (Code proc. civ., art. 611, 612 et 614) ; celle des placards, insertions, expositions et estimations ; 5° les frais faits pour les transports des meubles au marché et pour rapporter chez le saisi ceux non vendus ; 6° la mention de la présence ou du défaut de comparution de la partie saisie (art. 623) ; 7° la mention que les adjudications ont été faites au plus offrant et dernier enchérisseur, en

deniers comptants, ou sur folle enchère, faute de payement (art. 624); 8° les noms et domiciles des adjudicaires (art. 625); 9° enfin la mention du nombre des vacations employées à la vente. (Bioche.) (Voir un Modèle de ce procès-verbal au Formulaire, n° 27.)

28. Le prix de chaque objet adjugé doit être indiqué en toutes lettres et tiré hors ligne, en chiffres, à peine d'une amende de 5 fr. par chaque article. (L. du 22 pluviôse an 7, art. 7; L. du 16 juin 1824, art. 10.)

29. Le porteur de contraintes qui aurait omis de transcrire en tête du procès-verbal de vente la déclaration faite au bureau de l'enregistrement, serait également passible d'une amende de 5 fr.

30. Le défaut de déclaration entraînerait, comme nous l'avons déjà dit, une amende de 20 fr. (Même loi.)

31. Lorsque la vente a atteint la somme nécessaire pour couvrir le montant des contributions dues en principal et frais, ainsi que le montant des oppositions qui ont pu être formées, le porteur de contraintes doit, comme le recommande notre article 81, § 3, arrêter d'office la vente : il fait ensuite transporter sans délai et mettre en la possession du saisi les effets non vendus. Il somme celui-ci de lui en fournir décharge au bas du procès-verbal de vente, et il mentionne cette réquisition, ainsi que la signature du saisi ou son refus.

32. Mais, si le contribuable, non-seulement refusait sa signature, mais ne voulait pas même recevoir ses effets, qu'y aurait-il à faire dans ce cas? — Le percepteur devrait, selon nous, après avoir pris les ordres du receveur des finances, assigner le contribuable en référé, et obtenir du président l'autorisation de consigner les effets entre les mains d'un gardien, aux frais du saisi.

33. *Vente sur saisie-brandon.* — Les règles que nous avons exposées ci-dessus pour la vente du mobilier sont, en général, applicables à la vente des fruits.

Ainsi, comme pour la saisie-exécution, la vente sur saisie-brandon est annoncée par des placards, qui sont affichés, huitaine au moins à l'avance, à la porte du saisi, à celle de la maison commune, et, s'il n'y en a pas, au marché le plus voisin et à la porte de l'auditoire de la justice de paix. (Code pr. civ., 629.)

Ces placards doivent désigner : 1° les jour, heure et lieu de la vente ; 2° les noms et demeures du saisi et du saisissant; 3° la quantité d'hectares et la nature de chaque espèce de fruits; 4° enfin, la commune où ils sont situés, sans autre désignation. (Code pr. civ., 630).(Voir, au *Formulaire*, le Modèle n° 25.)

La huitaine, dont parle l'article 620 du Code de procédure, doit être franche. (Pigeau, Delaporte, Hautefeuille, Carré.)

34. Si la vente n'a pas lieu au jour indiqué, les placards doivent être renouvelés, en observant le même délai. (Pigeau.)

L'apposition des placards est constatée, comme nous l'avons dit pour la saisie-exécution, n° 12.

35. La vente ne peut avoir lieu que lors de la maturité des fruits. — D'autre part, si des grains saisis se trouvent en état d'être coupés avant qu'on puisse remplir les formalités nécessaires pour la vente, le percepteur assigne en référé la partie saisie pour faire ordonner qu'il sera autorisé à les faire récolter et engranger en présence du saisi ou lui dûment appelé.

36. La vente est faite un jour de dimanche ou de marché (Code pr., 632), sur les lieux ou sur la place de la commune en laquelle est située la majeure partie des objets saisis, ou sur le marché du lieu, et s'il n'y en a pas, sur le marché le plus voisin. (Code pr. civ., 633.)

L'usage le plus habituel est de vendre sur les lieux : les acheteurs sont mieux à même de juger de la qualité des fruits. (Carré.)

37. Si, au jour indiqué pour la vente, il ne se trouvait pas d'acquéreurs, le percepteur pourrait présenter requête au Tribunal du lieu pour se faire autoriser, après avoir appelé le saisi, à faire faire la récolte lui-même et à la faire vendre ensuite. (Carré, Bioche.)

38. Pour les questions de timbre et d'enregistrement relatives à la vente, voir les art. 97 et 98 du Règlement.

39. On procède, au surplus, comme en matière de saisie-exécution. (Voir les n°s 8 à 11, 19 à 29, 31 et 32 ci-dessus.)

40. *Officiers publics qui ont qualité pour procéder à la vente.* — D'après le § 1er de notre article 81, les ventes de meubles saisis sont faites *par les commissaires-priseurs*, dans les villes où ils sont établis, conformément à la loi du 23 juillet 1820. Nous avons déjà parlé de ce principe dans le *Commentaire* sur l'article 34, n° 24; nous ne pouvons que nous y référer.

Mais le § 2 est conçu dans des termes qui pourraient donner lieu à une équivoque, et que par cela même nous devons signaler. « *Toutes autres ventes*, dit cet article, sont faites par les porteurs de contraintes, etc. » Le paragraphe précédent ne parlant que des *ventes de meubles* à faire par les commissaires-priseurs, on pourrait penser qu'il est d'autres espèces de ventes que les porteurs de contraintes peuvent faire à l'exclusion des commissaires-priseurs. Mais tel n'est pas, selon nous, le sens de la disposition : sa véritable signification est celle-ci : *dans les autres villes*, c'est-à-dire dans celles où il n'y a pas de commissaires-priseurs établis, les ventes sont faites par les porteurs de contraintes. Le rapprochement des deux paragraphes ne laisse aucun doute sur la justesse de cette interprétation.

41. Il s'est élevé une question qui a longtemps divisé les Cours d'appel et la Cour de cassation : c'était celle de savoir si les commissaires-priseurs et les huissiers, auxquels les porteurs de contraintes sont assimilés, avaient le droit de faire les ventes de récoltes sur pied, comme ils font les ventes de meubles. Les notaires leur ont contesté ce droit, attendu que, selon eux, les récoltes non encore coupées sont considérées comme immeubles par le Code civil (art. 520), et que les commissaires-priseurs et les huissiers n'ont qualité que pour vendre les *meubles*, tandis que *toutes les ventes immobilières* tombent dans le domaine exclusif des notaires.—Cette question n'avait d'intérêt qu'autant qu'il s'agissait de ventes ordinaires (1). Pour les ventes sur saisie-brandon, il ne pouvait y avoir de difficulté, attendu qu'il est de principe que la saisie détache les fruits et les rend meubles par cela même. C'est ce qui a été jugé par un arrêt de la Cour de cassation, en date du 28 août 1838, qui admet les huissiers à faire les ventes de récoltes dans ce cas. Les porteurs de contraintes ont le même droit.

42. Le § 3 de l'article 81 ordonne aux porteurs de contraintes comme aux commissaires-priseurs de discontinuer la vente aussitôt que son produit est suffisant pour solder le montant des contributions dues et les frais de poursuites. Cette disposition est conforme à l'article 622 du Code de procédure civile, et elle ne doit pas être appliquée dans des termes plus restreints; c'est-à-dire que, s'il existe des créanciers opposants sur le prix de la vente, le porteur de contraintes ne pourrait pas suspendre la vente dès que le produit suffit pour solder la contribution et les frais, il devrait la continuer jusqu'à ce que le montant des oppositions fût aussi couvert : c'est ce que prescrit l'article 622 précité.

43. Cette observation nous amène à nous occuper d'une circonstance qui nous a paru de nature à être signalée. Nous avons, dans le *Commentaire* sur l'article 70, parlé du cas où le porteur de contraintes, se présentant pour saisir, trouvait une saisie déjà faite. Nous avons dit qu'il devait procéder au récolement des objets saisis et faire sommation au saisissant de vendre dans la huitaine, et, à défaut, y procéder lui-même.

Mais il pourrait arriver que le précédent saisissant eût, contrairement à la loi, compris dans la saisie des effets déclarés in-

<hr>

(1) La loi du 5 juin 1851 a tranché la difficulté en consacrant, d'une manière absolue, le principe de la concurrence entre les notaires, commissaires-priseurs, huissiers et greffiers, pour les ventes publiques *volontaires* de récoltes *sur pied*.

saisissables par l'article 592 du Code de procédure civile. Dans ce cas, le porteur de contraintes devrait faire mention de cette circonstance dans le procès-verbal de récolement; et, lorsqu'il procéderait à la vente, il ferait distraction desdits objets. Mais, à cet égard, une question peut se présenter : les objets que l'article 77 du Règlement, conforme sur ce point à l'arrêté du 16 thermidor an 8, déclare insaisissables pour contributions arriérées sont aussi déclarés tels par l'article 592 du Code de procédure civile ; cependant la plupart peuvent être saisis, en vertu de l'article 593 du même Code, si la saisie a lieu pour aliments, loyers et autres créances privilégiées, énumérées audit article. (Voir le *Commentaire* sur l'article 77 du Règlement.) Dans ce cas, le porteur de contraintes qui trouve ces objets compris dans le procès-verbal de saisie, devra-t-il en faire distraction pour réduire la vente à ceux que le Règlement permet de saisir? Non, sans doute, et la raison en est simple. Lorsqu'il y a plusieurs créanciers qui prétendent droit sur le produit des effets saisis, celui qui fait procéder à la vente, que ce soit le Trésor ou d'autres, agit dans l'intérêt de tous. Il réalise, pour tous, le mobilier saisi, afin que la distribution des deniers se fasse ensuite entre les divers créanciers, suivant les droits et priviléges de chacun. C'est pour cela que, dans ce cas, le porteur de contraintes ne devrait pas arrêter la vente aussitôt que le produit est suffisant pour couvrir les contributions dues : il serait obligé d'agir conformément à l'article 622 du Code de procédure, qui veut qu'il soit procédé à la vente des effets saisis jusqu'à concurrence de la somme nécessaire pour le payement des causes de la saisie et des *oppositions* formées par les créanciers sur les deniers de la vente. D'après ce principe, le porteur de contraintes, constitué par le fait huissier pour tous les créanciers, doit poursuivre la vente jusqu'à ce qu'il y ait des deniers suffisants pour satisfaire à toutes les créances déclarées.

44. L'agent de poursuites a-t-il le droit de continuer la vente jusqu'à concurrence du montant non-seulement des contributions dues à l'époque de la saisie, mais aussi des termes échus au jour de la vente? Cette question est décidée par l'article 65 du Règlement, et elle ne peut donner lieu à aucune difficulté sérieuse de la part du saisi, surtout si l'on a eu l'attention d'insérer dans le commandement la réserve des termes à échoir. (Voir le Modèle que nous avons donné de ce commandement, au *Formulaire* n° 9.)

Au surplus, l'obligation de discontinuer la vente lorsque le montant est suffisant pour couvrir les contributions dues et les frais, ne peut jamais s'appliquer qu'approximativement. Il est impossible qu'il y ait une balance parfaite entre les deniers réalisés et la dette du contribuable, d'autant plus que les frais n'étant pas taxés encore au moment de la vente, le calcul n'en peut être extrêmement exact. Ces différences inévitables sont, du reste, prévues par le Règlement lui-même, puisque l'article 85 veut que le percepteur, qui a dû conserver entre ses mains le produit de la vente jusqu'après la taxe des frais, délivre au contribuable une reconnaissance portant obligation de lui rendre compte et de lui *restituer l'excédant, s'il y a lieu.*

ARTICLE 82.

La vente doit avoir lieu dans la commune où s'opère la saisie. Il ne peut être dérogé à cette règle que d'après l'autorisation du maire. Dans ce dernier cas, la vente s'opère au marché le plus voisin ou à celui qui est jugé le plus avantageux.

Les frais de transport des meubles et objets saisis sont réglés par le sous-préfet.

1. L'article 617 du Code civil porte : « La vente se fera au plus prochain marché public, aux jour et heure ordinaires des marchés, ou un jour de dimanche ; pourra néanmoins le Tribunal permettre de vendre les effets en un autre lieu plus avantageux. »

Cet article offre, comme on le voit, quelque différence avec celui du Règlement que nous analysons. D'après le Code de procédure, la vente doit toujours être faite *au marché le plus voisin;* ce n'est que par exception et par permission expresse de la justice qu'elle peut avoir lieu dans un autre endroit, soit dans la maison même où sont les meubles saisis, soit ailleurs. D'après le Règlement, au contraire, il semblerait que la vente doit toujours se faire dans la commune, et que la vente sur le marché le plus voisin est un cas d'exception que le maire seul peut autoriser. Faut-il en conclure que le Règlement a voulu se mettre en opposition avec les dispositions du Code? On ne peut le supposer.

La Circulaire du 10 octobre 1831 portant en termes exprès que les agents de poursuites doivent, avant tout, se conformer aux prescriptions du Code de procédure civile, sous leur responsabilité personnelle, il est évident que les dispositions du Règlement ne peuvent jamais être entendues en ce sens, qu'elles dérogeraient à celles du Code. L'Administration a pris soin de le rappeler par une Note sous l'article 82. Cela posé, l'interprétation de cet article est toute naturelle. En ordonnant que la vente des meubles saisis sera toujours dans la commune, il suppose qu'il existe un marché dans cette commune, et que la vente pourra se faire conformémennt à l'article 617 du Code de procédure civile : ce cas réunit toutes les prescriptions, tant du Code que du Règlement, puisque la vente se fait au marché et dans la commune. Il présente les conditions qui peuvent rendre la vente plus productive, savoir : publiblicité et concurrence dans un marché public, sans déplacement hors de la commune, ce qui évite les frais; enfin, l'exemple est donné dans toute la localité même et devient un avertissement salutaire pour les autres contribuables retardataires. Il n'est donc pas possible que les intérêts du Trésor et ceux des contribuables soient mieux ménagés qu'en adoptant ce mode de vente, et il eût été tout à fait inutile que le maire intervînt dans ce cas. Le Règlement n'a, en effet, soumis l'agent des poursuites à la nécessité de requérir aucune autorisation particulière.

2. Mais, quand il n'existe pas de marché dans la commune, il faut alors apprécier, d'après les circonstances, s'il y a plus d'avantage à suivre la règle générale indiquée par le Code de procédure, c'est-à-dire transporter les meubles au marché le plus voisin, ou bien, s'il vaut mieux user de l'exception prévue par l'article 617 de ce Code, et demander à la justice l'autorisation de faire la vente, soit dans la maison même du saisi, soit sur tout autre point de la commune plus avantageux. Cette appréciation ne pouvait pas être abandonnée à l'agent des poursuites seul, et le Règlement a voulu que, dans ce cas, le maire fût consulté. Suivant donc que, d'après les propositions qui lui sont faites, le maire juge que la vente sera plus profitable sur tel ou tel point, il autorise l'agent de poursuites à agir. Celui-ci alors, muni de cette autorisation préalable, se conforme aux prescriptions du Code de procédure civile. Si le maire a pensé que la vente devait être faite au marché le plus voisin, le porteur de contraintes y procède d'après la règle générale du Code (art. 617). Si, au contraire, ce fonctionnaire a indiqué, soit la maison du saisi, soit tel ou tel endroit autre que le marché voisin, le percepteur se pourvoit devant le Tribunal civil de l'arrondissement, par simple requête, pour obtenir la permission de procéder à la vente sur le point indiqué.

Telle est la marche qui nous semble la seule légale, et qui concilie les dispositions du Code de procédure civile et celles du Règlement.

Nous la trouvons, d'ailleurs, implicitement confirmée par une lettre du Ministre des finances au préfet des Bouches-du-Rhône, en date du 29 mars 1834, dans laquelle ce Ministre reconnaît formellement que, nonobstant l'article 82 du Règlement, c'est au Tribunal civil qu'il appartient de désigner en définitive le lieu de la vente, dans le cas et en exécution de l'article 617 du Code de procédure civile.

On conçoit ici la nécessité de la double intervention du maire et du juge civil, quand il s'agit de s'écarter de la règle générale indiquée par le Code de procédure civile. Il y a, en effet, à stipuler dans un double intérêt : celui de l'Administration et celui du contribuable. Si on laissait au maire seul, qui représente l'Administration, le droit de désigner un lieu de vente autre que celui que la loi indique, le contribuable n'aurait pas une garantie suffisante, et il pourrait prétendre que l'Administration est ainsi juge dans sa propre cause.

L'intervention du Tribunal civil (1), assez naturelle, d'ailleurs, puisqu'il s'agit d'une question qui touche à la propriété et qui se rattache à un acte de poursuite postérieur au commandement, garantit tous les droits à la fois. Si le lieu de vente proposé avec l'autorisation du maire, dans l'intérêt du Trésor, paraît favorable aussi à celui du contribuable, il n'y a aucune raison pour que le juge refuse la permission, conformément au Code de procédure civile.

3. Il est inutile de faire remarquer que les rapports du percepteur et du maire, pour l'autorisation dont il s'agit dans l'article 82 du Règlement, doivent toujours avoir lieu par écrit, afin que le comptable puisse justifier par un acte officiel qu'il a requis et obtenu l'autorisation nécessaire pour suivre un mode de vente qui occasionne un surcroît de frais pour le contribuable, puisque,

---

(1) Il faut bien remarquer qu'aux termes de l'article 617, c'est le *Tribunal*, et non point le président seul, qui doit autoriser la vente dans un lieu autre que ceux indiqués par ledit article. (Pigeau et Carré.) Cependant quelques auteurs ont émis une opinion contraire, et notamment Hautefeuille, Dalloz : ce dernier fait remarquer que, dans la pratique, le changement de lieu s'obtient fréquemment en *référé*. Nous pensons néanmoins que l'agent de poursuites agira prudemment en adressant au Tribunal, conformément, d'ailleurs, à la lettre de l'article 617, et non au président seul, une requête tendant à obtenir l'autorisation dont il s'agit. (Voir, au *Formulaire*, Modèle n° 23). — Il n'est point nécessaire que le saisi soit appelé pour voir rendre l'ordonnance d'autorisation. Mais cette ordonnance lui sera signifiée, afin qu'il soit présent, si bon lui semble, à la vente au lieu indiqué. — Dans le cas où la permission de vendre ailleurs qu'au plus prochain marché sera accordée, les effets saisis y seront transportés, et les frais seront remboursés sur les quittances des voituriers ou gens de peine employés au transport, à moins que ceux-ci ne sachent pas écrire, auquel cas l'Administration passerait sans doute ces frais en taxe sur la simple déclaration du percepteur, à moins qu'ils ne parussent exagérés, auquel cas le sous-préfet, en arrêtant la taxe, pourrait les réduire.

dans le premier cas, lorsque la vente doit être faite au marché le plus voisin, hors de la commune, il y a quelques frais de transport; dans le second cas, lorsque la vente doit être faite, soit dans la commune, soit ailleurs, mais autre part qu'au marché voisin, il y a les frais de la requête à présenter au Tribunal civil et de la notification à faire à la partie saisie. Or, le percepteur s'exposerait à voir ces frais rejetés de la taxe, s'il ne justifiait pas qu'il a été autorisé à les faire conformément à l'article 82 du Réglement et à l'article 617 du Code de procédure.

4. Au surplus, il nous semble que la plupart du temps, et à part les cas imprévus et extraordinaires, les maires jugeront qu'il est plus avantageux d'autoriser le percepteur à faire vendre au marché le plus voisin, conformément au Code de procédure civile, lorsqu'il n'en existe pas dans la commune.

ARTICLE 83.

Il est défendu aux porteurs de contraintes et percepteurs de s'adjuger ou faire adjuger aucun des objets vendus en conséquence des poursuites faites ou dirigées par eux, sous peine de destitution.

1. L'intention de cette disposition est évidente : il ne faut pas que les agents de recouvrement ou des poursuites puissent jamais, en aucun cas, être soupçonnés d'avoir eu intérêt à la vente des meubles du contribuable ou d'en avoir profité de quelque manière que ce soit. Les percepteurs et les porteurs de contraintes doivent donc observer très scrupuleusement cette prohibition : il ne conviendrait pas qu'ils cherchassent à l'éluder en faisant acheter les meubles qu'ils désireraient par des tierces personnes, afin de les racheter ensuite secrètement. Si une pareille manœuvre était découverte et prouvée, l'Administration ne se montrerait sans doute pas moins sévère que si l'achat avait eu lieu directement, et elle n'hésiterait pas à appliquer la peine prononcée par l'article que nous analysons.

2. La disposition de notre article 83 est conforme, au surplus, au droit commun. D'après l'article 1596 du Code civil, on déclarerait nulle une adjudication tranchée au profit de l'officier public qui est chargé lui-même d'y procéder. De plus, les auteurs pensent que ledit officier pourrait être passible, suivant les circonstances, de dommages-intérêts, de suspension et même de révoca-

tion de ses fonctions. (Merlin, Carré, Delaporte.) La récidive entraîne toujours la destitution. (Dalloz, voir *Ventes publiques de meubles*, n° 102.)

ARTICLE 84.

Le percepteur doit être présent à la vente ou s'y faire représenter pour en recevoir les deniers. Il est responsable desdits deniers.

1. Cet article ne peut guère faire naître de difficultés lorsque le Trésor est le seul créancier intéressé dans la poursuite, et qu'aucun autre n'élève de prétentions sur le produit de la vente. Alors, il n'y a pas d'inconvénient à ce que le percepteur reçoive, sans autre formalité, des mains du commissaire-priseur ou du porteur de contraintes, le montant des sommes provenant des meubles vendus sur le contribuable, sauf à en compter avec le contribuable, conformément à l'article 85 du Réglement. Mais, lorsque des tiers créanciers s'opposent à la délivrance des deniers, comment doit agir le porteur de contraintes? Doit-il, comme il est indiqué dans l'article 657 du Code de Procédure civile, consigner les sommes à la Caisse des dépôts et consignations? — Nous pensons qu'il faut distinguer : ou les fonds provenant de la vente sont affectés au privilége du Trésor, conformément à la loi du 12 novembre 1808, suivant que la poursuite a lieu pour telle ou telle nature de contributions; comme, par exemple, s'il s'agit de la contribution mobilière pour l'année échue et l'année courante, et que les deniers proviennent d'effets mobiliers; dans ce cas, le percepteur a droit d'exiger le versement immédiat à sa caisse des sommes dues au Trésor, en exécution de l'article 2 de la loi précitée du 12 novembre 1808, et le porteur de contraintes, non plus que les commissaires-priseurs, ne pourraient se refuser à cette délivrance. (Voir le *Commentaire* sur l'art. 14, n°s 5 et 6). La loi du 18 août 1791 impose, même à ces agents, l'obligation de ne se dessaisir des fonds qu'après qu'ils se sont assurés que la contribution est payée (1).

_____

(1) Un arrêt de la Cour de Limoges, du 29 décembre 1812, semble n'obliger l'officier public qui a fait la vente, à payer la contribution sur le produit qu'autant qu'il est mis légalement en demeure par le percepteur; mais cette opinion est directement contraire au texte de la loi du 18 août 1791, et elle est combattue par un jugement du Tribunal de première instance de la Seine, en date du 24 mai 1828. (Voir la discussion à laquelle nous nous livrons sur ce point, au *Commentaire* sur l'art. 14, n°s 29 et 35.)

2. Il en est autrement dans le cas où le percepteur n'a pas privilége, lorsqu'il s'agit, par exemple, des deniers provenant de la vente des meubles d'un contribuable, et que la poursuite a lieu pour une cote foncière. Dans ce cas, le Trésor ne venant que par concurrence avec les autres créanciers, le porteur de contraintes ou le commissaire-priseur qui a fait la vente, ne peut que se conformer aux dispositions de l'article 656 et suivants du Code de procédure civile, et consigner les deniers qu'il a reçus. Le percepteur doit alors faire valoir ses droits, et faire ses diligences pour être colloqué en ordre utile sur le prix de la vente.

3. Au surplus, nous devons ajouter que les agents qui ont perçu le prix de la vente en sont responsables personnellement, et que cette responsabilité dure trente ans. (Thomine, jugement du Tribunal de Caen, 5 mars 1825.)

4. La disposition de notre article 84, qui oblige le percepteur à assister à la vente est-elle impérative à ce point que la contravention entraînerait la nullité de la vente? — Nous avons eu autrefois l'occasion de traiter cette question d'une manière assez détaillée. Nous reproduirons ici dans son entier cette discussion, insérée en 1835 dans une publication périodique, et qui renferme des observations générales que nous croyons de quelque utilité :

« Un percepteur a fait procéder à la vente des meubles d'un contribuable. Il n'a pas assisté à cette vente, et il en a laissé toucher le produit par le porteur de contraintes qui, au surplus, l'a ensuite versé entre les mains du comptable. Le contribuable conteste la validité de la vente, en se fondant : 1° sur l'article 84 du Règlement, qui porte que « le percepteur doit être » *présent* à la vente ou s'y faire représenter pour en recevoir les deniers. Il est responsable desdits deniers; » 2° sur l'article 38, qui porte que « les porteurs de contraintes ne peuvent, *dans aucun cas*, ni sous *aucun prétexte, recevoir aucune somme* des percepteurs ni des contribuables pour leur salaire ou *pour les contributions*, sous peine de destitution. » D'où le contribuable conclut que, dans l'espèce, le percepteur, en se faisant représenter par le porteur de contraintes, et celui-ci en recevant le produit d'une vente affectée au payement des contributions, ont l'un et l'autre contrevenu aux dispositions du Règlement sur les poursuites. Cette prétention est-elle fondée, et la vente pourrait-elle être annulée sur ce chef? — Avant d'entrer dans l'examen, au fond, de cette question, nous croyons devoir préalablement nous appliquer à détruire une erreur dans laquelle est tombé ici le contribuable qui attaque la validité de la vente. Cette observation préliminaire est fort importante, et elle trouvera son application dans la plupart des contestations qui s'élèvent entre les percepteurs et les contribuables au sujet des poursuites exercées contre ces derniers pour le recouvrement de leurs contributions.

Parmi les dispositions du Règlement sur les poursuites, arrêté par l'Administration, il en est qui ont pour but de rappeler et de consacrer les droits qui appartiennent aux redevables et les garanties qui leur sont assurées, soit aux termes des lois générales de procédure, soit aux termes de la législation spéciale des contributions directes; il en est d'autres qui ont pour but unique de tracer aux agents de la perception des règles qui n'intéressent que le Trésor lui-même, et dont l'Administration seule a par conséquent le droit d'exiger la rigoureuse observation de la part de ses subordonnés. Les infractions à ces dernières règles compromettent plus ou moins l'agent inférieur auprès de l'autorité supérieure, et lui imposent une responsabilité dont les effets sont plus ou moins étendus; mais, comme elles ne touchent en rien aux intérêts des contribuables, ni aux droits qu'ils tiennent de la loi, ceux-ci ne sauraient s'en prévaloir pour faire annuler les actes, d'ailleurs réguliers, pratiqués contre eux pour le recouvrement des sommes dues à l'Etat.

Ainsi, dans l'espèce, si l'article 84 du Règlement a prescrit aux percepteurs d'assister à la vente des meubles saisis à leur requête pour contributions et d'en recevoir le produit, on comprend bien que le Trésor ait pu juger cette mesure utile à ses intérêts et à l'ordre de sa comptabilité; mais nous ne voyons pas en vertu de quel principe de droit ou par quel motif d'intérêt le contribuable réclamerait l'exécution d'une semblable disposition et pourrait légitimement se plaindre de ce qu'elle aurait été négligée. De ce que la vente de ses meubles aura été faite hors de la présence du percepteur, et que le produit en aura été touché, soit par le commissaire-priseur, soit par le porteur de contraintes, le contribuable en éprouvera-t-il quelque dommage? Non, sans doute; il en sera de même que si la poursuite avait eu lieu à la requête d'un créancier ordinaire; le produit de la vente aurait été encaissé par le commissaire-priseur ou par l'huissier, qui aurait payé le créancier saisissant suivant ses droits, de même que le porteur de contraintes a versé ce produit au percepteur pour le payement de la contribution due au Trésor. Quelle plainte pourrait élever le contribuable, puisqu'il est libéré jusqu'à due concurrence du montant de la vente constaté au procès-verbal, et qu'en définitive le percepteur, en supposant même que le porteur de contraintes n'eût pas exactement fait le versement du prix de la vente, n'en est pas moins responsable que s'il l'avait lui-même reçu au moment des enchères ?

Sous ce rapport, la prétention du contribuable de faire annuler la vente serait donc complétement inadmissible. La vente étant d'ailleurs régulière et conforme au Code de procédure civile, est certainement inattaquable sur ce chef, qui est réellement étranger au contribuable, et qui n'intéresse particulièrement que le Trésor vis-à-vis de ses agents.

Le contribuable mis ainsi hors de cause, examinons maintenant la question en elle-même et sous son véritable point de vue. L'article 84 du Règlement sur les poursuites, qui oblige le percepteur d'être présent à la vente pour en recevoir le produit, doit-il nécessairement s'interpréter par la disposition de l'article 38, qui interdit aux porteurs de contraintes de recevoir, dans aucun cas, aucune somme des contribuables pour le montant des contributions dues? — Nous ne le pensons pas. Sans doute, l'Administration a voulu qu'en général les percepteurs fussent présents aux ventes faites sur les contribuables, et il y a, en effet, plus d'un motif qui explique et justifie cette mesure. Ainsi, comme ces comptables sont chargés de diriger les porteurs de contraintes, ces agents peuvent avoir besoin, dans le cours même de la vente, de recourir à eux pour les divers incidents qui viendraient à se présenter; si, par exemple, le contribuable saisi offrait de se libérer, si un tiers faisait signifier une revendication de meubles, ou si une opposition quelconque était formée ; enfin, dans les cas ordinaires, pour bien déterminer la somme à laquelle il convient de suspendre la vente, le montant des deniers déjà réalisés devant suffire à couvrir l'impôt et les frais. Dans toutes ces circonstances, il est évident que la présence du percepteur ne peut être que fort utile, et en ce qui concerne l'encaissement même des deniers, on ne peut méconnaître l'intérêt qu'a le Trésor à ce que l'agent commissionné pour la perception soit immédiatement mis en possession des sommes qui reviennent à l'Etat. En effet, tout le monde sait que tant que les deniers de la vente n'ont pas été distribués, les créanciers peuvent les frapper d'opposition entre les mains du commissaire-priseur ou de l'huissier. Or, c'est ce qui pourrait arriver au percepteur s'il ne se hâtait pas de se faire remettre les fonds provenant de la vente, et il en résulterait des embarras qui, s'ils ne comprommettaient pas le privilège du Trésor, occasionneraient du moins des retards préjudiciables au recouvrement.

Ces considérations suffisent bien, comme on le voit, à expliquer les dispositions de l'article 84 du Règlement, sans qu'il soit nécessaire d'en chercher la raison dans l'article 33, qui interdit aux porteurs de contraintes de recevoir des contribuables le montant de l'impôt. Ce rapprochement manquerait d'ailleurs d'une exactitude rigoureuse. Il y a une distinction essentielle à faire dans les fonctions du porteur de contraintes, lorsqu'il se présente au domicile des contribuables pour signifier des actes de poursuites, et lorsqu'il procède à une vente publique de meubles saisis. Il n'est, dans le premier cas, qu'un agent d'exécution, sans autre pouvoir que celui de donner un caractère authentique aux actes qu'il notifie. Or, ce serait lui attribuer en outre les fonctions des percepteurs, réservées spécialement par la loi à des fonctionnaires particulièrement délégués, que de leur laisser le droit de recevoir le montant des cotes pour lesquelles ils exploitent. Dans le second cas au contraire, ils remplissent véritablement les fonctions de commissaires-priseurs, et, à ce titre, on pourrait soutenir que, comme eux, ils sont, au moment de la vente, dépositaires nécessaires des sommes qui en proviennent. Il n'y aurait donc rien de précisément irrégulier et de contraire aux principes à ce que le porteur de contraintes, comme le ferait incontestablement le commissaire-priseur, si la vente s'était faite par son intermédiaire, demeurât chargé, dans le cas où le percepteur n'aurait pu assister à la vente, d'aller lui en verser les deniers. Mais ce ne pourrait être là qu'une exception. Un percepteur qui aurait l'habitude de ne point assister aux ventes serait certainement blâmé par l'autorité supérieure.

Le droit de s'y faire représenter, qui lui est acquis, aux termes de l'article 84 du Règlement, lorsqu'il s'agit de l'exercer comme usage habituel, ne doit s'entendre que d'un fondé de pouvoirs régulièrement agréé par l'Administration. Dans tous les cas, au surplus, le percepteur ne saurait se dissimuler qu'il demeure responsable du produit de la vente, conformément à la disposition finale de l'article 84 précité, et qu'il serait tenu de le rétablir à sa caisse de ses deniers personnels, si le fondé de pouvoirs ou le porteur de contraintes n'en comptait pas fidèlement.

ARTICLE 85.

Immédiatement après avoir reçu le produit de la vente, le percepteur émarge les rôles, jusqu'à concurrence des sommes dues par le saisi, et lui en délivre quittance à souche.

Il conserve en ses mains le surplus du produit de la vente jusqu'après la taxe des frais, et délivre au contribuable une reconnaissance (1) portant obligation de lui en rendre compte et de lui restituer l'excédant s'il y a lieu. Ce compte est rendu à la réception de l'état des frais, régulièrement taxés, inscrit à la suite du procès-verbal de vente et signé contradictoirement par le contribuable et le percepteur (2).

1. Cet article ne prévoit que le cas où le montant de la vente est supérieur à la somme des contributions dues par le saisi ; mais l'hypothèse contraire ne peut présenter aucune difficulté. Si le produit des meubles vendus ne suffisait pas pour solder la cote, le percepteur ne pouvant donner quittance que des deniers qu'il reçoit, n'émargerait que jusqu'à due concurrence de la somme reçue, et le contribuable continuerait à figurer sur le rôle comme débiteur du surplus, de sorte que le percepteur aurait à recommencer ultérieurement des poursuites contre lui, s'il redevenait solvable.

2. Le paragraphe premier prescrit au percepteur de délivrer au contribuable une quittance à souche des sommes émargées au rôle, en son nom, sur le produit de la vente. Mais comment cette disposition doit-elle être exécutée, si le contribuable ne se présente pas pour retirer sa quittance ? Le percepteur peut-il être tenu d'aller lui-même la remettre ou de la faire porter au domicile du débiteur ? Nous ne le pensons pas, et rien, en effet, dans le Règlement ne paraît l'y obliger. D'un autre côté, cependant, si le contribuable saisi n'était pas averti, après la vente, de venir retirer le titre de sa libération, il pourrait se faire qu'il négligeât ou dédaignât de s'occuper des suites d'une vente qu'il ne croirait pas avoir présenté d'excédant en sa faveur. De là, il pourrait naître quelques abus qu'il est du devoir de l'Administration de prévenir, et le percepteur lui-même doit désirer, pour mettre sa responsabilité entièrement à couvert, de liquider sa situation envers le

---

(1) Les règlements exigent aujourd'hui qu'il soit délivré au contribuable une quittance détachée du journal à souche. (Note de la dernière édition du Règlement.)

(2) En attendant, le reliquat est porté au compte des excédants de versements dont il est question à l'article 1487 de l'Instruction générale du 20 juin 1859.

S'il a été formé des oppositions régulières, la somme excédant ce qui était dû au Trésor et les frais taxés est remise, sur le consentement écrit du saisi, aux créanciers opposants. En cas de contestation, cet excédant, après avoir été constaté au compte des excédants de versements, est versé à la Caisse des dépôts et consignations. (Note de la dernière édition du Règlement.)

redevable. Il semble donc qu'un percepteur exact et prudent devrait, si le contribuable ne se présentait pas de lui-même, un ou deux jours après la vente, prendre la peine de lui écrire pour lui faire connaître que le produit de la vente s'est élevé à la somme de.....; que le montant des contributions dues étant de...., il a fait l'émargement au rôle jusqu'à due concurrence, de sorte que le contribuable est et demeure libéré sous ce rapport, et qu'il est invité à venir retirer sa quittance; que, quant aux frais, liquidation en va être faite, et qu'alors il lui sera tenu compte, s'il y a lieu, de l'excédant des sommes provenant de la vente. (Voir au *Formulaire*, le Modèle n° 28.)

3. Cette précaution nous semble d'autant plus nécessaire que, si, après la taxe des frais, le contribuable, dédaignant la modicité de la somme qui lui revient, refusait de se présenter pour la retirer, le percepteur ne pourrait pas conserver indéfiniment ce reliquat dans sa caisse, quelque faible qu'il fût : or, pour être en droit de demander sur ce point des instructions au receveur des finances, il faudrait bien qu'il pût justifier qu'il a mis le contribuable en demeure de recevoir son compte et d'en toucher le reliquat.

4. Quant à l'emploi de ce reliquat lui-même, au cas où le contribuable négligerait ou refuserait de le toucher, nous pensons que le plus convenable, le plus conforme aux règles serait d'en prescrire le versement à la Caisse des dépôts et consignations, conformément à l'article 1257 du Code civil.

5. D'après le § 2 de notre article 85, le compte que doit rendre le percepteur au contribuable, du produit de la vente, après la réception de l'état de frais régulièrement taxés, doit être inscrit à la suite du procès-verbal même de vente et signé contradictoirement par le contribuable et le percepteur. Cette disposition exige quelques explications.

6. Les états de frais, après la taxe qui doit en être faite par le sous-préfet, conformément à l'article 103 du Règlement, parviennent au percepteur par l'intermédiaire du receveur particulier des finances, en exécution de l'article 109. (Voir cet article.)

7. L'inscription du compte à la suite du procès-verbal de vente ne constitue-t-elle pas une contravention à la disposition de l'article 23 de la loi du 13 brumaire an 7, qui défend de faire deux actes à la suite l'un de l'autre sur la même feuille de papier timbré? — Cette question nous semble résolue négativement par l'avis du Conseil d'Etat du 7 octobre 1809, approuvé le 21 du même mois. Cet acte porte :

« Le Conseil d'Etat, etc., — Considérant que l'article 23 de la loi du 13 brumaire an 7 porte formellement que les quittances de

prix de vente peuvent être mises à la suite de l'acte qui y a rapport; — Que cette forme offre un avantage pour les officiers publics et leurs ayants-cause, en ce qu'une décharge ainsi donnée
n'est pas susceptible de s'égarer; — Est d'avis que les quittances
et décharges de prix de ventes mobilières faites par les notaires,
greffiers, commissaires-priseurs ou huissiers, peuvent être mises à
la suite ou en marge des procès-verbaux de vente. »

Ainsi, la disposition de notre article 85 est parfaitement régulière sous ce rapport.

8. Si le contribuable ne savait pas signer, que devrait faire le
percepteur? — A la rigueur, il pourrait exiger un acte notarié;
car il s'agit, au fond, d'un arrêté de compte, opération d'où résultent des obligations synallagmatiques entre les parties; cependant, si l'on veut bien voir la réalité des choses, on reconnaîtra
que ce qui importe ici, en définitive, c'est particulièrement le payement du solde de ce compte et la quittance que le contribuable
doit en donner. Réduite à ces termes, l'opération nous paraîtrait
alors pouvoir être régie par l'article 1005 de l'Instruction générale
da ministère des finances, en date du 20 juin 1859, c'est-à-dire
qu'il y aurait lieu de distinguer suivant la quotité de la somme
formant le boni à restituer au redevable. Si cette somme n'excédait pas celle dc 150 francs, le percepteur pourrait en effectuer le
payement eu présence de deux témoins qui signeraient avec lui, au
bas du compte, la déclaration du contribuable qu'il ne sait ou ne
peut signer. Cette marche garantirait suffisamment sa responsabilité, puisque aux termes de l'article 1431 du Code civil, la preuve
du payement peut se faire par témoins, lorsqu'il s'agit d'une
valeur qui n'excède pas 150 francs. — Mais si la somme dépassait
ce chiffre; il faudrait nécessairement un acte notarié, aux frais du
contribuable. (Art. 1005 de l'Instruction précitée.)

9. Si le contribuable saisi se libérait avant la vente, le percepteur pourrait-il, par analogie avec ce qui se pratique pour le cas
où la vente a eu lieu, exiger que celui-ci lui consignât le montant
des frais non encore taxés? — Consulté sur cette question, le directeur de la Comptabilité générale a répondu que, si l'article 85
autorise les percepteurs à retenir, sur le produit de la vente, les
contributions dues et les frais, c'est là une mesure exceptionnelle,
fondée sur la nécessité de ne pas laisser échapper le gage du
Trésor. Mais, quand le contribuable se libère avant la vente, la
sûreté du Trésor n'exige pas les mêmes précautions, et il n'y a
pas lieu de les employer. (Lettre au receveur général du Rhône,
en date du 7 décembre 1832.)

ARTICLE 86

En cas de contestations sur la légalité de la vente et d'opposition sur les fonds en provenant, le percepteur procède, ainsi qu'il est prescrit à l'article 69 du présent Règlement.

1. L'article 69 du Règlement s'est occupé de pourvoir au cas où des contestations viendraient à s'élever dans le cours de la saisie. (Voir le *Commentaire* sur cet article.) Notre article 86 semble avoir eu une intention semblable en ce qui concerne les difficultés auxquelles la vente pourrait donner lieu. Mais, dans ce dernier cas, le Règlement ne renvoie pas, comme dans le premier, les parties à se pourvoir devant le sous-préfet : il indique au percepteur de procéder conformément à ce qui est prescrit par l'article 69.

2. Il ne faudrait cependant pas adopter cette règle d'une manière absolue; le mode de procédure de l'article 69 ne saurait, en effet, être appliqué dans tous les cas.

On sait que cet article veut qu'avant d'être portées devant les Tribunaux civils, les contestations soient préalablement communiquées par les parties au préfet, comme une sorte de tentative de conciliation. Mais il faut remarquer que ce préalable, d'après les termes mêmes de l'article précité et particulièrement de ceux de la loi du 12 novembre 1808 à laquelle il est emprunté, n'a été établi spécialement que pour les demandes en revendication de meubles saisis. Sans doute cette communication, qui tend à faire examiner par le préfet, dans l'intérêt du Trésor, s'il convient de céder aux prétentions du réclamant ou de laisser le percepteur suivre l'action, est si sage et si favorable aux contribuables comme à l'Administration, qu'on pourrait être naturellement tenté de l'appliquer à tous les cas où il s'agit de porter devant les Tribunaux civils une difficulté relative au recouvrement de l'impôt et aux poursuites qu'il entraîne ; car les motifs de réclamer l'intervention préalable du préfet, comme appréciateur officieux du droit de l'Etat, paraissent les mêmes, quel que soit le fond de la contestation.

Mais ces considérations ne sauraient suffire. On ne pourrait, par une simple induction tirée d'une analogie plus ou moins exacte, exiger, pour un cas qui n'est pas spécialement déterminé par la loi, une formalité de procédure qui augmente les délais et retarde le jugement définitif. C'est ce qui a été formellement décidé par un arrêt de la Cour royale d'Aix du 20 mars 1838 (Voir dans la

2ᵉ Partie, *Jurisprudence*, page 144), qui repousse l'application absolue et générale de la loi du 5 novembre 1790 et la restreint au cas prévu par l'article 4 de la loi du 12 novembre 1808, à celui d'une revendication de meubles saisis (1).

Il reste donc bien établi, d'après cet arrêt dont le principe a été d'ailleurs adopté par le Ministre des finances dans une lettre écrite au préfet des Bouches-du-Rhône, le 16 juin 1838, que dans le cas de notre article 86, c'est-à-dire de contestation sur la validité de la vente, le percepteur n'aurait à procéder, comme le prescrit l'article 69 du Réglement, qu'autant qu'il s'agirait de difficultés relatives à la vente d'objets, soit revendiqués, soit indûment saisis, lorsque la loi les déclarait insaisissables.

3. Quant aux autres difficultés relatives aux formalités de la vente, et dont nous avons eu occasion d'en indiquer quelques-unes dans le *Commentaire* sur l'article 81 du Règlement, elles seraient portées, suivant les cas et d'après les règles exposées dans le *Commentaire* sur l'article 19, soit devant le Conseil de préfecture, soit devant les Tribunaux.

4. En ce qui concerne les oppositions que formeraient des tiers créanciers sur les deniers provenant de la vente. nous avons indiqué, dans le *Commentaire* sur l'article 67, nᵒˢ 3 et 9, la marche que devrait suivre le porteur de contraintes.

Nous nous bornerons à observer ici que les contestations sur la distribution du produit de la vente devront être assez rares à l'égard du percepteur. Le Trésor étant, dans la plupart des cas, privilégié, les oppositions que formeraient des tiers seraient en général sans résultat. En tout état de cause, et lors même que la contribution pour laquelle la poursuite a eu lieu ne serait pas privilégiée (Voir le *Commentaire* sur l'art. 11, nᵒ 4), les oppositions sur le montant de la vente ne pourraient avoir aucun effet, si elles n'avaient été formées, soit antérieurement à la vente, soit au moment même, et avant que le percepteur eût reçu les deniers des mains du commissaire-priseur ou du porteur de contraintes, parce qu'une fois ce versement opéré, le payement est parfait : entre le contribuable et le Trésor tout est consommé. Celui-ci est devenu propriétaire des fonds jusqu'à concurrence des sommes qui lui sont dues, et aucune opposition ne peut plus frapper sur des deniers qui ont cessé d'appartenir au contribuable ; si ce n'est

_____

(1) La seule exception qui ait été faite à ce principe est celle qui résulte de l'Arr. du C. d'Etat du 29 août 1809, lequel a assimilé au cas de la revendication des meubles et effets saisis, celui de la demande faite par le saisi pour obtenir la distraction des effets déclarés insaisissables et que le porteur de contraintes aurait mal à propos compris dans la saisie.

sur ceux qui excèdent la dette pour contributions et frais accessoires, et dont le percepteur doit tenir compte, conformément à
l'article 85 du Règlement.

ARTICLE 87

Toute vente faite contrairement aux formalités prescrites par
les lois donne lieu à des poursuites contre ceux qui y ont procédé, et les frais faits restent à leur charge.

Les percepteurs et les porteurs de contraintes encourent une
double responsabilité et peuvent être soumis à deux actions différentes, relativement aux irrégularités qu'ils auraient commises
dans la vente des meubles saisis, comme dans toute autre poursuite. C'est ce qu'indiquent les termes mêmes de l'article 87.
1° Le sous-préfet, en arrêtant l'état des frais, peut rejeter à leur
charge ceux qui ont été occasionnés par des actes de poursuites
frustratoires ou nuls pour défaut de forme. (Voir, à cet égard,
l'art. 105 du Règlement.)
2° Ils peuvent, en outre, être poursuivis civilement en dommages-
intérêts par les contribuables dont les meubles auraient été vendus en exécution d'actes vicieux et contraires aux formalités que
la loi a prescrites pour la garantie des intérêts du débiteur. Diverses décisions ont fait application de ce dernier principe. (Voir
notamment, dans la deuxième Partie, un Arr. de la Cour de Bordeaux du 17 juin 1830, et un jugement du 19 novembre 1875, *Jurisprudence*, pages 128 et 180.)
Cette dernière décision condamne à 150 fr. de dommages-intérêts et aux dépens un percepteur qui avait fait poursuivre, hors
de son arrondissement de perception, un contribuable par un porteur de contraintes assermenté dans cet arrondissement et, par
conséquent, incompétent pour instrumenter dans l'arrondissement où avaient eu lieu les poursuites.

ARTICLE 88

A défaut de payement de contributions par un receveur, agent,
économe, commissaire-priseur ou autre dépositaire et débiteur
de deniers provenant d'un redevable, le percepteur fait, entre
les mains desdits dépositaires et débiteurs de deniers, une saisie-
arrêt ou opposition.

ARTICLE 89

La saisie-arrêt ou opposition s'opère à la requête du percepteur
par le ministère d'un huissier ou d'un porteur de contraintes,
sans autre diligence et sans qu'il soit besoin d'autorisation préalable, suivant les formes réglées par le titre VII, livre V du
Code de procédure civile ; il en suit l'effet conformément aux dispositions de ce Code.

La saisie-arrêt n'est pas nécessaire lorsque le percepteur a fait
constater sa demande ou sa saisie-arrêt dans un procès-verbal de
vente de récolte ou d'effets mobiliers, dressé par un officier ministériel.

1. Nous avons établi, dans le *Commentaire* sur l'article 15, que
lorsque les sommes appartenant aux redevables de contributions
directes se trouvaient entre les mains de tiers débiteurs ou détenteurs, à quelque titre que ce fût, deux voies étaient ouvertes
au percepteur pour en obtenir la délivrance. La première,
prompte et expéditive, qui consiste à faire au tiers une *sommation*
de ne se dessaisir des sommes dont il s'agit jusqu'à concurrence
des cotes d'impôt dues par le contribuable, sous peine d'y être
personnellement contraint en vertu de la disposition spéciale de la
loi du 12 novembre 1808 et de la formule exécutoire du rôle, qui
contient mandement exprès et formel pour les tiers détenteurs
comme pour les contribuables eux-mêmes (Voir cette formule au
Commentaire sur l'art. 9, n° 7); la seconde, qui n'est autre chose
que la procédure de la *saisie-arrêt ou opposition*, dont les formalités sont prescrites par le titre VII, livre v du Code de procédure civile.

Tout ce qui concerne la *sommation directe* a été exposé en détail dans le *Commentaire* sur l'article 14 précité. Nous y avons
indiqué à l'égard de quelles personnes et dans quelles circonstances ce mode spécial et exceptionnel pouvait être employé, et
nous avons tracé les formalités d'exécution qui lui étaient propres.
Nous n'y reviendrons pas ici; nous rappellerons seulement que
la voie de la *sommation directe* n'est applicable qu'au cas où les
sommes détenues ou dues par des tiers sont, en raison de la nature
de la contribution, affectées par *privilége* à la créance du percepteur.
(Voir, sur ce point, le *Commentaire* sur l'art. 14, n° 5.) Quand le

privilége n'existe pas et que le percepteur ne peut prétendre sur les sommes d'autres droits que ceux d'un créancier ordinaire, il faut alors procéder par voie de *saisie-arrêt ou opposition*. (Voir au nº 28 ci-après, un cas où l'on emploie les deux modes à la fois.)

C'est donc sous cette réserve, c'est-à-dire pour le cas où le Trésor n'est pas *privilégié* sur les sommes détenues par les receveurs, agents, économes, notaires, commissaires-priseurs ou autres débiteurs et dépositaires, que le percepteur doit procéder conformément à l'article 88. C'est par conséquent aussi l'hypothèse dans laquelle nous nous placerons pour les explications que nous allons donner.

2. Lorsque le percepteur se trouve dans la nécessité de pratiquer une *saisie-arrêt ou opposition*, afin d'obtenir des tiers détenteurs la délivrance des sommes appartenant aux redevables des contributions, il doit se conformer, comme le porte l'article 89 du Règlement, aux dispositions du titre VII du livre v du Code de procédure civile. Or, les formalités de l'exploit de saisie-arrêt étant toutes prescrites à peine de nullité, on comprend qu'il est de la plus grande importance pour les agents de poursuites de prendre garde à ce que leur acte réunisse toutes les conditions requises. Nous devons donc exposer avec soin les formalités essentielles de cette procédure, et indiquer les difficultés principales auxquelles elle peut donner lieu.

Aux termes des articles 557 et 558 du Code de procédure civile, la saisie-arrêt peut être pratiquée en vertu d'un titre authentique ou privé, et, à défaut de titre, en vertu d'une permission du juge.

Or, en matière de contributions directes, la saisie-arrêt a toujours lieu en vertu d'un titre qui est le rôle, et par conséquent le percepteur n'est jamais dans le cas de l'article 558 du Code de procédure où il est besoin de la permission du juge. Il ne doit même recourir à aucune autorisation préalable du receveur des finances. La raison en est simple : il ne s'agit que d'un acte conservatoire, qui ne peut entraîner aucun inconvénient pour le Trésor et qui assure ses droits. (Inst. gén. du 20 juin 1859, art. 99.) Mais lorsque le percepteur, pour suivre l'effet de la saisie-arrêt, devra dénoncer l'opposition au débiteur saisi et l'assigner en validité (art 563 du Code de proc. civ.), il nous semble qu'il serait prudent que le percepteur demandât des instructions au receveur des finances. Cela nous paraîtrait même indispensable pour obéir aux dispositions de l'art. 26 du Règlement, qui veut que toute poursuite soit faite en vertu d'une contrainte. En effet, la dénonciation de la saisie-arrêt au débiteur et l'assignation ayant pour objet d'obtenir la délivrance forcée des sommes appartenant au redevable, est une véritable poursuite, d'autant plus importante même, qu'elle est de nature à entraîner des frais considérables. Sous tous ces rapports, l'intervention du receveur des finances semble tout aussi nécessaire dans cette circonstance que dans les poursuites ordinaires, et nous n'hésitons pas à conseiller aux percepteurs de la réclamer.

La saisie-arrêt n'exige pas, au surplus, comme nous l'avons établi pour la voie de la *sommation, Commentaire* sur l'article 14, n° 19, la mise en demeure préalable du contribuable débiteur.

3. Les formes de l'exploit de *saisie-arrêt* ou *opposition* sont tracées par l'article 559 du Code de procédure. Indépendamment des formalités communes à tous les exploits (Voir le *Commentaire* sur l'art. 77, n° 3), la saisie-arrêt doit contenir : 1° l'énonciation du titre en vertu duquel elle est faite, c'est-à-dire, en matière de contributions, l'article du rôle; 2° l'énonciation de la somme pour laquelle elle est faite; 3° l'élection de domicile dans la commune où demeure le tiers saisi, si le percepteur n'y réside pas. Le *tout*, d'après l'article 559, à peine de nullité. (*Formulaire*, n° 40.)

4. La saisie-arrêt étant un acte conservatoire, il n'est pas nécessaire qu'elle soit précédée d'un commandement de payer fait au redevable. (Arr. C. de Montpellier du 5 août 1807.) Les frais du commandement, dans ce cas, seraient donc frustratoires et demeureraient à la charge du percepteur. — Il ne doit pas non plus être fait de commandement au tiers saisi; c'est ce qui résulte du Code de procédure civile, entendu en ce sens par tous les auteurs. (Dalloz, *Répert. alph.*, v° *Saisie-arrêt*, n° 217.)

5. Nous venons de voir que l'article 559 veut qu'il soit fait élection de domicile par le percepteur dans la commune où demeure le *tiers saisi*, si le comptable n'y demeure pas lui-même. Ce domicile, comme nous l'avons dit, à propos du commandement, sur l'article 57 du Règlement, peut être la maison où le percepteur fait ordinairement la recette, lorsqu'il vient dans la commune. Mais cette observation suppose que la saisie-arrêt a lieu dans l'une des communes du ressort de perception; s'il en était autrement, il faudrait nécessairement adopter une autre marche. Or, comment le percepteur doit-il procéder, lorsqu'il est dans le cas de faire pratiquer une saisie-arrêt ou opposition entre les mains d'un tiers domicilié dans une commune étrangère à sa perception? Par quels agents les actes peuvent-ils être signifiés? — Nous pensons que ce cas doit rentrer dans celui qui est prévu par les articles 59 et 60 du Règlement. La saisie-arrêt devrait avoir lieu sur la demande du percepteur de la commune où la cote est imposée, par l'intermédiaire du percepteur de la résidence du tiers détenteur, à qui

le receveur des finances ferait parvenir un extrait du rôle indiquant les sommes dues et formant le titre en vertu duquel l'opposition pourrait être formée. Bien que le Règlement ne trace pas positivement cette marche, cependant, à défaut de disposition précise, elle nous paraît naturellement indiquée par l'analogie, et on ne voit guère d'ailleurs comment il serait possible d'agir autrement sans occasionner des frais considérables, et peut-être aussi des non-valeurs. Il est à remarquer, du reste, qu'une telle marche ne serait pas contraire aux dispositions de l'article 559 du Code de procédure, par la raison que le Trésor, créancier saisissant, peut, dans la rigueur de droit, faire exercer indistinctement les poursuites en payement des contributions par l'intermédiaire des divers percepteurs de la République. (Voir le *Commentaire* sur les articles 59 et 60, n° 4.) De leur côté, les porteurs de contraintes, *chacun dans l'arrondissement où il est immatriculé*, auraient également qualité pour faire toutes les significations relatives à la saisie-arrêt. Ce droit ne saurait leur être contesté, car les porteurs de contraintes sont, comme nous l'avons dit au *Commentaire* sur l'article 34, n° 3, huissiers en matière de contributions directes, pouvant instrumenter pour tous les actes y relatifs. Aucune loi postérieure ne leur ayant retiré cette attribution, il s'ensuit qu'ils ont le droit de faire les actes de la saisie-arrêt, comme les autres, lorsqu'ils ont pour objet le recouvrement de l'impôt direct. Il importe peu que la saisie-arrêt soit une poursuite compliquée et qu'un tiers autre que le contribuable s'y trouve mêlé. Il suffit qu'il s'agisse de contributions directes pour que son exécution doive appartenir aux huissiers spéciaux institués par l'arrêté du 16 thermidor an 8.

C'est, au surplus, l'opinion qu'a émise M. le Ministre des finances dans une lettre adressée, le 9 octobre 1833, au préfet de la Vienne, pour repousser les prétentions de la Chambre des avoués de Poitiers, qui voulait faire interdire aux porteurs de contraintes les actes de signification des saisies-arrêts, sous le prétexte que la validité de ces actes ne pouvait être jugée par l'autorité judiciaire, motif non moins erroné que l'opinion qu'il prétendait justifier, puisqu'on sait que les commandements et les saisies, qu'on n'a jamais contesté aux porteurs de contraintes le droit de faire, sont, en cas de contestation sur la validité, appréciés par les Tribunaux civils.

6. Celui aux mains de qui a été faite une saisie-arrêt ne peut payer au préjudice de la saisie, sans s'exposer à payer deux fois. Il était donc nécessaire qu'il fût bien averti, et, pour cela, que la saisie fût faite en parlant à sa personne, ou à son domicile. Une

saisie-arrêt faite à son mandataire ne vaudrait rien, parce qu'il pourrait payer sans avoir été averti par ce mandataire. Aussi la saisie-arrêt ou opposition entre les mains de personnes non demeurant en France, sur le continent, ne peut être faite au parquet des procureurs de la République, elle doit être signifiée à personne ou à domicile. (Code pr. civ., art. 560.) Cet article ne dit point que la signification sera toujours faite à l'étranger, ou, en d'autres termes, au domicile qu'aura le tiers saisi hors de la France continentale. La loi déclare seulement en principe qu'elle sera faite à personne ou à domicile. On en conclut avec raison que la saisie serait valable si elle était faite, en France, au domicile qu'y aurait le tiers saisi, quoiqu'il n'y résidât pas habituellement. M. Roger (*Traité de la Saisie-arrêt*) signale une différence qui lui paraît exister, quant à ses effets, entre la saisie pratiquée ès mains d'un tiers saisi non régnicole, et signifiée ou à son domicile en France, ou à sa personne pareillement en France, et celle qui lui serait signifiée à sa résidence ou à sa personne hors du territoire français.

Lorsque la saisie est signifiée hors de France, elle arrête immédiatement tout payement que le tiers saisi doit faire chez lui et hors de France au saisi; par la raison toute simple que rien ne l'empêche, lui ou ses commis nantis des sommes dues, d'obtempérer à la défense du saisissant, au moment où elle est signifiée. Lorsque, au contraire, la saisie est faite au domicile du tiers saisi qui se trouve en France, elle arrêtera bien tout payement que celui-ci aurait à faire au lieu où il a été trouvé; mais quand il doit payer hors de France, il faut bien qu'il ait le temps d'envoyer défense à ses commis ou représentants qui sont à l'étranger de payer le saisi. Jusqu'à ce que ce temps soit expiré, l'équité veut qu'on ne lui fasse aucun reproche, si les commis payent pour lui dans l'ignorance où ils sont de la saisie-arrêt, et, si par suite, cette saisie ne produit pas d'effet. — Lorsqu'une saisie-arrêt est formée entre les mains des receveurs, dépositaires ou administrateurs des Caisses de deniers publics, elle n'est point valable, si l'exploit n'est fait à la personne préposée pour le recevoir, et s'il n'est visé par cette personne sur l'original, ou, en cas de refus, par le procureur de la République. (Code pr. civ., art. 561.) Ce *visa* est ordonné comme preuve que ces receveurs, dépositaires ou administrateurs ont connu la saisie, et pour leur ôter toute excuse, s'ils enfreignaient la défense qui leur est faite de payer les sommes dont ils sont détenteurs et qui ont été saisies-arrêtées entre leurs mains. Des formalités particulières doivent, au surplus, être suivies pour les saisies-arrêts à faire aux mains des receveurs ou dépositaires des

deniers publics. Nous les détaillons dans l'article 90 du Règlement, auquel nous renvoyons. (Voir, en outre, le n° 9 ci-après.)

7. Dans la huitaine de la saisie-arrêt ou opposition, outre un
jour pour cinq myriamètres de distance entre le domicile du tiers
saisi et celui du saisissant, et un jour pour cinq myriamètres de
distance entre le domicile de ce dernier et celui du débiteur saisi,
le saisissant est tenu de dénoncer la saisie-arrêt ou opposition au
débiteur saisi, et de l'assigner en validité. (Code proc. civ., art. 563
et 1033; loi du 3 mai 1862.) Le saisissant est encore tenu, d'après
l'article 564 du même Code, de dénoncer l'action de validité au
tiers saisi qui ne peut être tenu de faire aucune déclaration avant
que cette dénonciation lui ait été faite, et ce, dans le délai de huitaine, outre celui en raison des distances, à compter du jour de la
demande en validité. (Voir, au *Formulaire*, les Modèles n°s 41
et 42.)

L'assignation en validité a pour objet de faire déclarer par le
Tribunal la saisie valablement opérée, et de s'en faire adjuger les
deniers. Elle doit avoir lieu dans la huitaine, afin de ne laisser le
débiteur que le moins longtemps possible dans l'ignorance d'une
saisie qui l'empêche de recevoir des deniers sur lesquels il pouvait compter, et qui peut porter atteinte à son crédit.

Cette assignation est donnée dans l'exploit même de dénonciation. Cependant elle pourrait l'être par exploit séparé dans le délai
fixé par l'article 569, mais alors le coût en serait à la charge du
saisissant. (Dalloz, v° *Saisie-arrêt*, n° 253.)

Si cette assignation était donnée après le délai de huitaine, la
saisie serait frappée de nullité. Cette décision, adoptée par Carré
et Pigeau, a été consacrée par un arrêt de la Cour de Toulouse
du 22 mars 1827. Ce même arrêt a jugé, en outre : 1° que cette nullité est absolue et a été introduite principalement dans l'intérêt
du saisi, qui a qualité pour s'en prévaloir; 2° que le délai de huitaine n'est pas *franc* (Voir le *Commentaire* sur l'art 42, n° 6) :
que le jour seulement où la saisie-arrêt a été faite ne compte pas;
qu'ainsi, par exemple, lorsque la saisie a eu lieu le 4 mars, l'assignation en validité donnée le 13, n'est pas nulle; 3° que le délai
n'est pas susceptible d'augmentation lorsque le huitième jour est
un dimanche.

La nullité de la saisie serait encore prononcée dans le cas où
l'exploit d'assignation en validité ne contiendrait pas l'indication
du domicile réel du saisissant. C'est ce qui résulte d'un Arr. de la
Cour de Colmar du 27 juillet 1829.

L'obligation de dénoncer dans la huitaine au tiers saisi l'action
de validité a pour but de ne suspendre que pendant peu de jours

la faculté que celui-ci a de se libérer, et pour ne pas l'obliger, s'il veut ne pas garder les deniers, ou faire cesser le cours des intérêts des sommes qu'il aurait dans les mains, à faire les frais d'une consignation.

Le défaut de dénonciation dans le délai ne rendrait pas la saisie nulle ; mais il laisserait au tiers la faculté de vider valablement ses mains, et, lors même qu'il se serait dessaisi avant l'expiration du délai, il ne serait exposé à aucun recours. (Code proc. civ. art. 565.)

8. La demande en validité n'est pas soumise au préliminaire de la conciliation. (Code proc. civ., art. 566.) Elle doit être portée devant le Tribunal civil du domicile de la partie saisie. — On a prétendu que la compétence du Tribunal civil pour connaître de la validité de la saisie entraîne comme accessoire le droit de juger les contestations incidentes sur le fond, lors même que ces dernières seraient, à raison de la matière, de la compétence d'un autre Tribunal. Nous ne saurions admettre une telle opinion. Un Tribunal ne peut, ni par voie principale, ni par voie incidente, juger les questions pour lesquelles il est incompétent à raison de la matière ; en tout état de cause, il doit renvoyer d'office devant qui de droit les points qui ne sont pas de sa compétence. (Art. 170 du Code de proc. civ.)

A cet égard, nous appliquerons ici les principes que nous avons professés au *Commentaire* sur l'article 14, nº 25, en ce qui concerne l'exercice de l'action directe contre le tiers détenteur, dans le cas dudit article 14. Il faut bien se rendre compte de la nature même de la question en litige ; s'il s'agissait, par exemple, de faire décider si les objets saisis n'étaient pas insaisissables, si les délais pour la dénonciation et l'assignation en validité ne sont pas périmés, si les formes enfin ont été bien observées, ces questions appartiendraient évidemment au Tribunal du lieu du domicile du saisi.

Autre exemple : le tiers saisi, comme nous le verrons tout à l'heure, doit faire sa déclaration et l'affirmer au greffe ; cette déclaration peut être contestée ; il peut être déclaré débiteur pur et simple des causes de la saisie ; d'autres créanciers peuvent aussi avoir formé des oppositions, et il y a une distribution à ouvrir entre eux et le Trésor. Toutes ces matières rentrent encore dans la compétence des juges civils. Mais si, dans l'action en validité portée devant le Tribunal, le saisi ou le tiers saisi élevait des difficultés sur la quotité des contributions dues, sur la régularité de la contrainte délivrée par le receveur des finances ou sur d'autres points analogues, ces questions seraient du ressort du Conseil de préfecture du lieu de l'imposition. Le Tribunal devrait alors suspendre sa décision, et renverrait à l'autorité administrative pour être statué préalablement sur ces points. Après que celle-ci aurait prononcé, la procédure reprendrait son cours devant le Tribunal. (Voir le *Commentaire* sur l'art. 19, n° 71.)

9. Après avoir assigné le saisi en validité de la saisie-arrêt, le saisissant assigne le tiers saisi en déclaration. (Code pr. civ., art. 568.) Le jugement qui reconnaît la saisie-arrêt valable, autorise en même temps le créancier à recevoir du tiers saisi les sommes qu'il déclare devoir au saisi. Ce jugement a l'effet d'un transport ou d'une délégation sur le tiers débiteur. De là, il nous semble résulter, dit Thomines-Desmazures, que, si le tiers a des deniers suffisants dans les mains et qu'il n'existe point d'autres créanciers opposants, il ne pourra se refuser à payer; ou on l'y forcera, en prenant la voie indiquée par l'article 548 du Code de procédure. Suivant cet article, les jugements qui prononcent un payement ou quelque autre chose à faire par un tiers ou à sa charge, ne sont exécutoires par les tiers ou contre eux, même après les délais de l'opposition ou de l'appel, que sur le certificat de l'avoué de la partie poursuivante, contenant la date de la signification du jugement faite au domicile de la partie condamnée, et sur l'attestation du greffier, constatant qu'il n'existe contre le jugement ni opposition ni appel. Il faudrait donc attendre le délai de huitaine après la signification du jugement de validité, prendre un certificat de l'avoué ou du greffier, pour constater qu'il n'existe ni opposition ni appel, et ensuite signifier le tout au tiers saisi avec sommation de payer, et, à son refus, l'assigner en déclaration, en le prévenant que l'instance en déclaration sera à ses frais, s'il n'existe point d'empêchement légitime ou de cause valable de son refus de payement. La déclaration ne sera, en effet, nécessaire qu'autant qu'il y aura ou insuffisance de deniers, ou empêchement légitime au payement, entre les mains du saisissant, des deniers arrêtés.

Les fonctionnaires publics, tels que receveurs, dépositaires ou administrateurs de caisses ou deniers publics, ne doivent pas être assignés en déclaration. Ils délivrent un certificat constatant s'il est dû à la partie saisie, et énonçant la somme si elle est liquide. (Code de proc. civ., art 561 et 569.) Ce certificat, qui tient lieu de déclaration, s'obtient par une sommation d'avoué. La loi devait dispenser et même défendre d'assigner en déclaration affirmative ces fonctionnaires publics. Le service de l'Administration, dont ils font partie, souffrirait évidemment, s'ils étaient tenus de se transporter au greffe et d'y déposer leurs registres ou des pièces justificatives de leur déclaration. D'ailleurs, ils n'ont aucun intérêt

personnel dans les saisies-arrêts faites entre leurs mains; et il
est inutile d'exiger d'eux toutes les précautions imposées à un
tiers saisi ordinaire. Il est évident, au surplus, que ce certificat
ne peut être demandé avant que la saisie soit jugée valable, à
moins que le saisissant ne soit porteur d'un titre authentique. Ce
certificat doit énoncer, notamment, s'il est dû quelque chose au
saisi (Code de proc. civ., art. 569); s'il ne lui est rien dû, le certificat l'énoncera; si la somme à lui due est liquide, le certificat en
déclarera le montant, si elle n'est pas liquide, le certificat l'énoncera. (Décret du 18 août 1807, art. 6.) Il doit être, au surplus, conforme aux articles 7 et 8 du même décret. (Voir ci-après l'art. 90
du Règlement.) Il n'est pas douteux que les dispositions des articles 561 et 569 du Code de procédure et celles du décret du 18
août 1807 s'appliquent, non-seulement aux caissiers du gouvernement, mais encore à ceux des villes, communes, hospices et autres
établissements publics.

On ne pourrait cependant les étendre aux commissaires-priseurs, notaires, greffiers ou huissiers, pour les saisies faites entre
leurs mains sur les deniers dont ils seraient détenteurs en raison
de leur ministère. Ils ne sont point des fonctionnaires publics.
Telle est l'interprétation qu'ont faite de ces dispositions Thomine-
Desmazures, tome II, p. 76; Carré, n° 1957; Bioche, n° 124, et
M. Roger (*Traité de la saisie-arrêt*). Ce dernier auteur fait observer qu'aucun article du Code de procédure ne prévoit le cas où un
fonctionnaire public, une administration ou un établissement
tiers saisi, refuserait de donner un certificat de ce qui est dû à la
partie saisie. « Il ne faut pas, dit-il, en conclure que ce refus doive
rester impuni. Le saisissant pourra faire déclarer ce tiers saisi,
comme un tiers saisi ordinaire, débiteur pur et simple des causes
de la saisie, mais toutefois en observant les formes que sa qualité
peut exiger qu'on suive pour plaider contre lui. C'est la conséquence du principe général posé par l'article 1382 du Code civil.
En outre, ajoute-t-il, le ministère public pourrait faire condamner
à l'amende (art. 1039 du Code de pr. civ.) le fonctionnaire qui refuserait de donner le certificat sur la réquisition de l'avoué du
saisissant, auquel l'article 91 du tarif judiciaire alloue une vacation. »

10. Le tiers saisi doit être assigné, sans citation préalable en
conciliation, devant le Tribunal qui doit connaître de la saisie,
sauf à lui, si la déclaration est contestée, à demander son renvoi
devant son juge (Code pr. civ., art. 570.) Sa déclaration est faite
et affirmée au greffe, s'il est sur les lieux; sinon, devant le juge
de paix de son domicile, sans qu'il soit besoin, dans ce cas, de

réitérer l'affirmation au greffe (1). La déclaration affirmative est la révélation exacte par le tiers saisi des sommes dont il est débiteur envers le saisi. Elle doit être affirmée sincère et véritable, mais non sous serment, puisque la déclaration et l'affirmation peuvent être faites par un fondé de procuration spéciale. (Code pr. civ., art. 571 et 572.)

La loi ne dit pas comment doit parvenir à la connaissance du saisissant la déclaration faite devant le juge de paix du domicile du tiers saisi, dans le cas ou celui-ci n'habite pas dans la ville où siége le Tribunal compétent pour juger la saisie. Selon Carré, le juge doit lui-même envoyer la déclaration du tiers saisi au greffe de ce Tribunal, où elle reste en dépôt.

Mais Thomine objecte qu'aucun texte n'impose cette obligation au juge de paix; et Bioche, après avoir fait observer que cet auteur n'indique pas la marche à suivre, pense, avec raison, que le tiers saisi doit lever une expédition de sa déclaration, et l'adresser à son avoué près le Tribunal devant lequel il a été assigné. Il faut, d'après le texte de l'article 573 du Code de procédure, que la déclaration énonce les causes et le montant de la dette; les payements à-compte, si aucuns ont été faits, l'acte ou les causes de la libération, si le tiers saisi n'est plus débiteur, et, dans tous les cas, les saisies-arrêts ou oppositions formées entre ses mains. Les pièces justificatives de la déclaration y sont annexées; le tout est déposé au greffe, et l'acte de dépôt est signifié par un seul acte contenant constitution d'avoué. (Code pr. civ., art. 574.) De l'obligation d'annexer les pièces justificatives, il suit que c'est au tiers saisi à prouver les payements à-compte ou sa libération. Les pièces libératoires, quoique n'ayant pas de date certaine par l'enregistrement, ne sont pas moins valables, s'il n'y a preuve de fraude. La preuve de la fraude s'acquiert ou par écrit, ou par le concours de circonstances graves, précises et concordantes. Les payements faits par avance, à moins que ce ne soit par forme de cautionnement et selon l'usage des lieux, ne libèrent point le débiteur à l'égard du saisissant.

Si la déclaration n'est pas contestée, il ne doit être fait aucune procédure de la part du tiers saisi (Code pr. civ., art. 576); toutefois, il peut faire des offres réelles et consigner. C'est l'opinion de Carré, tome II, nos 1973, 1981; de Pigeau, tome II, page 371, et de Dalloz. (Voir *Saisie-arrêt*, no 341.)

---

(1) Par *greffe*, l'article 571 du Code de procédure, qui contient ces dispositions, désigne le greffe du Tribunal qui doit connaître de la saisie, et ce Tribunal est évidemment celui de première instance.

Le tiers saisi qui ne fait point sa déclaration, ou qui ne fait pas les justifications ordonnées par les articles 571, 572, 573 et 574 du Code de procédure ci-dessus cités, est déclaré débiteur pur et simple des causes de la saisie. (Art. 577 du même Code.)

Il est à remarquer que la loi, dans aucune de ses dispositions, ne prescrit un délai fatal. Il semblerait qu'ayant été assigné, il doit faire sa déclaration dans le délai ordinaire des ajournements; mais il a été décidé :

1° Par un arrêt de la Cour de cassation du 28 décembre 1813, que le tiers saisi n'est pas tenu, à peine d'être réputé débiteur des causes de l'opposition, de faire sa déclaration avant l'expiration de la huitaine de l'assignation ;

2° Par deux arrêts des Cours royales de Paris et de Lyon, l'un du 30 août 1810, l'autre du 19 juin 1830, que ce délai n'est que comminatoire, et que le tiers saisi est recevable à faire sa déclaration en tout état de cause (Voir, en outre, Arr. de la C. de Grenoble des 8 mars 1810 et 29 mai 1813; de la C. de Bourges du 9 décembre 1814, de la C. de Bordeaux du 25 mars 1831 et de la C. de Nîmes du 10 mai 1853);

3° Par les auteurs, Carré, Favard, Delaporte et Chauveau, et par un arrêt de la Cour de Paris, du 25 mars 1831, que le tiers saisi qui a été condamné par défaut comme débiteur, faute de déclaration affirmative, peut encore faire sa déclaration pendant les délais accordés pour former opposition au jugement, ou même sur l'appel; qu'ainsi, en cas de déclaration tardive, la déchéance n'est pas encourue; qu'il doit seulement supporter, comme frais de contumace, tous les frais d'exécution qui ont été faits. (Voir aussi Arr. de la C. de Paris du 30 août 1810 et de la C. de Lyon du 3 avril 1848.) Thomine-Desmazures observe que le tiers saisi serait tenu non-seulement de supporter les frais, mais encore les dommages-intérêts que son retard aurait occasionnés. Mais la déchéance serait irrévocablement encourue, dans le cas où un délai, même beaucoup plus long que huitaine, aurait été fixé pour la déclaration, par un jugement *définitif et contradictoire*. Le tiers saisi devrait alors être déclaré débiteur des causes de la saisie, s'il laissait passer ce délai sans faire sa déclaration affirmative. Il offrirait en vain de payer les frais occasionnés par son retard. C'est ce qui a été jugé par un arrêt de la Cour de cassation du 11 juin 1823 et un arrêt de la Cour royale de Lyon du 19 juin 1830.

11. L'article 575 du Code de procédure oblige le tiers saisi, s'il survient des saisies-arrêts après sa déclaration, de les dénoncer par extrait à l'avoué du premier saisissant. D'après un arrêt de la Cour de Bruxelles du 16 novembre 1826, et selon Bioche, l'omis-

sion de la formalité imposée au tiers saisi de dénoncer les saisies-arrêts qu'il a reçues, ne le constituerait pas débiteur pur et simple des causes de la saisie ; elle le rendrait seulement responsable de tous les frais qu'elle occasionnerait, et passible de dommages-intérêts, suivant les circonstances.

Cette opinion est combattue par M. Roger, dans son *Traité de la Saisie-arrêt*.

« Je ne suis pas de cet avis, dit ce commentateur. L'article 577 déclare formellement succeptible d'être réputé débiteur pur et simple des causes de la saisie le tiers saisi qui ne fera pas la déclaration telle qu'elle doit être faite d'après l'article 573, c'est-à-dire contenant les saisies-arrêts formées entre ses mains. D'ailleurs, ainsi que l'observe M. Berriat, l'article 577 dit : « Le tiers saisi qui ne fera pas les *justifications ci-dessus*, sera réputé débiteur pur et simple. » D'où il semble résulter que le défaut de dénonciation expose le tiers saisi à la même peine, parce que la dénonciation est indiquée dans l'article 573, et qu'elle est aussi utile que les autres formalités. »

La jurisprudence se montre moins sévère ; elle décide, conformément à l'arrêt de Bruxelles, cité plus haut, et à l'avis de Bioche, que les dispositions de l'article 577, relative à la déclaration affirmative que le tiers saisi est tenu de faire, sous peine d'être déclaré débiteur pur et simple des causes de la saisie, sont comminatoires, mais que les juges ne peuvent, d'ailleurs, admettre de tempérament à la rigueur de ces dispositions, qu'autant que le tiers saisi a fait, quoique tardivement, une déclaration régulière en la forme, dont le saisissant est à même d'apprécier la valeur au fond. (Arr. de la C. de Paris, du 25 mars 1852.)

12. La saisie-arrêt ne s'exerce pas uniquement sur les deniers : elle peut être également formée sur des effets mobiliers ; dans ce cas, le tiers saisi est tenu de joindre à sa déclaration un état détaillé desdits effets (Code de proc. civ., art. 578). Cette déclaration équivaut à un procès-verbal de saisie : elle en tient lieu et doit servir à la vente ultérieure des effets. De là l'obligation imposée au tiers saisi de joindre à sa déclaration un *état détaillé*, c'est-à-dire un état spécifiant les objets par leur nombre, leur poids, leur mesure, les poinçons des pièces d'argenterie, etc.

Cet état, dit Pigeau, représente la saisie-exécution qu'on ferait de ces effets s'ils étaient dans les mains du saisi. Il n'est donc pas besoin, pour les faire vendre, de faire un procès-verbal d'exécution. C'est pour cela que l'article 579 du Code de procédure se borne à dire qu'après que la saisie-arrêt aura été déclarée valable, il sera procédé à la vente et à la distribution du prix. (Voir Dalloz, v° *Saisie-arrêt*, n° 468.)

Il importe de remarquer que le jugement qui valide la saisie-arrêt formée sur des effets mobiliers n'aura point son effet ordinaire, qui est d'adjuger les deniers saisis au préjudice du débiteur et de tous créanciers qui n'auraient pas encore fait opposition. Il n'accordera au saisissant que le droit de faire vendre les meubles déclarés. Le prix qui en proviendra sera mis en distribution entre tous les créanciers qui se présenteront à la vente. Car ce n'est que par la vente que ces objets, ou le prix qui en proviendra, auront cessé d'appartenir au débiteur. (Voir, pour les formalités de la vente, le *Commentaire* sur l'art. 81 du Règlement, et, en outre pour ce qui concerne la saisie des meubles entre les mains des tiers chez qui ils ont pu être transportés, le *Commentaire* sur les art. 91, 92, 93.)

13. Jusqu'à présent, nous ne nous sommes occupé que des formes de la saisie-arrêt, de la dénonciation au tiers saisi, de l'assignation en déclaration affirmative, de la déclaration du tiers saisi, du jugement de la saisie-arrêt et de ses effets ; il nous reste à examiner quels sont les objets que l'on peut saisir-arrêter et quels sont ceux qui sont déclarés insaisissables en tout ou en partie par les articles 580, 581 et 582 du Code de procédure et par des lois spéciales.

Comme nous avons eu occasion de le dire ailleurs, quiconque est obligé personnellement est tenu de remplir son engagement sur tous ses biens mobiliers et immobiliers présents et à venir (Code civ., art. 2092). Il résulte de là que tout bien d'une personne est le gage de ses créanciers, et que, par suite, ceux-ci ont le droit de le saisir-arrêter quand ils le trouvent entre les mains d'un tiers.

Cette règle, de toute justice, est expressément consacrée par l'article 557 du Code de procédure, portant que « tout créancier peut saisir-arrêter, entre les mains d'un tiers, les *sommes et effets* appartenant à son débiteur. La loi se sert des mots *sommes et effets*. Toutes les choses mobilières qui sont dans le commerce peuvent être saisies-arrêtées, lors même qu'elles seraient incorporelles, présentes ou à venir. (Code civ., art. 2092.) Ainsi, il a été jugé que les bénéfices d'un débiteur, dans une entreprise de commerce, peuvent être saisis-arrêtés entre les mains des gérants et administrateurs de cette entreprise. (Arr. C. de Paris du 2 mai 1811.) Dans ce cas, et suivant le même arrêt, la vente des valeurs saisies doit être faite d'après le mode déterminé par le Tribunal, parce que la loi n'en détermine aucun pour la vente des droits incorporels. MM. Favard et Pigeau enseignent également qu'on doit saisir par la voie de la saisie-arrêt les actions ou intérêts dans les Compagnies de finances ou d'industrie. On peut saisir-arrêter, mais non appréhender par voie de saisie-exécution, le montant des sommes dues à un individu. On ne saurait évidemment songer à saisir-arrêter les titres de créance, et à les vendre ensuite sur la place publique comme des meubles meublants. Mais il a été décidé que le créancier qui a saisi-arrêté une créance à terme due à son débiteur par un tiers, peut faire vendre par autorité de justice la créance saisie, sans attendre l'exigibilité de cette créance. La vente, en pareil cas, peut être opérée dans les formes prescrites pour la vente des rentes saisies. (Arr. C. de Paris des 5 août 1842 et 24 juin 1851.)

14. De ce que l'article 567 du Code de procédure porte qu'on peut saisir les effets *appartenant* au débiteur, il n'en faudrait pas conclure, par suite d'une application littérale de cet article, qu'on dût déclarer toujours sans effet la saisie faite sur des objets qui n'appartiendraient pas au débiteur *au moment* même où on les aurait arrêtés. Le tiers propriétaire de ces objets ou ses créanciers pourraient bien demander la nullité de la saisie-arrêt, mais s'ils ne le faisaient point et si les choses arrêtées devenaient ultérieurement la propriété du saisi, la saisie-arrêt devrait produire. Il suffit qu'une somme non encore due au saisi doive lui appartenir éventuellement ou conditionnellement, pour qu'elle puisse être l'objet d'une saisie-arrêt. Voilà pourquoi, dans tous les actes de saisie, il est d'usage de dire que le saisissant s'oppose à ce que le tiers saisi paye ce qu'il doit ou *devra* au saisi : seulement le saisissant ne devrait que les frais, si, en définitive, le tiers saisi déclarait sincèrement ne rien devoir au saisi. La jurisprudence offre plusieurs décisions en ce sens. La Cour d'Orléans a jugé, par arrêt du 21 novembre 1822, qu'une saisie-arrêt peut s'étendre sur ce qui est dû à terme, comme sur les sommes actuellement exigibles; qu'en conséquence un créancier a le droit de saisir-arrêter les capitaux dus à ses débiteurs, mais dont le remboursement est seulement exigible après le décès des usufruitiers. (Voir le n° 26 ci-après.)

Il est évident qu'il faut que les choses saisies-arrêtées soient dues à celui-là même sur qui on les arrête. Mais si la chose saisie-arrêtée n'appartenait que par indivis au saisi, la saisie serait-elle valable? La Cour de Paris a jugé la négative, le 3 janvier 1829, attendu que l'article 882 du Code civil offre aux créanciers d'un cohéritier un moyen conservatoire à la fois aussi sûr et moins dispendieux que la saisie-arrêt. M. Roger critique avec raison

cette décision, par le motif que, quoique indéterminés, les droits
d'un successible sont certains, et que ce dernier est propriétaire
par indivis des sommes détenues par les débiteurs du défunt. Il en
conclut, avec M. Chauveau, que les créanciers peuvent saisir-
arrêter cette portion appartenant à leur débiteur, sauf à eux à en
faire déterminer l'importance avant de forcer le tiers saisi à faire
sa déclaration, comme dans le cas de l'article 582 du Code de procédure.

L'état forcé d'indivision où, se trouvent des membres d'une
Société civile ou commerciale n'est pas non plus un obstacle à ce
que les créanciers personnels de l'un des sociétaires puissent
saisir-arrêter les portions de bénéfices qui lui sont payées annuel-
lement ou qui devront lui être payées. Ils pourraient même, en
certains cas, appréhender le capital de son intérêt social.

Dans le cas où le Trésor serait créancier d'un contribuable dé-
cédé dont la succession aurait été acceptée sous bénéfice d'inven-
taire (mais toujours dans la supposition que le Trésor n'aurait
pas de privilège sur les sommes détenues par le tiers détenteur,
et qu'il ne pourrait dès lors agir contre eux, conformément à la
loi du 12 novembre 1808), dans ce cas, disons-nous, pourrait-il
former des saisies-arrêts entre les mains des débiteurs de la succession? Cette question a été controversée pour tous les créanciers en général. Pour la négative, on dit que si on reconnaissait
à chaque créancier le droit d'exercer des poursuites contre les
débiteurs de la succession, ils entraveraient nécessairement la
gestion de l'héritier bénéficiaire ; que la loi a pourvu à la sûreté
de chacun en l'autorisant à exiger caution de l'héritier; que, dès
lors, les saisies-arrêts conservatoires ne sont d'aucun secours aux
créanciers; qu'enfin, quand un débiteur est tombé en faillite, les
actions des créanciers ne peuvent être dirigées que par les syndics; qu'il doit en être de même d'une succession bénéficiaire,
puisque l'héritier, comme le syndic à l'égard de la faillite, est
chargé d'administrer la succession et d'en rendre compte aux
créanciers et aux légataires.

Ceux qui soutiennent l'affirmative répondent qu'un héritier bénéficiaire est véritablement débiteur des créanciers du défunt;
que seulement il n'est tenu, à leur égard, que jusqu'à concurrence
des forces de la succession; qu'encore bien qu'il soit tenu par la
volonté de la loi d'administrer les biens dont il a été saisi, il n'en
est pas moins propriétaire de ces biens, et que le droit commun
veut que les sommes dont il s'agit puissent être arrêtées par les
créanciers dont elles sont le gage. Cette doctrine nous semble préférable à la doctrine contraire, et elle a, du reste, été adoptée

par la Cour de cassation et par la majorité des auteurs. (Arr. C. de cass. des 8 septembre 1814, 9 mai et 1ᵉʳ août 1849 ; des Cours royales de Bordeaux, 19 avril 1822 ; de Toulouse, 17 août 1822 ; de Bourges, 15 mars 1822 ; de Limoges, 15 avril 1831 ; de Bordeaux, 6 mai 1841 ; Carré, Thomine, Bioche, Vazeille, Delvincourt, Duranton, Dalloz, vᵒ *Succession*, nᵒ 820.) — Nous pensons donc que le percepteur pourrait faire saisir-arrêter dans ce cas. Cependant, il aurait à examiner si, pour éviter les frais, toujours considérables, de la saisie-arrêt, il ne conviendrait pas mieux de se borner à former opposition aux scellés. (Voir le *Commentaire* sur l'art. 4, nᵒ 2.)

15. Les principes du droit s'opposent à ce que les choses qui n'appartiennent plus au débiteur puissent être saisies. Mais, ainsi que l'observe Pigeau, il est des cas où il peut paraître douteux si une somme qui lui a appartenu lui appartient encore. Au nombre des objets qui n'appartiennent plus au débiteur, figurent les choses et les créances dont il a transféré la propriété à un tiers par un acte de transport ou de subrogation. Les conditions sous lesquelles est valablement fait, à l'égard des tiers, le transport des créances et autres droits incorporels, sont indiquées par l'article 1690 du Code civil : « Le cessionnaire, est-il dit dans cet article, n'est saisi, à l'égard des tiers, que par la signification du transport faite au débiteur. » D'où la conséquence qu'on peut saisir une créance transportée, tant que le transport n'est pas signifié au débiteur ou accepté par lui.

Dans le cas où les sommes cédées auraient été saisies-arrêtées le jour même de la notification du transport, il faudrait vérifier si les exploits indiquent lequel des deux actes a été fait avant l'autre. Si le transport portait qu'il a été fait à midi et que la saisie eût lieu après midi, on devrait refuser tout effet à la saisie. (Arr. C. de Bruxelles du 30 janvier 1808, et de Nancy du 18 juin 1833.) C'est aussi l'opinion de Troplong et de Duvergier.

Mais s'il n'y avait aucune désignation d'heure dans l'un et l'autre acte, il y aurait concurrence de date : la somme transportée à l'égard du tiers et saisie le même jour devrait être distribuée par contribution, entre le cessionnaire et le saisissant. C'est ce qui a été décidé par un arrêt de la Cour de Paris du 26 avril 1822. Pigeau professe toutefois une opinion contraire : « Il semble, dit-il, que la créance ayant appartenu au saisi cédant à une époque quelconque du jour où a été faite la saisie, et le cessionnaire réclamant pour avoir la préférence, c'est à lui de prouver que sa signification est la première, sinon la saisie doit avoir effet contre lui. » Cet argument n'est pas sans force.

16. La nécessité de la signification de transport de la créance

au débiteur cédé, pour que le concessionnaire en soit saisi à l'égard des tiers, n'est pas applicable aux effets de commerce. La raison en est que la propriété de ces effets est transférée d'une manière absolue, même à l'égard des tiers, par l'endossement dont on les revêt. Si le propriétaire les a endossés, ses créanciers ne peuvent en saisir-arrêter le montant, parce qu'il a cessé de lui appartenir. (Arr. de la C. cass. du 5 avril 1826, et de la C. d'Aix du 9 juillet 1828.)

Quand le porteur d'effets de commerce n'endosse point ces effets, il en conserve la propriété jusqu'à l'échéance; le montant pourrait en être arrêté sur lui entre les mains d'un tiers. (Pothier, *Cont. du Change*, n° 41; Pardessus, *des Lettres de change*, tome I, page 124). Ce dernier auteur enseigne aussi que l'endos n'empêcherait pas la saisie, s'il n'était fait qu'après l'échéance de la traite. (*Ibid.*, page 275.)

D'après une jurisprudence constante, le porteur d'une traite, par suite d'un endos irrégulier, peut, sans être propriétaire de l'effet, le négocier pour le compte de l'endosseur, et par cela même en transmettre la propriété à un tiers, moyennant un endos régulier. Il résulte de là que si une pareille négociation avait lieu, la saisie faite sur le premier endosseur serait nulle, puisqu'elle serait pratiquée sur une somme que son mandataire aurait transférée à un tiers. (Fremery, *Etudes commerciales*, p. 132.) Il y aurait, dès lors, le plus grand danger à saisir-arrêter la provision d'une lettre de change. Celui à qui elle appartient pouvant la transmettre à tout instant à un tiers, il ne manquerait pas de le faire : le saisissant en serait pour ses frais, et peut-être même serait tenu à des dommages-intérêts envers le nouveau propriétaire de l'effet; car le débiteur de la traite ne peut refuser de payer, nonobstant la saisie, à moins qu'elle ne soit faite sur celui qui lui présentera l'effet comme dernier propriétaire (Arr. C. de Bruxelles du 4 mars 1820); il ne doit point obtempérer au jugement non rendu avec lui, et qui validerait la saisie pratiquée sur l'un des endosseurs. (Arr. C. de cass. du 5 avril 1826.)

On doit encore regarder comme dispensée de la signification de cession la vente de billets au porteur et des actions de Société commerciale, qui sont créées pareillement au porteur, et dont la propriété est complétement transférée par la simple remise du titre, suivant l'article 35 du Code de commerce; ou bien qui, comme les actions de la Banque, sont transmises par un simple transfert sur les registres. (Art. 4 du décret du 16 janvier 1808.) Dès que ces créances sont transférées selon le mode qui leur est propre, on ne peut plus les saisir sur le cédant. (L. du 15 ther-

midor an 3; arr. de la C. de cassation du 10 novembre 1829; Troplong. *De la Vente*, p. 492; Duvergier, *ibid.*, t. II, p. 243.) Quelles
que fussent, au surplus, la date, la forme et l'authenticité du
transport, il n'empêcherait pas d'être saisissables les sommes qui
en seraient l'objet, s'il était le résultat d'un concert frauduleux
entre le cédant et le cessionnaire pour porter préjudice aux créanciers de celui-ci : ce serait à ces derniers à prouver la fraude.
(Arr. C. de cassation du 23 juillet 1825.) Il n'empêcherait pas non
plus la saisie si les sommes cédées n'étaient pas cessibles, soit
d'après les principes généraux du droit, soit en vertu de lois
spéciales.

17. Il serait beaucoup trop long d'expliquer les divers cas dans
lesquels une chose peut être valablement cédée et transportée à
l'égard des tiers. Ces explications nécessiteraient le commentaire
des dispositions du Code civil relatives à la cession des créances ;
commentaire qui est tout à fait étranger à la saisie-arrêt. Nous
nous bornerons à poser quelques principes, à l'aide desquels on
pourra décider facilement en quel cas les comptables auront le
droit de saisir-arrêter des créances qui auraient été cédées par un
redevable. En règle générale, on peut transporter, et par suite
mettre à l'abri d'une saisie-arrêt : 1° une créance dont on est propriétaire, si elle est échue au moment du transport ; 2° une créance
à terme non encore échue, pourvu qu'elle soit née ; 3° une créance
même conditionnelle ou éventuelle, parce que si la condition se
réalise, elle rétroagit au moment de la convention, et que, par
suite, la créance est censée née à cette même époque. Ainsi, d'après
la première règle ci-dessus, il faut considérer comme *impossible*
toute saisie-arrêt sur le créancier de sommes échues, quoique le
payement en ait été retardé, s'il les a transportées sans fraude. On
ne peut également saisir sur le cédant les fruits échus des immeubles, si le transport est signifié ou accepté avant la saisie.

En vertu de la deuxième règle, une créance payable du 1er janvier, et cédée avant cette époque, ne pourra pas être frappée de
saisie-arrêt par le créancier du cédant, après le transport, s'il a
été signifié. Même solution pour les fruits non échus au moment
de cette signification, et qui échoient postérieurement, mais avant
toute saisie pratiquée sur le cédant. « Car, dit Pigeau, ils tombent,
au fur et à mesure qu'ils naissent, dans la propriété du cessionnaire, et, par conséquent, la saisie qui en est faite sur le cédant
est sans effet, comme pratiquée sur celui qui n'est plus propriétaire. Mais, à l'égard des fruits qui échoieraient depuis cette
saisie, ajoute le même auteur, ils se trouveraient atteints, nonobstant le transport antérieur. »

En effet, si ces fruits sont d'un immeuble, ils deviennent meubles à mesure qu'ils échoient (Code civ., art. 520); à plus forte raison, s'ils proviennent d'un objet déclaré meuble, par exemple, d'une rente.

18. Nous avons vu (art. 77 du Règlement), que, d'après l'article 592 du Code de procédure civile, relatif à la saisie-exécution, certains objets sont déclarés insaisissables. Ces objets ne sont pas non plus susceptibles de saisie-arrêt. Les articles 580, 581 et 582 du même Code, apportant également une modification au principe qui veut que quiconque est obligé personnellement soit tenu de remplir son engagement sur tous ses biens mobiliers et immobiliers, présents et à venir, déclarent certains objets et certaines sommes insaisissables en partie ou en totalité : ces articles complètent, sous ce rapport, l'article 592. Ainsi sont insaisissables aux termes de l'article 581 :

1° Les choses déclarées insaisissables par la loi;

2° Les provisions alimentaires adjugées par justice;

3° Les sommes et objets disponibles déclarés insaisissables par le testateur ou donateur;

4° Les sommes et pensions pour aliments, encore que le testament ou l'acte de donation ne les déclare pas insaisissables.

19. Dans la première classe se trouvent les choses déclarées insaisissables par la loi. Ainsi, sont insaisissables, aux termes de lois spéciales : *les bestiaux destinés à l'approvisionnement de Paris* (édit de septembre 1453, art. 4); mais le prix de leur vente est susceptible d'opposition (Arr. du Ministre de l'intérieur du 19 ventôse an 11); — *les payements, chevaux, provisions, ustensiles et équipages destinés au service de la poste aux lettres* (loi du 24 juillet 1793, art. 76); — *les lettres confiées à la poste* (décret du 10 août 1790, 10 janvier 1791). C'est une conséquence de l'inviolabilité des correspondances. Mais le même privilége n'existe pas à l'égard des articles d'argent confiés à cette Administration. Les directeurs ne peuvent refuser de recevoir les saisies-arrêts qui seraient faites entre leurs mains (Favard, *Rep.*, v° *Poste*, p. 350; Chauveau, t. XIX, p. 379; Dalloz, v° *Postes*, n. 39); — *les inscriptions de rente sur le grand-livre de la dette publique* (loi du 8 nivôse an 6 et 22 floréal an 7). Il n'en est pas de même des sommes déposées aux Caisses d'épargne. La loi du 5 juin 1835 (art. 11) reconnaît le droit de les saisir. L'insaisissabilité des rentes et capitaux dus par l'Etat n'existerait plus évidemment, au cas où, après avoir été réalisés et perçus, ces capitaux et rentes se trouveraient entre les mains des particuliers ou de leurs mandataires. Serait donc valable la saisie-arrêt faite entre les mains d'un indi-

vidu sur des rentes dont il aurait touché le montant par procuration. (Arr. de la C. de cass. du 21 juin 1832.)

La loi du 14 avril 1803, article 33, défend de saisir *les sommes
versées en compte courant dans une banque autorisée.* « Je pense,
dit M. Roger, page 184, qu'aucune opposition ne peut être pratiquée sur les sommes qui sont dans le compte courant d'un fonctionnaire ou comptable public avec une Administration publique;
tel, par exemple, qu'un receveur général des finances. L'Administration serait entravée dans ses opérations si l'on admettait des
saisies-arrêts sur pareilles sommes. Tout le droit du créancier du
receveur devra se borner à saisir-arrêter le solde que l'Administration déclarera lui devoir après la clôture de son compte. »

Sont encore déclarés insaisissables : *les parts de prises maritimes
et les salaires des marins.* (Arr. du 2 prairial an 11, art. 110 et 111;
règlement général du 17 juillet 1816, et avis du 31 octobre 1818.)
Mais cela ne s'applique qu'aux matelots, et non aux salaires des
capitaines de marine marchande, pilotes ou officiers marins (Arr.
de la C. d'Aix, du 5 juin 1829); *la solde des marins et militaires*
(décret du 8 janvier 1810.) Il a été décidé par ce décret que l'Administration militaire ou maritime a seule le droit d'en régler
l'emploi ou la destination; qu'ainsi, s'il y a des oppositions frappées entre les mains des payeurs, et que les chefs leur comman-
dent, ce nonobstant, de payer, ce n'est pas à l'autorité judiciaire à
décider si les payeurs ont dû déférer plutôt à l'opposition des
créanciers qu'aux ordres de leurs chefs. (Voir Cormenin, *Droit administratif,* tome II, page 29);— *les fonds des communes déposés
à la Caisse d'amortissement* (Avis du C. d'Etat, du 15 juillet 1807,
approuvé le 12 août suivant); — *les sommes appartenant à des
communes entre les mains des receveurs.* (Autre Avis du 18 mai
1813, approuvé le 26.)

Ce dernier avis du Conseil d'Etat s'appliquant à toute sorte de
fonds dus ou appartenant aux communes, a solennellement pro-
clamé l'impossibilité de les poursuivre par voie de saisie-arrêt.
Leurs créanciers doivent, pour obtenir le payement de leurs
créances, même reconnues en justice, s'adresser aux préfets, seuls
compétents pour indiquer les mesures propres à l'effectuer et
notamment pour porter d'office, s'il y a lieu, au budget des communes les sommes réclamées. Ce que nous venons de dire sur
les communes s'applique aux hospices et aux établissements de
bienfaisance, suivant un arrêté du 9 ventôse an 10. Il faut aussi
déclarer impraticable toute saisie-arrêt sur les revenus de la fabrique d'une église. Le mode de payement des dettes de cet établissement doit être réglé administrativement, conformément au

décret du 30 décembre 1809. (Garré, *Gouvernement des Paroisses*, n° 550; Affre, *Administration des Paroisses*, p. 229; Dufour, *Droit administratif appliqué*, t. VI, p. 290, édit. de 1869.) Cependant, si la créance avait été reconnue, la liquidation faite, le payement ordonné et les fonds assignés sur les fonds de la fabrique par l'autorité administrative, les Tribunaux pourraient valider la saisie-arrêt en cas de refus de payement par le trésorier. (Arr. du Conseil d'Etat du 3 décembre 1817.) — Ne peuvent encore être l'objet d'une saisie-arrêt : les taxes des témoins, soit en matière criminelle, soit devant les Conseils de guerre, les taxes des personnes appelées pour expertises en matière d'expropriation pour cause d'utilité publique, ces taxes et indemnités devant être acquittées sur-le-champ, conformément à l'article 2 du décret du 13 pluviôse an 8 et à l'article 26 de l'ordonnance du 18 septembre 1833.(Instruction générale de l'Administration des domaines sur l'exécution de la loi du 9 juillet 1836, n° 1520). Il en est autrement des mandats de payement de frais de justice donnés à des particuliers. Ils ne doivent être acquittés qu'après visa du directeur de l'enregistrement, constatant qu'il n'y a ni saisie, ni opposition. Ils peuvent donc être saisis-arrêtés. Il n'y a d'exception que pour les frais de justice urgente. (Décret du 13 pluviôse an 13; Instruction générale du 28 floréal an 13 et 5 janvier 1809.)

Le tiers du produit du travail des détenus, qui doit leur être remis à leur sortie, n'est pas saisissable.

L'insolvabilité des condamnés est, d'ailleurs, suffisamment constatée par un certificat d'indigence. (Déc. du Ministre des finances, du 7 janvier 1806. — Circulaire du 13 janvier, même année.)

Les revenus des majorats ne peuvent être saisis que jusqu'à concurrence de la moitié, et pour les dettes privilégiées indiquées par les articles 2101, 2103, n°ˢ 4 et 5 du Code civil. C'est ce que portent les articles 51 et 52 du décret du 1ᵉʳ mars 1808. Mais nous pensons qu'ils seraient également saisissables, dans ladite proportion de moitié, pour la créance des contributions. Puisque celle-ci a un privilége préférable à celui des créances des articles 2101 et 2103 (Voir le *Commentaire* sur l'art. 11, n° 70), elle doit nécessairement profiter de l'exception créée ici en faveur de ces dernières. Au surplus, les majorats ne sont que transitoires. Ils finiront peu à peu par disparaître, en vertu de la loi du 12 mai 1835.

ᵣ. 20. Les cautionnements des fonctionnaires et comptables publics peuvent-ils être saisis-arrêtés en capital et intérêts, pendant la durée de la gestion ? Quelques auteurs se sont décidés pour la négative. (Rolland de Villargue, Chauveau, Thomine-Desmazures.)

Ils ont pensé que les intérêts seuls étaient saisissables. Nous nous sommes prononcé en faveur de cette opinion dans le *Commentaire* sur l'article 11, n° 81 et suivants. Nous croyons avec M. Dalloz, v° *Cautionnement de fonctionnaires*, n° 112, et avec un arrêt de la Cour de Grenoble du 15 février 1823, que le capital d'un cautionnement.ne peut être diminué que par l'effet des condamnations prononcées contre le titulaire, à raison de l'exercice de ses fonctions. Ce sont donc seulement les intérêts des cautionnements des fonctionnaires et comptables qui pourraient être saisis-arrêtés pour la dette des contributions, si d'ailleurs ce n'est pas le cas d'agir par action directe, conformément à l'article 2 de la loi du 12 novembre 1808. (Voir le *Commentaire* sur l'art. 14, n° 15.)

21. La loi du 26 pluviôse an 2 contient des prescriptions particulières pour les saisies-arrêts qui peuvent être faites sur les sommes dues par l'Etat aux entrepreneurs de travaux publics. — Les articles 1er et 4 de cette loi sont ainsi conçus: Article 1er. « Les créanciers particuliers des entrepreneurs et adjudicataires des ouvrages faits et à faire pour le compte de la nation ne peuvent, jusqu'à l'organisation définitive des travaux publics, faire aucune saisie-arrêt ni opposition sur les fonds déposés dans la caisse des payeurs du Trésor public, pour être délivrés aux entrepreneurs et adjudicataires. » — Article 4. « Néanmoins, les sommes qui restent dues aux entrepreneurs ou adjudicataires, après la réception des ouvrages, pourront être saisies par leurs créanciers particuliers, lorsque les dettes mentionnées en l'article 3 auront été acquittées. » — Ces dettes sont les salaires des ouvriers employés par les entrepreneurs, et les sommes dues pour fournitures de matériaux et autres objets servant à la construction des ouvrages. (Les droits privilégiés accordés aux ouvriers et fournisseurs par l'art. 4, sur les sommes restant. dues à l'entrepreneur, après la réception des travaux, ont été modifiés par les art. 2101, 2102 et 2103 du Code civil.) — Un avis du Conseil d'Etat, du 12 février 1809, a, du reste, décidé que la loi du 26 pluviôse an 2, n'ayant été abrogée par aucune loi, devait encore être exécutée. — Les créanciers particuliers des entrepreneurs ne peuvent prétendre avoir de garantie de leurs créances et de leurs oppositions que sur les sommes dues pour solde, après la confection et la réception des travaux et le payement des créanciers privilégiés, ce restant dû étant considéré comme le bénéfice fait, par les entrepreneurs ou adjudicataires, sur le prix qui leur a été alloué par l'acte passé entre eux et le gouvernement. (Circulaire du 1er juillet 1806, du payeur général des dépenses diverses, aux payeurs particuliers.) Il faut observer que les créanciers d'un fournisseur pourraient

être admis à former opposition sur les sommes à lui dues par le Trésor, mais non à la liquidation ni à l'ordonnancement à faire par le Ministre de la guerre. (Arr. C. du 31 juillet 1822.)

Les dispositions de la loi du 20 pluviôse an 2 ne seraient pas applicables au cas où il s'agirait de sommes dues aux entrepreneurs par des communes ou établissements publics. (Arr. C. de cassation du 12 décembre 1831.) Ces sommes pourraient être saisies-arrêtées suivant le droit commun.

22. Les pensions dues par l'Etat ont été déclarées insaisissables, d'abord par une déclaration du 7 janvier 1779, art. 12; puis par la loi du 22 floréal an 7 (11 mai 1799, art. 8), et enfin par l'arrêté du 7 thermidor an 10, qui déclara : 1° que le Trésor ne recevrait, à l'avenir, aucune signification de transport, cession ou délégation de pension à la charge de la République; 2° que les créanciers d'un pensionnaire ne pourraient exercer qu'après son décès, et sur le décompte de la pension, les poursuites et diligences nécessaires pour la conservation de leurs droits. La Cour de Liége, par un arrêt du 13 juin 1813, avait jugé que les pensions de retraite des employés, payées sur les fonds provenant de la retenue mensuelle de leurs appointements, ne doivent point être rangées dans la classe des pensions dues par l'Etat ; qu'elles conservaient le caractère de traitement et appointement, et pouvaient être frappées d'opposition, mais seulement jusqu'à concurrence de la portion déclarée saisissable. La Cour de cassation, réformant un arrêt de la Cour de Paris qui avait consacré la même opinion, a proscrit avec raison cette doctrine erronée, et a décidé, au contraire, le 28 août 1815, que des pensions de retraite doivent être considérées comme des pensions dues par l'Etat, et qu'en cette qualité elles doivent être déclarées insaisissables.

Deux ordonnances royales, conformes à cette décision de la Cour suprême, ont décidé : la première, à la date du 27 août 1817 (art. 1er), qu'il ne serait reçu aucune signification de transport, cessions ou délégations de pensions de retraite affectées sur des fonds de retenue (art. 2); que le payement desdites pensions ne pourrait être arrêté par aucune saisie ou opposition, à l'exception des oppositions qui pourraient être formées par le propriétaire des brevets de la pension ; la seconde, à la date du 30 avril 1823, que les dispositions de l'ordonnance du 27 août 1817, qui déclarent incessibles et insaisissables les pensions affectées sur les fonds de retenue, seraient applicables aux indemnités accordées aux employés supprimés ou réformés. Cet ensemble de législation se trouve abrogé par l'article 26 de la loi du 9 juin 1853, aux termes duquel aucune saisie ou retenue ne peut être opérée du vivant du pensionnaire, que jusqu'à concurrence du cinquième *pour débet envers l'Etat*, ou pour des créances privilégiées, aux termes de l'article 2101 du Code civil et d'un tiers dans les circonstances prévues par les articles 203, 205, 206, 207 et 214 du même Code. Il peut y avoir à la fois saisie des arrérages de la pension pour un cinquième et pour un tiers. Dans ce cas, le pensionnaire est réduit aux sept quinzièmes.

La loi du 11 avril 1831 (art. 28) sur les pensions de l'armée de terre, déclare les pensions militaires et leurs arrérages incessibles et insaisissables, excepté en cas de débet envers l'Etat ou dans toutes les circonstances prévues par les articles 203 et 205 du Code civil. Dans ces deux cas, les pensions militaires sont passibles de retenues, qui ne peuvent excéder le cinquième de leur montant pour cause de débet, et le tiers pour aliments. La loi du 18 avril 1831, sur les pensions de l'armée de mer, contient la même disposition, article 30.

La loi de 1831 n'a point trait aux pensions des membres de la Légion d'honneur. Il faut suivre, à l'égard de ces pensionnaires, les dispositions de l'avis du Conseil d'Etat du 23 janvier 1808. Cet avis décide :

1° Que, d'après l'arrêté du 7 thermidor an 10, et sans qu'il soit besoin d'une nouvelle disposition, les soldes de retraites et pensions militaires de la Légion d'honneur sont insaisissables ;

2° Que les traitements de réforme ne sont pas susceptibles non plus d'aliénation. L'arrêté du 7 thermidor an 10, que cet avis déclare applicable aux pensions des membres de la Légion d'honneur, dispose qu'il ne sera reçu aucune signification de transport, cession ou délégation de pensions à la charge du Trésor public, et que ces pensions seront insaisissables. Ce même arrêté doit être appliqué aux militaires invalides. (Arrêté du 10 germinal an 11.)

Les pensions accordées aux combattants de juillet 1830 sont alimentaires de leur nature, et, comme telles, insaisissables. (Arrêt du Conseil du 7 août 1835.) Il en est de même des pensions accordées en vertu des lois du 13 juin 1850, aux victimes de juin 1848 et en vertu des lois des 16 mai et 16 avril 1859 aux personnes blessées lors de l'attentat de Orsini.

23. Les traitements dus par l'État ne peuvent être saisis que pour la portion due par les règlements et ordonnances. (Code de proc. civ., art. 580.) Ce sont d'abord les traitements des fonctionnaires publics et employés civils qui ne sont saisissables, d'après la loi du 21 ventôse an 9, que jusqu'à concurrence du cinquième sur les premiers 1,000 fr. et sur toutes les sommes au-dessous, du

quart sur les 5,000 fr. suivants, et du tiers sur la portion excédant 6,000 fr. à quelque somme qu'elle s'élève, et ce, jusqu'à l'entier acquittement des créances. Ainsi, par exemple, on pourra saisir 200 fr. sur l'employé dont le traitement est de 1,000 fr.

Si son traitement était de plus de 1,000 fr., par exemple, de 6,000 fr., on saisirait d'abord la même somme de 200 fr., cinquième des premiers 1,000 fr., plus celle de 1,250 fr. formant le quart des 5,000 fr. suivants. Total de la saisie, 1,460 fr. Telle est l'interprétation à donner à la loi du 21 ventôse an 9. Cette loi a été déclarée applicable, soit par ordonnances, soit par décisions administratives ou judiciaires, à une foule de fonctionnaires ou employés civils, notamment aux instituteurs communaux (Décisions du Conseil royal de l'instruction publique, du 20 juin 1835 et du 9 janvier 1836), aux employés des octrois (Ord. du 9 décembre 1814). — Les rédacteurs du *Journal des Communes*, tom. VII, 1ʳᵉ part., p. 96, sont du même avis, touchant le traitement des secrétaires de mairie.

24. Nous avons examiné, dans le *Commentaire* sur l'article 36, nº 3, si le salaire des porteurs de contraintes était saisissable, et, dans ce cas, s'il pouvait l'être pour la totalité ou seulement pour un cinquième, comme le traitement des fonctionnaires ou employés. Nous renvoyons à cet article.

Mais que faudrait-il décider à l'égard des remises des percepteurs des contributions?

Cette question se réduit nécessairement à celle de savoir si les remises allouées aux percepteurs, pour le recouvrement des contributions directes, sont un traitement. Or, l'affirmative nous paraît incontestable. Les percepteurs sont des fonctionnaires publics, et le salaire qui leur est accordé pour l'émolument de leurs fonctions, quelque dénomination qu'on lui donne, n'est pas d'une autre nature que celui qui forme le traitement des autres fonctionnaires et employés des administrations publiques. Nous n'hésitons donc pas à penser que ces remises sont saisissables, et qu'elles ne le sont que dans les proportions déterminées par la loi du 21 ventôse an 9. Il n'y aurait pas d'argument contraire à tirer de l'avis du Conseil d'État du 15 octobre 1828 rapporté à l'article 36 précité, et qui a décidé que les salaires des porteurs de contraintes ne jouissaient pas de l'avantage établi par la loi de ventôse an 9 en faveur des employés. Les porteurs de contraintes, en effet, bien que leurs titres d'huissiers, en matière de contributions directes, leur confère un caractère public, ne sont pas, quant à leur salaire, dans la même position que les percepteurs : l'arrêté du 16 thermidor an 8 déclare en termes exprès qu'ils ne jouissent d'aucun traitement fixe, et qu'ils ne sont payés qu'autant qu'ils sont employés. Les frais de poursuites qui leur sont alloués ne leur sont pas payés par l'Etat, comme l'est un traitement et comme le sont les remises des percepteurs ; c'est le contribuable poursuivi qui les supporte, et si, pour la régularisation du service, il a été décidé que les porteurs de contraintes toucheraient ce qui leur est dû à la recette des finances, il n'en faut pas induire que c'est le Trésor qui les salarie : il ne fait qu'une avance des frais dus en réalité par le contribuable poursuivi, et dont il se fait rembourser ultérieurement par ce dernier.

Le percepteur, au contraire, jouit de remises fixes qui sont acquittées sur les fonds généraux de l'Etat, au moyen de l'imposition particulière portée, à cet effet, dans les rôles des contributions directes. Il n'y a donc aucune analogie entre les deux espèces. Mais, observera-t-on peut-être, comment la saisie-arrêt pourra-t-elle s'effectuer ? Le percepteur n'est-il pas autorisé à retenir sur le produit de ses recouvrements le montant de ses remises ? Ne sera-t-il pas dès lors impossible de former opposition sur des sommes dont le Trésor n'est, pour ainsi dire, jamais débiteur à l'égard des percepteurs, puisqu'elles passent immédiatement dans les mains de ces comptables ? Lorsqu'un créancier se présentera pour notifier son opposition au receveur des finances, celui-ci ne sera-t-il pas réduit à répondre qu'il n'a et ne peut avoir entre les mains aucune somme appartenant au percepteur, puisque celui-ci a déjà ce qui lui était dû pour ses remises, et qu'à l'égard de ce qui pourra lui être dû successivement, il le touchera également sans que la somme passe par l'intermédiaire de la recette des finances ?

Il nous paraît facile de répondre à cette observation.

Nous avons dit que les remises étaient un véritable traitement alloué par l'Etat aux percepteurs pour les émoluments de leurs fonctions. C'est donc l'Etat qui en est débiteur, et, par conséquent, il n'y a aucun motif légal qui puisse empêcher les créanciers de former des saisies-arrêts ou oppositions entre ses mains, sur le montant desdites remises. L'article 203 de l'Instruction générale autorise bien les percepteurs à retenir sur leurs versements le montant de leurs remises, mais cette disposition, adoptée par le Trésor pour l'ordre intérieur de son service, ne peut pas évidemment nuire aux tiers intéressés. En autorisant les comptables à faire une partie de leurs versements en déclaration de retenue, c'est-à-dire à retenir leurs remises sur le montant de leurs recouvrements, le ministère n'a fait autre chose qu'établir un mode particulier de payement propre à simplifier les opérations ; mais l'autorisation de retenir n'en constitue pas moins un payement de la part du Trésor. Or, celui-ci ne peut payer régulièrement que lorsqu'il n'existe pas d'opposition : par conséquent, dès l'instant qu'une opposition aurait été signifiée par le créancier d'un percepteur, la faculté de retenir ses remises cesserait pour ce dernier, parce que le Trésor n'aurait plus lui-même le droit de le payer au préjudice de la saisie-arrêt.

En résumé, les remises des percepteurs peuvent être frappées de saisies-arrêts ou d'opposition; mais ces saisies ne pourraient affecter lesdites remises que jusqu'à concurrence du cinquième, du quart ou du tiers, conformément à loi du 21 ventôse an 9. Dans tous les cas, c'est entre les mains du receveur des finances que l'opposition devrait être formée, parce que c'est ce comptable qui paye les remises des percepteurs et l'acquit du Trésor. Une Circulaire du contentieux des finances, du 11 août 1847, a consacré l'opinion que nous avions émise et soutenue sur ce point.

Les mêmes principes sont applicables aux receveurs des communes et des hospices. Seulement il faudrait remarquer que si le même comptable cumulait ces diverses fonctions, la saisie-arrêt devrait être faite sur chaque traitement en particulier, de sorte que la portion saisissable, d'après la loi du 21 ventôse, se calculerait, non pas sur la masse des remises des traitements réunis, mais sur chacun d'eux considérés isolément. Cette dernière conséquence est importante et mérite d'être remarquée.

25. Suivant un décret du 2 octobre 1811, les gratifications accordées aux agents forestiers sont entièrement insaisissables. Celles des préposés de la Régie des douanes, leur traitement fixe et leur émolument ne peuvent, suivant l'article 17, titre XIII d'une loi du 6-22 août 1791, être saisis à la requête de leurs créanciers, sinon pour leurs aliments ou logement pendant la dernière année ; mais nous pensons que la règle générale de la loi du 21 ventôse an 9 a dérogé à cette règle spéciale. Telle est l'opinion de M. Bouchené-Lefer. (*Droit public*, tome II, p. 264.)

Le traitement des ministres de la religion catholique est déclaré totalement insaisissable par un arrêt consulaire du 18 nivôse an 11 (8 janvier 1803). Il en est de même pour les traitements des ministres des églises protestantes. (A. du 15 germinal an 12.) La raison semble aussi devoir exiger une pareille solution pour les traitements accordés depuis 1814 aux ministres du culte israélite. Néanmoins, l'absence de dispositions spéciales pourrait laisser ouverture à une contestation sérieuse, pour la saisie-arrêt que le percepteur voudrait exercer sur le traitement d'un rabbin.

La loi du 19 pluviôse an 3 (7 février 1795) contient, sur la saisie des traitements militaires, les dispositions suivantes :

« La Trésorerie nationale est autorisée à faire payer aux officiers des troupes, aux commissaires des guerres et à tous autres employés ou à la suite, grevés d'oppositions par leurs créanciers, les quatre cinquièmes de leurs appointements; le cinquième restant réservé aux créanciers, qui pourront d'ailleurs exercer leur droit sur les autres biens de leurs débiteurs. »

Ainsi, les traitements militaires ne sont saisissables que pour un cinquième; mais il faut remarquer aussi que, d'après l'article 5 de la loi du 8-10 juillet 1791, ce traitement ne peut être saisi que pour ce qui excède 600 francs. Il a été reconnu toutefois que, dans certains cas, le Ministre pourrait ordonner une retenue plus forte que celle prescrite par la loi. (Instr. du Ministre de la guerre du 13 juillet 1806.)

Suivant une décision du Ministre de la guerre du 28 frimaire an 13, les indemnités de logement et de fourrages, ainsi que celles réglées à titre d'abonnement pour frais de bureau et de tournée, et pour frais de représentation, sont insaisissables, attendu qu'elles ne sont accordées aux militaires employés que dans le lieu assigné à l'exercice de leurs fonctions, et pour les mettre en état de les remplir. Il en est de même, dit une autre décision du Ministre du Trésor public, en date du 13 frimaire an 11, à l'égard des gratifications à payer aux militaires pour leur donner les moyens d'entrer en campagne. (Ord. du 19 mars 1813, 13 mai 1818, 19 octobre 1820; Réglement, 21 novembre 1823, janvier 1825.)

La loi du 14 février 1792 veut qu'à la mort d'un militaire ou d'un employé, ce qui serait dû à sa succession, pour solde ou traitement, soit saisissable par ses créanciers.

Il faut prendre garde de confondre les traitements des employés aux armées avec ceux des employés réputés civils de l'Administration de la guerre. Les traitements des premiers sont saisissables en totalité, tandis que les traitements des derniers ne le sont que conformément à la loi du 21 ventôse an 9, c'est-à-dire jusqu'à concurrence d'un cinquième sur les premiers mille francs, du quart sur les cinq mille francs suivants, et du tiers sur la portion excédant six mille francs.

26. La loi ne contient aucune disposition pour les traitements, appointements ou salaires des employés des établissements particuliers. On en a longtemps conclu que la totalité de ce que leur payent ces établissements pouvait être saisie-arrêtée. Ainsi, la jurisprudence décidait que les sommes dues aux artistes drama-

tiques, par exemple, pour leurs appointements, pouvaient être saisies intégralement.

Un arrêt de la Cour de Douai, du 13 mai 1853, l'avait également décidé pour les employés des chemins de fer; mais, depuis 1860, un revirement s'est produit dans la doctrine professée par la Cour de cassation; elle juge que les traitements des employés des particuliers ou les salaires des ouvriers peuvent être déclarés insaisissables, soit pour partie, soit pour le tout, lorsqu'à raison de leur quotité et de la position de ceux qui les reçoivent, ils doivent être considérés comme alimentaires. (Deux arr. de la C. de cassation, du 10 avril 1860.) Cette solution s'appuie sur ce double principe que l'humanité ne permet pas à un créancier de saisir ce qui est indispensable à l'existence de son débiteur, et que là où il n'y a pas d'intérêt, il ne saurait y avoir ni action ni poursuite. A nos yeux donc, elle n'est pas contestable; mais nous ne pouvons nous dissimuler ni ce que l'appréciation des ressources et des besoins a de délicat pour le juge, ni ce que la position du percepteur appelé tout le premier à faire cette appréciation peut avoir quelquefois d'embarrassant. Telle est la nature et la modicité ordinaire de la dette de l'impôt qu'il y aurait négligence et faiblesse à ne pas en poursuivre le recouvrement toutes les fois que le redevable exerce une industrie et perçoit des salaires réguliers. Le dénuement et l'absence complète de ressources peuvent seuls faire renoncer aux poursuites, et les instructions relatives aux cotes irrecouvrables peuvent servir de guide en cette matière.

Mais, dans la mesure où les appointements et les salaires restent saisissables, le droit de saisir-arrêter les appointements ou salaires s'étendrait-il aux appointements ou salaires à échoir aussi bien qu'à ceux qui sont échus?

Cette question est d'autant plus importante pour l'intérêt du recouvrement, qu'elle est de nature à se présenter assez fréquemment dans le service de la perception; il y a beaucoup de circonstances où le percepteur est obligé de pratiquer des saisies sur des sommes provenant ou à provenir de salaires appartenant aux redevables. Elle est diversement résolue par les auteurs et les Tribunaux. Les opinions nous paraissent pouvoir se réduire à trois systèmes principaux. Un premier système consiste à soutenir qu'aux termes des articles 2092 et 2093 du Code civil, les biens à venir du débiteur étant, comme ses biens présents, le gage commun de ses créanciers, il s'ensuit que les traitements ou salaires, qui sont des biens à venir, sont susceptibles de saisie-arrêt et qu'il en est ainsi, notamment, des appointements d'un acteur dramatique, pour prendre l'exemple que nous avons déjà choisi.

Telle est l'opinion qu'embrassent MM. Vivien et Blanc, dans leur *Traité de la législation des théâtres*, en combattant un jugement contraire du Tribunal de la Seine du 27 mars 1828. L'opinion de ces auteurs est d'ailleurs conforme à un arrêt de la Cour de Rouen, du 3 juin 1836, indiqué dans le *Traité de la saisie-arrêt*, de M. Roger.

Un second système consiste à prétendre que les traitements ou salaires non échus sont insaisissables, parce qu'ils ne sont pas dans les biens présents du débiteur, et que, de ce que les articles 2092 et 2093 du Code civil, au titre des Priviléges et Hypothèques, disent que le débiteur est tenu de remplir ses engagements sur tous ses biens présents et à venir, et que les biens du débiteur sont le gage commun de ses créanciers, il ne s'ensuit pas nécessairement que le législateur ait dû ou voulu autoriser les créanciers à user envers leur débiteur de la voie rigoureuse de la saisie-arrêt sur ses biens à venir comme sur ses biens présents ; que l'article 557 du Code de procédure semble repousser cette voie d'exécution sur les biens à venir, lorsqu'il se borne à dire que tout créancier peut, en vertu de titres authentiques ou privés, saisir-arrêter, entre les mains d'un tiers, les sommes et effets appartenant à son débiteur ; que l'expression des sommes et effets *appartenant* semble ne pouvoir s'appliquer à des biens à venir. On pourrait ajouter que les traitements ou salaires non encore échus sont des biens à venir d'une espèce particulière, qu'ils ne peuvent être assimilés à des arrérages de rente ou de pension, à l'égard desquels le rentier ou titulaire a un droit actuellement acquis, parce qu'il n'a plus rien à faire ou à donner pour qu'ils lui appartiennent ; en un mot, ce sont pour lui choses *acquises* qui *font partie de ses biens*, quoiqu'elles ne soient pas encore *exigibles* : on conçoit facilement, dès lors, qu'elles puissent être saisies-arrêtées par des créanciers. Mais il en est tout autrement des traitements ou salaires ; non-seulement ils ne sont pas *exigibles*, mais ils ne sont pas même acquis, puisque celui qui doit les recevoir n'y aura droit qu'autant qu'il fera la chose ou le travail auquel il s'est engagé.

Ce sont des choses purement éventuelles, qui ne font point encore partie de son avoir, et qui ne peuvent, par conséquent, être l'objet d'une saisie-arrêt. Cela est si vrai que, du moment que cette saisie est faite, il dépend du débiteur de la rendre sans effets, en ne faisant pas ce qu'il s'était engagé à faire, en ne gagnant pas le traitement ou salaire qui lui avait été promis. Dans ce cas, l'intérêt même des créanciers semble exiger que la saisie ne soit pas admise, et c'est le motif qui a déterminé quelquefois les Tribunaux à l'annuler. Ne voit-on pas, d'ailleurs, qu'en admettant le

droit de saisir par avance sur un débiteur malheureux ce qu'il
pourra gagner par son travail, il peut se faire qu'on arrive ainsi
à lui rendre le travail même impossible, et que par là on porte
indirectement atteinte à la liberté de sa profession, à son exis=
tence elle-même? Or, ce sont là des choses que le débiteur n'a pu
aliéner par anticipation; il n'a pu engager que les produits de son
travail à mesure qu'ils lui sont acquis; ce n'est donc que sur ces
produits acquis que peut porter la saisie-arrêt. Enfin, un troisième
système, tenant le milieu entre les deux précédents, prend sa base
dans la disposition de l'article 1244 du Code civil, qui autorise les
juges à accorder au débiteur des délais pour se libérer. De cette
faculté d'accorder des délais naît, selon les partisans de ce sys=
tème, le droit de restreindre la saisie=arrêt, et d'en limiter les
effets selon les circonstances, de manière à concilier équitable=
ment les intérêts du débiteur et ceux du créancier. C'est ce der=
nier système que paraît adopter M. Roger, et c'est aussi celui que
suivent le plus ordinairement les Cours et les Tribunaux, en se
fondant à cet égard sur des motifs d'équité bien plus que de droit
civil.

La Cour de Lyon, par un arrêt du 28 juin 1837, tout en parais=
sant adopter les principes du deuxième système exposés ci-dessus,
pour restreindre l'effet d'une saisie-arrêt pratiquée sur les appoin=
tements d'un acteur, s'est fondée, en outre, sur l'intérêt qu'avait
le directeur à ce que cet acteur ne fût pas mis hors de possibilité
de remplir son engagement envers le théâtre et le public. Ainsi,
elle a décidé que la saisie-arrêt des appointements à échoir d'un
acteur ne peut atteindre la somme qui lui est rigoureusement
nécessaire pour sa subsistance et l'exercice de son état; que, par
suite, le directeur, entre les mains duquel la saisie-arrêt a eu lieu
et qui, depuis cette saisie, a remis au saisi une partie de ses
salaires en réservant l'autre pour les créanciers, est fondé à pré=
tendre qu'il ne peut être tenu de payer à ceux-ci la totalité des
sommes échues, mais seulement déduction faite de ce qui a été
nécessaire au débiteur pour l'exercice de son état, et que, *spécialement*, si les appointements mensuels étaient de 200 francs, la
moitié de cette somme a pu être remise au débiteur sans que ses
créanciers aient à en rendre responsable le directeur.

Cette décision de la Cour de Lyon procédait déjà des tendances
qui inspirent actuellement la jurisprudence de la Cour de cassation. (Voir ci-dessus, n° 26.) Il répugne, en effet, d'admettre que
les créanciers puissent, en saisissant d'avance les appointements
d'un acteur, le mettre hors d'état de satisfaire à ses propres
besoins journaliers et aux engagements pris par lui envers le di-

recteur du théâtre et le public, et, dans l'intérêt des créanciers eux-mêmes, il est juste que les Tribunaux puissent fixer et arbitrer la portion saisissable, eu égard à la quotité mensuelle des appointements et aux dépenses journalières que l'emploi peut exiger de celui qui l'exerce.

La Cour royale de Paris a jugé dans le même sens, le 7 juillet 1843, que si le directeur d'un théâtre a payé à un acteur la totalité de ses appointements, malgré les saisies-arrêts formées par les créanciers de ce dernier, il doit être condamné à verser aux saisissants l'*excédant de ce que les juges arbitreront devoir être insaisissable.*

Les véritables motifs à donner à l'appui de cette doctrine, pour empêcher la saisie-arrêt des salaires à échoir sont ceux donnés par M. Roger, qui, se fondant sur l'article 1244 du Code civil, aux termes duquel le juge a la faculté d'accorder au débiteur un délai de grâce, induit de cette faculté celle du juge de limiter la somme jusqu'à concurrence de laquelle la saisie sera valable. M. Dalloz, dans son *Recueil périodique* de 1838, 2ᵉ Partie, p. 40, fait observer dans le même sens que, sans prendre pour base l'article 1244, qui ne peut être invoqué que comme considération, pas plus que les lois relatives à la saisie du traitement des employés de l'Etat, les juges de la cause peuvent trouver, dans la nécessité des choses, dans des raisons d'humanité et dans l'intérêt bien entendu du débiteur et des créanciers, une règle de solution dont la justesse et l'équité soient de nature à rallier toutes les opinions.

Le poids de ces considérations, décisives quand il s'agit d'une dette civile, diminue singulièrement au cas de la dette de contribution. A l'égard de celle-ci, le juge n'a jamais le pouvoir d'accorder des délais : nul ne peut arrêter le recouvrement du rôle. Et comme, en outre, la créance de l'impôt direct a un privilége qui prime tous les autres, on ne saurait lui opposer, comme dans l'espèce de l'arrêt de la Cour de Lyon, des prélèvements faits sous le prétexte de payements relatifs à la conservation de la chose ou de fournitures alimentaires pour le saisi. La créance du Trésor passe même avant ces dernières. Ainsi, les décisions rendues par la Cour de Lyon et par la Cour de Paris ne devraient pas arrêter le percepteur dans la saisie des salaires à échoir, aussi bien que des salaires échus.

27. L'article 581 du Code de procédure déclare aussi insaisissables, § 2, les provisions alimentaires adjugées par justice. Par le mot de provisions alimentaires adjugées par justice, il faut, selon M. Duranton, tome II, n. 393, entendre non-seulement les provisions accordées provisoirement, comme dans le cas de demande

en séparation de corps, mais encore les pensions alimentaires accordées par les Tribunaux. Cette opinion de Duranton ne nous paraît devoir être adoptée que pour les pensions alimentaires adjugées *provisoirement* en justice, et jusqu'à la fin du litige, et comme telles assimilées aux provisions alimentaires qui ne peuvent, suivant l'article 582 du Code de procédure, être saisies que pour cause d'aliments ; car, si ces pensions alimentaires étaient adjugées définitivement, elles seraient saisissables par tous créanciers postérieurs au jugement, en vertu de la permission du juge, et pour la portion qu'il déterminerait, conformément à l'article 582. Cette interprétation de l'article 581 est consacrée par un arrêt de la Cour de cassation du 13 décembre 1827 et un arrêt de la Cour de Rouen du 9 avril 1850.

3° Les sommes et objets disponibles déclarés insaisissables par le testateur ou le donateur. Par sommes et objets disponibles, il faut entendre ceux qui n'atteignent pas la réserve légale. (Bioche, n° 23.)

4° Les sommes et pensions pour aliments, encore que le testament ou l'acte de donation ne les déclare pas insaisissables. Pour être insaisissable, une pension n'a pas besoin d'être qualifiée d'*alimentaire* par l'acte constitutif ; il suffit que les circonstances démontrent qu'elle a été accordée à ce titre. (Carré, art. 582 ; Arr. de la C. de Turin, du 3 décembre 1808.)

La qualité d'insaisissable constituant une sorte de privilége, ne doit exister qu'en faveur de celui pour qui la stipulation a eu lieu ; de sorte que les objets déclarés insaisissables par le donateur ou testateur ne continuent pas de l'être dans les mains de l'héritier du donataire ou légataire. C'est ainsi que le décident tous les auteurs. Du reste, les objets mentionnés dans les n°ˢ 3 et 4 de l'article 581 peuvent être saisis par des créanciers postérieurs à l'acte de donation ou à l'ouverture du legs, et ce, en vertu de la permission du juge, et pour la portion qu'il déterminera. (Code de pr. civ., art. 582.) Cette portion que le juge détermine est ordinairement du quart. (Delaporte, tome II, p. 137 ; Bioche, n° 36.) La Cour de Toulouse a jugé, le 18 novembre 1823, que l'article 582, en tant qu'il dispose que les legs déclarés insaisissables par le testateur, pourront cependant être saisis, jusqu'à certaine concurrence, par des créanciers postérieurs à l'ouverture du legs, s'applique même au cas où le testateur aurait déclaré vouloir que les créanciers postérieurs ne puissent saisir le legs. La disposition de l'homme ne peut, en pareil cas, l'emporter sur la disposition de la loi. Ainsi, encore, la clause par laquelle un testateur déclarerait qu'un droit d'usufruit par lui délégué, à titre d'aliments, ne pourra être saisi par aucun des créanciers présents ou futurs du légataire, ne ferait pas obstacle à ce que ce droit fût saisi en vertu d'une permission du juge, et pour une portion déterminée par les créanciers postérieurs à l'ouverture du legs. (Arr. de la Cour de cass. du 15 février 1825.)

28. Nous avons rappelé, au commencement de nos remarques sur le présent article (nº 1), que le percepteur avait deux voies à prendre pour obtenir délivrance des sommes appartenant aux redevables et qui sont entre les mains des tiers, savoir : la sommation directe, dans le cas où la contribution à recouvrer est, à raison de sa nature particulière, privilégiée sur lesdites sommes ; et la saisie-arrêt, dans le cas où il n'y a pas privilége. Or, il peut arriver que le comptable ait à poursuivre à la fois sur le même contribuable le recouvrement d'une cote foncière, par exemple, et d'une cote mobilère. Dans ce cas, si les sommes détenues par un tiers et que le percepteur veut atteindre ne proviennent point des fruits de l'immeuble imposé, il est évident que ces sommes ne seront affectées par privilége qu'à la cote mobilière, et que la cote foncière ne pourra réclamer que les droits d'une créance ordinaire. Il s'ensuivra que, tandis que pour la première le percepteur pourra agir par voie de sommation à l'égard du tiers-détenteur, conformément à l'article 14 du Règlement, il sera obligé pour la seconde de procéder par saisie-arrêt, conformément à l'article 88. Ce comptable devra-t-il donc diriger les deux actions à la fois, et faire signifier au tiers-détenteur deux exploits séparés ?

Dans l'espèce que nous venons de supposer, il n'est pas douteux que le percepteur ne pourrait pas obtenir du tiers-détenteur, sur une simple sommation, la délivrance des sommes dues pour la cote mobilière, et qu'à l'égard de la première la saisie-arrêt ne soit inévitable ; mais il n'en résulte pas la nécessité de deux actes, qui auraient l'inconvénient d'augmenter les frais de poursuite. Un seul acte peut suffire. Ainsi, par le même exploit, le porteur de contraintes ferait sommation au tiers-détenteur de payer en l'acquit du contribuable, sur les sommes qu'il a entre les mains, provenant du chef de ce dernier, la cote mobilière, en vertu de l'article 2 de la loi du 12 novembre 1808 ; et pour la cote foncière, il lui ferait défense de se dessaisir des sommes, comme cela a lieu dans l'exploit de saisie-arrêt ou opposition ; de sorte qu'il y aurait, non pas deux actes, la *sommation* et la *saisie-arrêt*, mais un seul qui les réunirait toutes les deux, sans augmentation de frais. Le percepteur recevrait immédiatement la somme représentative de la cote mobilière privilégiée, et il poursuivrait, conformément aux règles ordinaires (Voir ci-dessus les nᵒˢ 7 et suivants), l'effet de la saisie-arrêt pour la cote foncière. Le Modèle de *sommation* que nous avons donné au *Formulaire*, nᵒ 17, est rédigé de manière à pouvoir servir à cette double fin : il suffirait de mentionner que la défense de se dessaisir de sommes détenues est faite particulièrement pour avoir payement de la cote foncière. (Voir ce Modèle.)

Mais, dans une autre hypothèse, si le même tiers détenteur était dépositaire à la fois de deniers provenant de récoltes, affectés au privilége de la cote foncière, et de deniers mobiliers affectés au privilége de la cote mobilière, le percepteur pouvant, dans ce cas, procéder à l'égard de l'une et de l'autre contributions par voie de sommation sur les sommes affectées spécialement au privilége de chacune, n'aurait pas non plus à faire signifier deux sommations séparées, mais bien un seul acte portant sommation pour les deux cotes, avec indication des deniers atteints spécialement par le privilége particulier de chaque nature d'impôt.

29. Le deuxième paragraphe de l'article 89 porte que la saisie-arrêt n'est pas nécessaire lorsque le percepteur a fait constater sa demande ou sa saisie-arrêt dans un procès-verbal de ventes de récoltes ou d'effets mobiliers, dressé par un officier ministériel.

Cette disposition est une application des règles du droit commun.

En général, quand des créanciers veulent exercer leurs droits sur les biens de leur débiteur, s'ils rencontrent un créancier plus diligent qui a commencé les poursuites, la loi ne leur permet ni de les interrompre par des oppositions, ni d'en intenter de leur côté, de manière à faire un double emploi qui augmenterait les frais en pure perte. C'est ainsi que l'article 609 du Code de procédure décide que les créanciers du saisi, pour quelque cause que ce soit, ne peuvent former opposition que sur le prix de la vente, et que l'article 611 du même Code veut que le créancier qui, se présentant pour saisir, trouve une saisie déjà faite, se borne à un simple récolement (Voir l'article 70 du Règlement), qui vaut opposition sur le prix des meubles saisis.

Le percepteur est soumis à cette règle comme tous les autres créanciers du redevable, et comme eux aussi, quand il trouve des poursuites commencées, il ne peut, sauf les exceptions dont nous avons parlé à l'article 70 du Règlement, que former opposition sur le produit de la vente.

Cette opposition n'a rien de commun avec la saisie-arrêt ni pour le fond ni pour la forme. La saisie-arrêt tend à contraindre un tiers à la délivrance des sommes ou des objets qu'il a entre les mains et qui appartiennent au redevable. C'est toute une procédure. L'opposition sur le prix de la vente est simplement l'intention manifestée par le créancier de faire valoir ses droits quand il s'agira de distribuer les sommes provenant de la vente des biens de son débiteur. Tout consiste donc en une déclaration qu'on ne pouvait raisonnablement soumettre aux formalités de saisie-arrêt : ce seraient là des frais frustratoires. (Chauveau.)

L'opposition sur le prix de la vente des meubles saisis, quand elle ne résulte pas du procès-verbal même de récolement (art. 611 précité du Code de pr. civ.), se forme par un exploit signifié au saisissant et à l'officier chargé de la vente, avec élection de domicile dans le lieu où la saisie est faite, si l'opposant n'y est pas domicilié ; le tout à peine de nullité de l'opposition. (Art. 609 Code de pr. civ.) Voir le *Formulaire*, Modèle nº 46 *bis*.

Elle peut aussi (et c'est précisément le cas du § 2 de l'art. 89) être reçue par l'huissier qui a fait la saisie sur son procès-verbal. Il n'y a plus alors aucune signification à faire ni au saisissant ni à l'huissier. (Pothier, *Procéd.*, 4ᵉ part. chap. II. art. 6, § 2; Thomine, tom. II, p. 126.) — Il en serait naturellement de même pour l'officier chargé de la vente : il pourrait recevoir l'opposition sur son procès-verbal.

En effet, il a été jugé que l'opposition pouvait être utilement pratiquée, soit avant, soit même après la vente, tant que le prix n'était pas distribué. (Arr. de la Cour de Liége, 14 avril 1823.) C'est aussi l'opinion de MM. Carré et Pigeau.

Elle peut, au surplus, être formée sans contrainte ni autorisation ; il suffit que le percepteur énonce l'article du rôle dont il poursuit le recouvrement. (Argum. de l'article 609 du Code de proc. civ.)

Nous n'avons pas besoin de faire observer que le mode d'opposition par consignation au procès-verbal de saisie ou de vente est préférable à celui de l'exploit, en ce qu'il évite les frais. Les percepteurs devront donc, toutes les fois qu'il sera possible, employer cette voie, qui rentre tout à fait dans l'esprit et dans le texte du § 2 de notre article 89. Une marche contraire, si elle n'était justifiée par une nécessité bien constatée, exposerait les agents de poursuites et les percepteurs à voir rejeter les frais à leur charge lors du règlement de la taxe par le sous-préfet. (Voir l'art. 105 du Règlement).

31. *Saisie des rentes constituées sur particuliers.* — Nous avons cru devoir rattacher aux art. 86 ou 89 du Règlement ce qui concerne la saisie des rentes constituées sur particuliers. La saisie de ces rentes comporte, en effet, des formalités particulières qui tiennent beaucoup moins de la saisie-exécution que de la saisie-

arrêt. C'est ce qui nous a déterminé à ne nous en occuper qu'après avoir parlé de cette dernière procédure.

32. Les rentes sur l'Etat, comme nous l'avons dit ci-dessus, au n° 18, sont insaisissables. Mais il n'en est pas de même des rentes sur particuliers. L'article 529 du Code civil les a déclarées meubles par la détermination de la loi. Les rentes sont, dès lors, des meubles, mais des meubles fictifs et non corporels, qui ne peuvent être l'objet d'une saisie ordinaire. Elles sont aussi trop importantes, et ne trouveraient pas d'acquéreurs assez facilement pour être vendues à l'encan par un simple officier ministériel, comme on vendrait une table, une chaise. Il a donc fallu des règles particulières pour la saisie et la vente des rentes. On distingue le corps ou le capital d'une rente des arrérages ou des intérêts qu'elle produit. Les créanciers peuvent, par simple saisie-arrêt, empêcher leur débiteur, créancier de la rente, d'en recevoir les arrérages, et ils se font, par cette voie, autoriser à s'en faire payer à son lieu et place; mais pour dépouiller le débiteur à toujours du corps de la rente et la faire vendre, il faut d'autres formalités. Ces formalités, quant à la saisie d'une rente, sont un composé des règles de la saisie-arrêt et de la saisie-exécution combinées ensemble et appropriées à ce capital, objet de la saisie. Les formalités pour la vente sont un abrégé de la saisie réelle ou expropriation forcée.

Les dispositions du titre X du Code de procédure, relatif à la saisie des rentes constituées sur particuliers, ne s'appliquent pas aux rentes sur l'Etat, que la loi du 8 nivôse an 6 a, comme nous l'avons dit, déclarées insaisissables, ni aux rentes constituées sur les communes. Mais, parmi les rentes constituées sur particuliers, on distingue les rentes perpétuelles et les rentes viagères. On donne le nom de rente perpétuelle à la redevance annuelle qui représente le revenu d'un capital ou d'un immeuble aliéné. La rente viagère est celle dont la durée est subordonnée à l'événement du décès d'une ou plusieurs personnes indiquées au contrat. Quelques auteurs, Delaporte, t. II, p. 221; Berriat, p. 552, ont soutenu que les rentes viagères n'étaient pas saisissables. Cette opinion, qui était contraire d'abord à celle de Carré, de Pigeau et de Bioche, ensuite à deux arrêts des Cours de Caen, du 21 juillet 1814, et de Paris, du 2 janvier 1823, est repoussée par le texte même de la loi; car le Code civil (art. 1910) déclare qu'une rente peut être constituée en *perpétuel* et en *viager*, et le titre X du Code de procédure établit les formalités de la saisie des rentes constituées, indistinctement pour les rentes constituées en perpétuel ou en viager, pour prix de la vente d'un immeuble ou de la cession de fonds immobi-

liers ou à tout autre titre onéreux ou gratuit. (Voir art. 636.)
Il faudrait en excepter seulement les rentes viagères constituées à titre gratuit et stipulées insaisissables dans le titre. (C. civil, art. 1981.)

On ne pourrait appliquer les règles de la saisie des rentes aux actions des Compagnies industrielles, et aux baux saisis sur le propriétaire, usufruitier, locataire ou fermier. C'est ce qu'enseignent Pigeau, t. II, p. 127; Favard, t. V, p. 84; Dalloz (v° *Saisie des rentes*, n° 15) Bioche, n° 8. Les formalités de la saisie des rentes n'auraient encore aucune application à une rente remboursable dans un terme rapproché et qui ne constituerait qu'une simple créance à terme : dans ce cas, il suffirait au créancier de former saisie-arrêt ou opposition.

Il nous a paru indispensable d'expliquer ces principes élémentaires avant de faire connaître les formes de la saisie des rentes sur particuliers. La saisie ne peut avoir lieu qu'en vertu d'un titre authentique et exécutoire. En matière de contributions directes, c'est en vertu du rôle que le percepteur peut y faire procéder.

Cette saisie doit, suivant l'article 636 du Code de procédure, être précédée d'un commandement fait à la personne ou au domicile du débiteur, au moins un jour avant la saisie, et contenant notification du titre, si elle n'a déjà été faite. Le jour dont parle cet article est *franc*. (Favard, *Répertoire*; Thomine-Desmazures, t. II, p. 157.)

Lorsque la saisie est faite entre les mains de personnes demeurant en France, sur le continent, elle doit, aux termes de l'article 639, être signifiée à personne ou à domicile. Ce même article exige, pour la citation, l'observation des délais prescrits par l'article 73, aujourd'hui modifié par la loi du 3 mai 1862.

Ces délais sont : 1° Pour celles demeurant en Corse, en Algérie, dans les Iles britanniques, en Italie, dans le royaume des Pays-Bas et dans les Etats ou Confédérations limitrophes de la France, d'un mois ;

2° Pour celles qui demeurent dans les autres Etats, soit de l'Europe, soit du littoral de la Méditerranée et de celui de la mer Noire, de deux mois ;

3° Pour celles qui demeurent hors d'Europe, en deçà des détroits de Malacca et de la Sonde, et en deçà du cap Horn, de cinq mois ;

4° Pour celles qui demeurent au-delà des détroits de Malacca et de la Sonde et au-delà du cap Horn, de huit mois.

Ces délais sont doublés, pour les pays d'outremer, en cas de guerre maritime.

Le commandement pour la saisie des rentes est semblable à

celui prescrit pour la saisie-exécution, dont nous avons parlé sous le *Commentaire* de l'article 66, n° 2 et suivants. Quant à la forme et au contenu du commandement, nous renvoyons à ce que nous avons dit sous l'article 55 du Règlement.

Le saisissant n'est pas tenu de faire élection de domicile dans le commandement, car l'article 636 n'en parle pas, et l'article 637 ne l'exige que dans le procès-verbal de saisie.

Ce dernier article indique les formes de l'exploit de la saisie. « La rente, y est-il dit, sera saisie entre les mains de celui qui la doit, par exploit contenant, outre les formalités ordinaires, l'énonciation du titre constitutif de la rente, de sa *quotité*, de son capital, s'il y en a un, et du titre de la créance du saisissant; les noms, profession et demeure de la partie saisie; élection de domicile chez un avoué près le Tribunal devant lequel la vente sera poursuivie, et assignation au tiers saisi en déclaration devant le même Tribunal. »

Les formalités ordinaires dont parle cet article sont celles communes à tous les exploits, et que nous avons eu déjà occasion de faire connaître dans l'article 57 du Règlement, relatif au commandement.

L'article 637 du Code de procédure civile qui vient d'être cité veut que l'exploit de saisie de la rente contienne notamment l'énonciation de la quotité de la rente. Sa quotité est la somme de la rente, c'est-à-dire les arrérages ou intérêts qu'elle produit chaque année, soit en argent, soit en nature. Il peut arriver souvent que le saisissant ne puisse connaître le titre de la rente ni le capital de la rente. Mais les auteurs décident qu'il n'est pas nécessaire, dans ce cas, qu'on fasse connaître le titre de la rente par des indications précises et détaillées, et qu'il suffit d'une simple énonciation. —Quant à la quotité de la rente, on pourrait, suivant Pigeau, pour lever l'embarras du saisissant, faire d'abord une saisie-arrêt entre les mains du débiteur de la rente, lequel serait tenu de faire une déclaration servant à obtenir les renseignements nécessaires. Cet avis est, selon Carré et Bioche, celui qui offre le seul moyen légal d'obtenir les renseignements nécessaires. Les rentes viagères n'ayant pas de capital, on se contente d'indiquer dans l'exploit de saisie la quotité des arrérages. S'il s'agit d'une action, on énonce le capital versé et la valeur de l'action, si elle est cotée à la Bourse; s'il s'agit d'un bail, on en indique le titre, les clauses et le montant des fermages. (Bioche.)

L'article 637 exige seulement que l'exploit de saisie contienne élection de domicile chez un avoué près le Tribunal devant lequel la vente sera poursuivie, Tribunal qui est celui du domicile du propriétaire de la rente. Mais faut-il, en outre, une constitution d'avoué? Les auteurs sont divisés sur ce point. Bioche, Berriat et Hautefeuille pensent que la constitution d'avoué est néces-saire. Suivant Carré, Pigeau, Thomine, Demiau et Dalloz, v° *Saisie des rentes*, n° 30, l'élection de domicile est une constitu-tion implicite. Cette dernière opinion ne paraît pas en opposition avec l'article 637, puisque cet article n'eût point exigé une élec-tion de domicile chez un avoué, si le législateur n'avait pas en-tendu que cette élection supposât constitution pour les poursuites. Toutefois, nous croyons qu'il est prudent de déclarer dans l'ex-ploit de saisie que le saisissant constitue pour son avoué, aux fins de poursuites, celui chez lequel il élit domicile; constitution qu'on ferait bien encore de renouveler dans l'assignation en déclaration que l'on donne au tiers saisi à la fin du procès-verbal.

Le débiteur de la rente doit observer les formalités prescrites pour le tiers saisi (Code pr. civ., art. 638.) (Voir ce que nous avons dit ci-dessus pour la saisie-arrêt, n°s 9 et suivants.) Ces for-malités sont celles contenues aux articles 570, 571, 572, 573, 574, 575 et 576 du Code de procédure. Si le débiteur de la rente ne fait pas sa déclaration, ou s'il la fait tardivement, ou s'il ne fait pas les justifications ordonnées, il peut, selon le cas, être con-damné à servir la rente, faute d'avoir justifié de sa libération, ou à des dommages-intérêts. (Art. 638, même Code.)

L'exploit de saisie vaut toujours saisie-arrêt des arrérages échus et à échoir. (C. proc. civ., art. 640.) Il est incontestable que par cela même qu'on saisit le corps de la rente, on en saisit nécessai-rement les arrérages. Mais cette déclaration a été exprimée par le législateur, afin que, dans le cas même où l'on aurait oublié d'énon-cer, dans l'exploit dont parle l'article 637, qu'on saisit-arrête les arrérages échus ou à échoir jusqu'à la distribution, ils n'en fussent pas moins réputés saisis.

Dans les trois jours de la saisie, outre un jour par cinq myria-mètres de distance entre les divers domiciles, le saisissant est tenu de dénoncer la saisie à la partie saisie, et de lui notifier le jour de la publication du cahier des charges. L'article 641 porte que, si le débiteur de la rente est domicilié hors du territoire con-tinental de la France, le délai pour la dénonciation ne court que du jour de l'échéance de la citation au tiers saisi.

Les autres articles du Code de procédure sont relatifs aux for-malités à remplir par le créancier saisissant pour arriver à la vente judiciaire des rentes saisies. Nous n'avons pas ici à nous occuper d'une manière spéciale de ces formalités, qui sont à peu près celles de la saisie immobilière, puisque, après la constitution d'un avoué pour le Trésor, le soin des poursuites est totalement abandonné à l'avoué constitué, et que, dès lors, les percepteurs et les porteurs de contraintes sont dégagés de toute responsabilité, à raison des poursuites, et n'ont plus aucun acte à exercer dans l'intérêt du recouvrement.

ARTICLE 90.

Lorsque la saisie-arrêt ou opposition doit être faite entre les mains d'un receveur ou de tout autre dépositaire de deniers publics, le porteur de contraintes se conforme aux formalités prescrites par le décret du 18 août 1807.

Le décret cité dans cet article est ainsi conçu :
Napoléon, etc.;
Sur le rapport de notre Ministre du Trésor public;
Vu l'avis de notre Conseil d'Etat du 12 mai 1807, approuvé par nous le 1er juin suivant;
Vu le titre VII du livre v du Code de procédure civile, ensemble les lois des 14-19 février 1792, et 30 mai 1793;
Considérant que les lois des 14-19 février 1792 et 30 mai 1793 avaient établi les formes à suivre pour les saisies-arrêts ou oppositions signifiées au Trésor public;
Que, d'après le susdit avis de notre Conseil d'Etat, approuvé par nous, l'abrogation prononcée par l'article 1041 du Code de procédure civile ne s'étend point aux affaires qui intéressent le gouvernement, pour lesquelles il a toujours été regardé comme nécessaire de se régir par des lois speciales, soit en simplifiant la procédure, soit en produisant des formes différentes;
Qu'ainsi les lois des 14-19 février 1792 et 30 mai 1793 continuent d'être les règles de la matière, à l'exception des dispositions du Code de procédure civile, qui portent nominativement sur les saisies-arrêts ou oppositions signifiées aux Administrations publiques, et qui se bornent aux deux articles 561 et 569;
Voulant, pour le bien de notre service et pour celui des parties intéressées, réunir toutes les dispositions relatives à cet objet et faciliter la connaissance des règles à observer,
Notre Conseil d'Etat entendu,
Nous avons décrété et décrétons ce qui suit :
Art. 1er. — Indépendamment des formalités communes à tous les exploits, tout exploit de saisie-arrêt ou opposition entre les mains

des receveurs, dépositaires ou administrateurs des caisses ou des deniers publics, en cette qualité, exprimera clairement les noms et qualités de la partie saisie; il contiendra, en outre, la désignation de l'objet saisi.

2. L'exploit énoncera pareillement la somme pour laquelle la saisie-arrêt ou opposition est faite; il sera fourni, avec copie de l'exploit, auxdits receveurs, caissiers ou administrateurs, copie ou extrait en forme du titre du saisissant.

3. A défaut, par le saisissant, de remplir les formalités prescrites par les articles 1 et 2 ci-dessus, la saisie-arrêt ou opposition sera regardée comme non avenue.

4. La saisie-arrêt ou opposition n'aura d'effet que jusqu'à concurrence de la somme portée en l'exploit.

5. La saisie-arrêt ou opposition formée entre les mains des receveurs, dépositaires ou administrateurs de caisses ou de deniers publics, en cette qualité, ne sera point valable, si l'exploit n'est fait à la personne préposée pour le recevoir, et s'il n'est pas visé par elle sur l'original, ou, en cas de refus, par le procureur impérial près le Tribunal de première instance de leur résidence, lequel en donnera de suite avis aux chefs des administrations respectives.

6. Les receveurs, dépositaires ou administrateurs seront tenus de délivrer, sur la demande du saisissant, un certificat qui tiendra lieu, en ce qui les concerne, de tous autres actes et formalités prescrits, à l'égard des tiers saisis, par le titre XX du livre III du Code de procédure civile.

S'il n'est rien dû au saisi, le certificat l'énoncera.

Si la somme due au saisi est liquide, le certificat en déclarera le montant.

Si elle n'est pas liquide, le certificat l'exprimera.

7. Dans le cas où il serait survenu des saisies-arrêts ou oppositions sur la même partie et pour le même objet, les receveurs dépositaires ou administrateurs seront tenus, dans les certificats qui leur seront demandés, de faire mention desdites saisies-arrêts ou oppositions, et de désigner les noms et élection de domicile des saisissants, et les causes desdites saisies-arrêts ou oppositions.

8. S'il survient de nouvelles saisies-arrêts ou oppositions depuis la délivrance d'un certificat, les receveurs, dépositaires ou administrateurs seront tenus, sur la demande qui leur en sera faite, d'en fournir un extrait contenant pareillement les noms et élection de domicile des saisissants et les causes desdites saisies-arrêts ou oppositions.

9. Tout receveur, dépositaire ou administrateur de caisses ou de deniers publics, entre les mains duquel il existera une saisie-arrêt ou opposition sur une partie prenante, ne pourra vider ses mains sans le consentement des parties intéressées, ou sans y être autorisé par justice.

10. Notre grand-juge Ministre de la justice et nos Ministres des finances et du Trésor public sont chargés, chacun en ce qui le concerne, de l'exécution du présent décret.

Nous avons déjà eu occasion de parler des saisies-arrêts pratiquées entre les mains des administrateurs et receveurs des deniers publics. (Voir le *Commentaire* sur les articles 88 et 89, n°s 6 et 9.) Il nous a semblé que nous pouvions nous borner ici à rapporter textuellement, et dans leur ensemble, les dispositions du décret du 18 août 1807. Ces dispositions, qui seront d'une application assez rare dans notre matière, n'exigent pas des développements plus détaillés.

ARTICLE 91.

Lorsqu'un percepteur est averti d'un commencement d'enlèvement furtif de meubles ou de fruits, et qu'il y a lieu de craindre la disparition du gage de la contribution, il a le droit, s'il y a déjà eu un commandement, de faire procéder immédiatement, et sans ordre ni autorisation, à la saisie-exécution par un porteur de contraintes, et, à son défaut, par un huissier des Tribunaux.

ARTICLE 92.

Si le commandement n'a pas été fait, le percepteur établit d'office, soit au domicile du contribuable, soit dans le lieu où existe le gage de l'impôt, un gardien chargé de veiller à sa conservation, en attendant qu'il puisse être procédé aux poursuites ultérieures, qui commenceront sous trois jours au plus tard.

ARTICLE 93.

Lorsqu'il y a lieu d'appliquer les dispositions autorisées par les articles 91 et 92 ci-dessus, le percepteur en informe le maire de la commune du contribuable et en rend compte au receveur particulier, en lui demandant ses instructions.

Dans tous les cas, la vente ne peut être faite que dans la forme
ordinaire.

1. Ces trois articles, que nous réunissons, prévoient le cas où
un contribuable enlève ou tente d'enlever ses meubles pour les
soustraire à l'exercice des droits du Trésor; mais les mesures qu'ils
prescrivent ne semblent pas assez explicites; elles ne suffiraient
pas pour obvier à tous les embarras que le percepteur pourrait
rencontrer, et pour assurer la conservation du gage de l'impôt. Il
nous paraît indispensable d'entrer plus avant que ne le fait le
Règlement, dans les détails des voies de procédure à prendre par
les agents de la perception dans les différentes circonstances d'enlèvement, au préjudice du Trésor, des meubles appartenant aux
contribuables.

Il faut distinguer deux cas principaux :

1° Le cas où il n'y a eu qu'une simple tentative ou un commencement, et où les meubles sont encore chez les contribuables;

2° Le cas où les meubles ont été enlevés et transportés chez un
tiers.

Dans le premier cas, il ne s'agit que d'empêcher l'enlèvement;
dans le second, la chose est plus compliquée, puisqu'il faut suivr.
les meubles et les atteindre en mains tierces. Nous nous placerons
successivement dans ces deux hypothèses.

2. *Cas où les meubles sont encore chez le contribuable.* — Ce
cas paraît seul prévu par les articles du Règlement, que nous commentons en ce moment. L'article 91 et l'article 92 distinguent seulement deux circonstances : celle où il y a eu déjà commandement signifié, et celle où les poursuites ne sont pas commencées.
Cette distinction est, en effet, essentielle, et nous nous y arrêterons nous-même.

3. Quand il y a eu un commandement signifié, le percepteur est
armé de tous les droits possibles à l'égard du contribuable. La
contrainte décernée par le receveur particulier a mis entre ses
mains un titre paré qui permet de procéder aux actes d'exécution
forcée, nonobstant toute opposition : il est donc aussi simple que
régulier que, dans le cas prévu par l'article 91, la poursuite commencée se continue. Mais est-ce là seulement ce qu'a voulu dire
cet article? N'a-t-il eu d'autre but que de déclarer que le percepteur aurait le droit, lorsqu'il existait déjà un commandement, de
procéder à la saisie-exécution, *sans autre ordre ni autorisation?*
Non, sans doute; ce n'est pas là un droit extraordinaire : aucun
article du Règlement n'exige, en effet, une autorisation spéciale
our passer outre à la saisie après le commandement. L'article 61

a même soin de dire que cette saisie s'effectue en vertu de la
même contrainte. L'autorisation préalable du sous-préfet n'est
exigée que pour la vente des meubles. (Art. 79 du Règlement.) La
véritable force de la disposition est dans la faculté donnée au
percepteur de procéder *immédiatement* à la saisie. Or, quel est le
sens de ce mot? Faudrait-il en conclure que dans la journée même
où le commandement a été signifié, une heure seulement ou quelques minutes après, la saisie pourrait être opérée? Nous ne pensons pas qu'une telle extension fût légale.

Le Règlement n'a pas eu l'intention et ne pouvait pas, d'ailleurs,
avoir pour effet d'abroger les dispositions du Code de procédure
civile. Or, d'après l'article 583, aucune saisie-exécution ne peut
être pratiquée qu'un jour après le commandement. Mais on n'a
pas oublié que le Règlement, art. 63, a prolongé ce délai dans
l'intérêt du contribuable, et a recommandé aux percepteurs de ne
procéder à la saisie que *trois* jours après le commandement
signifié. Cette prorogation de délai, étant purement de faveur,
n'oblige le Trésor qu'autant qu'il veut bien la maintenir : il peut,
s'il le juge utile à ses intérêts, reprendre le droit qui lui est acquis
en vertu de la loi, et procéder contre le redevable conformément
à la disposition du Code de procédure civile.

Telle est, à notre avis, la portée du mot *immédiatement*, dont
se sert l'article 91 du Règlement, c'est-à-dire que le percepteur,
dans le cas prévu par cet article, n'aura pas à attendre trois jours
après le commandement pour procéder à la saisie, comme il est
prescrit par l'article 63; mais néanmoins il observera le délai d'un
jour, pour se conformer au Code de procédure, d'après l'injonction
absolue et générale faite à cet égard par la Circulaire du 10 octobre 1831. (Dalloz, v° *Impôts directs*, n° 545, se range à l'interprétation que nous avons proposée.)

Tels sont donc les droits du percepteur et la voie qu'il doit
prendre pour assurer la garantie du Trésor, dans le cas de l'article 91 du Règlement.

4. Mais il n'en est pas de même quand les poursuites ne sont pas
commencées. C'est alors le cas de l'article 92, dont nous allons
nous occuper. Ecartons d'abord une circonstance, qui peut se présenter, et qui mérite une mention particulière, bien qu'à notre
sens elle ne doive pas donner lieu à un embarras sérieux. En supposant que le commandement n'ait pas été fait, mais que le percepteur ait déjà demandé et obtenu l'autorisation de le faire,
devra-t-il agir conformément à l'article 92, ou plutôt ne convien-
drait-il pas que, pour éviter tout retard, il fît signifier immédiatement le commandement, afin d'être en mesure le jour d'après de

passer outre à la saisie, comme il est prescrit par l'article 91?

Nous n'hésitons pas à nous prononcer pour ce dernier mode, qui nous paraît bien plus conforme à l'esprit du Règlement et à l'intérêt du recouvrement. L'article 92 ne s'applique, selon nous, qu'au cas où le percepteur n'ayant pas encore l'autorisation qui lui est nécessaire, d'après l'article 56 du Règlement, pour faire le commandement, est dans l'impossibilité d'agir; il fallait bien alors lui indiquer les mesures conservatoires à prendre en attendant qu'il eût pu se faire autoriser. Tel est l'objet de l'article 92. Mais quand le percepteur a les autorisations nécessaires, pourquoi tarderait-il à agir?

Ainsi, l'article 92 est lié à l'article 93, qui suit et qui prescrit au percepteur de rendre compte au receveur particulier et de lui demander ses instructions. Ce recours a pour objet de mettre le receveur des finances à même de décerner la contrainte et de la faire parvenir au percepteur, afin que les poursuites puissent, ainsi que l'indique l'article, commencer sous trois jours au plus tard. Muni de cette autorisation, qui lui donne action contre le contribuable, le percepteur procède alors sur-le-champ aux poursuites, conformément au Règlement, et nous pensons qu'il peut user du bénéfice de l'article 91, c'est-à-dire abréger l'intervalle entre le commandement et la saisie, et passer outre à cette dernière poursuite un jour après le commandemeet, au lieu d'observer le délai de trois prescrit par l'article 56.

5. La principale difficulté que nous semble présenter l'article 92 est celle qui peut résulter de l'établissement du gardien chargé de veiller, en attendant les poursuites, à la conservation du gage de l'impôt. Quelle pourra être l'action de ce gardien? Devra-t-on le considérer, par exemple, comme gardien à une saisie, ayant le droit de requérir la force publique et de s'interposer lui-même personnellement, pour empêcher le déménagement des meubles confiés à sa garde? ou bien ne sera-t-il autre chose qu'un surveillant chargé, dans l'intérêt du percepteur et du Trésor, de suivre les objets mobiliers soustraits à la garantie de l'impôt, de manière à pouvoir indiquer au percepteur le lieu où ils ont été placés, pour que celui-ci puisse, dès qu'il aura l'autorisation suffisante, exercer les poursuites nécessaires?

La question n'est pas sans importance.

En général, on ne peut empêcher un débiteur de disposer de son mobilier et de le transporter hors de son domicile qu'autant que la dette, étant d'ailleurs échue et exigible, on a contre lui un *titre exécutoire* qui permet d'agir à son égard par les voies de l'exécution forcée et de requérir à cet effet la force publique.

Ainsi, il est des cas où le Code de procédure civile autorise l'établissement de gardiens aux portes pour empêcher le divertissement des meubles, par exemple, lorsque l'huissier qui se présente pour saisir trouve la porte fermée, ou que l'ouverture en est refusée. (Art. 587 et 829.) Mais, dans ce cas, l'huissier est porteur d'un titre paré, et puisque ce titre lui donne pouvoir de saisir les meubles, il emporte naturellement le droit d'en empêcher le divertissement en établissant garnison aux portes.

Le percepteur n'est pas ici dans le même cas. En l'absence d'une contrainte, il n'a le pouvoir de procéder à aucun acte d'exécution forcée. Il ne pourrait donc pas, à notre avis, avant d'être muni de ce titre, qui l'autorise à employer les porteurs de contraintes et à se faire assister par la force publique, établir un gardien qui eût qualité pour s'opposer de vive force à la sortie des meubles; mais le gardien qu'il placerait soit au domicile du redevable, soit dans le lieu où existe le gage de l'impôt, serait seulement un surveillant chargé de s'assurer de l'endroit où les meubles ont été transportés, afin que le percepteur pût exercer son privilège dès qu'il serait muni des pouvoirs nécessaires. C'est en ce sens que l'article 92 doit, ce nous semble, être interprété; et cette interprétation résulte de ses termes mêmes : cet article ne dit pas, en effet, que le gardien empêchera l'enlèvement des meubles, mais bien qu'il *veillera à la conservation du gage de l'impôt*, en attendant qu'on puisse commencer les poursuites légales.

Cette distinction nous a paru nécessaire pour que les gardiens ne se méprennent pas sur leur véritable caractère et ne soient pas entraînés à des actes qui pourraient peut-être donner lieu contre eux à une action en dommages-intérêts de la part des contribuables.

Il ne faut pas se dissimuler que l'intervention d'un gardien, réduit à des pouvoirs aussi limités, pourrait, avec des redevables de mauvaise foi, être bien insuffisante pour assurer les intérêts du Trésor. Mais la législation offrirait des moyens plus efficaces, auxquels le percepteur pourrait recourir, s'il craignait que le délai nécessaire pour obtenir la contrainte et signifier le commandement ne laissât au contribuable la facilité de soustraire complétement ses effets mobiliers à la garantie de l'impôt. Il pourrait, en se fondant sur le rôle qui forme le titre authentique de sa créance, présenter requête en *référé* au président du Tribunal civil du lieu où sont les meubles, lequel, pour la conservation des droits du Trésor, autoriserait, nous n'en doutons pas, l'établissement d'un gardien à l'effet d'empêcher le divertissement, jusqu'à ce que le percepteur eût pu se mettre en mesure d'agir suivant le

Règlement. Ce gardien établi ainsi par autorité de justice aurait alors qualité pour s'opposer de vive force à l'enlèvement des meubles. (Voir Dalloz, v° *Impôts directs*, n° 545.) Nous savons que, dans la pratique, quelques comptables ont suivi cette mesure, et ils ont trouvé appui auprès du juge. (Voir, au *Formulaire*, le Modèle n° 36.)

6. *Cas où les meubles ont été transportés chez un tiers.* — Ce cas présente plus de difficultés que le précédent, et donne lieu à une procédure compliquée.

Lorsque des effets mobiliers appartenant à un contribuable retardataire et affectés à la garantie de l'impôt ont été enlevés furtivement (ou même ouvertement et sans mauvaise foi, car cette circonstance ne changerait rien au mode de procédure), que ces effets ont été déposés chez un tiers, le respect du domicile est tel, d'après notre législation, qu'il ne serait pas permis au percepteur de faire saisir lesdits effets chez le dépositaire, comme il le ferait dans le domicile du redevable, ou dans toute autre habitation qui lui appartiendrait. Du moment que les effets sont dans le domicile d'un tiers, le principe : *en fait de meubles, possession vaut titre*, le protége contre une poursuite qui n'est nominativement exercée que contre le redevable lui-même, et non pas contre le dépositaire, puisque celui-ci n'est pas débiteur du Trésor. Cependant, s'il était bien établi que les meubles n'ont pas cessé d'appartenir au contribuable, on ne peut pas douter qu'il ne fût possible de les atteindre, même par voie de saisie-exécution, si le percepteur avait d'ailleurs une contrainte contre le redevable : car la distinction que nous avons faite ci-dessus, n° 4, ne doit jamais être perdue de vue; si la contrainte n'avait pas été décernée, le percepteur n'ayant pas de titre exécutoire, ne pourrait procéder que par voie de saisie-arrêt.

A ce sujet, nous emprunterons au *Traité de la Saisie-arrêt*, de M. Roger, un passage où sont résumées les opinions des auteurs touchant la procédure à suivre par les créanciers pour exercer leurs droits sur les meubles de leur débiteur transportés chez un tiers.

« Quelle voie, dit cet auteur, devra prendre le porteur d'un titre exécutoire pour atteindre les effets de son débiteur détenus par un tiers?

« Pigeau semble ne voir aucune difficulté sur ce point. « Lorsque, dit-il, le créancier n'a pas de titre exécutoire, il peut saisir les effets de son débiteur par saisie-arrêt; il le peut aussi par revendication. Quand il a un titre exécutoire, il peut, outre ces deux saisies, user de la saisie-exécution, qu'il doit préférer à la revendication, parce qu'elle a le même avantage de constater les effets et d'en assurer la conservation, et qu'elle est plus expéditive que la revendication, sur laquelle on ne peut faire vendre qu'on ne l'ait fait déclarer valable; tandis que sur une saisie-exécution on vend de *plano* sans jugement. »

Mais Dalloz et Carré reconnaissent que cette doctrine est trop absolue. (Tome II, p. 54.)

« Voici ce que dit le premier de ces auteurs : « L'article 602 du Code de procédure suppose nécessairement qu'on peut effectuer une saisie-exécution partout ailleurs que dans le domicile ou la demeure du débiteur. » Sans doute, cette disposition n'est que la conséquence du principe général, qui veut que tous les biens du débiteur soient le gage du créancier. Mais comment faut-il l'entendre en matière d'exécution? Un créancier peut-il, par exemple, faire saisir chez un tiers les meubles appartenant à son débiteur, et qui y seraient déposés? Cette question est d'une grande importance dans la pratique. Il paraît exorbitant au premier coup d'œil d'accorder à un huissier le droit de violer le domicile d'un tiers, sous prétexte qu'il est dépositaire ou qu'il recèle les meubles d'un débiteur, d'autant plus qu'il semble que c'est le cas d'agir par voie de saisie-arrêt. Cependant, d'un autre côté, les détournements de meubles sont parfois si scandaleux, et le résultat d'une saisie-arrêt est toujours si incertain en pareil cas, qu'on arriverait rarement à son but si on ne procédait pas par voie de saisie-exécution.

Il serait donc difficile d'établir une règle précise pour la conduite que l'huissier doit tenir. Les circonstances doivent le déterminer, de même qu'elles détermineront le Tribunal, s'il est appelé à apprécier sa conduite. Un principe constant, c'est que le créancier peut faire saisir les meubles de son débiteur partout où ils se trouvent. Or, quant au mode de saisie, les circonstances de fait peuvent seules faire connaître celui qu'il est le plus convenable d'employer. Pourquoi ne saisirait-on pas chez celui qui, par un concert évident et frauduleux avec le débiteur, chercherait à soustraire les meubles de ce dernier à la juste action de ses créanciers? » *Jurisprudence générale*, vᵒ *Saisie-exécution*, p. 633 (1).

« Cependant il ne faut pas, sous prétexte que le débiteur aurait porté des meubles chez un tiers, qu'on saisisse ce qui peut se trouver dans son domicile. Évidemment, ce tiers pourrait refuser

---

(1) Ce passage se retrouve presque textuellement dans le *Répertoire alphabétique* du même auteur, vᵒ *Saisie-exécution*, nᵒ 70. M. Dalloz conclut en adoptant la solution de M. Roger, que nous-même allons proposer comme la plus sûre et la plus juridique.

l'entrée de sa maison à l'huissier instrumentaire, et si celui-ci persistait à y entrer, il se compromettrait gravement (Carré, tome II, n° 1072; *Annales du Notariat*, tome IV, p. 109.) Que devra donc faire cet officier?

« Je pense qu'il devra se présenter chez le tiers, et, si celui-ci ne s'oppose pas, saisir-exécuter. L'article 607 lui donne bien le droit de passer outre, nonobstant toutes réclamations, sauf à se transporter en référé. Mais, dit avec raison M. Dalloz, il sera plus prudent de se transporter en référé dès la première réclamation du tiers, en établissant gardien aux portes. C'est le seul moyen pour que l'huissier soit affranchi de toute responsabilité.

« L'ordonnance que rendra le président ne fera que statuer provisoirement sur la difficulté soulevée contre l'huissier (article 607). Le fond, c'est-à-dire le point de savoir si la saisie est valable ou nulle, sera ensuite jugé par le Tribunal, seul compétent au principal. (Art. 89.) »

7. La marche indiquée dans le passage ci-dessus nous paraît effectivement sage et prudente, et les percepteurs pourraient y recourir avec avantage. Ainsi, dans le cas où le mobilier d'un redevable aurait été enlevé et transporté chez un tiers, le comptable, en supposant toujours qu'il y ait eu contrainte décernée et commandement signifié, devrait d'abord, comme le conseille M. Roger, envoyer le porteur de contraintes chez le tiers, pour y saisir les meubles dont il s'agit. Le plus souvent, le tiers, soit de bonne foi, si le transport des meubles s'est fait sans fraude, soit par crainte d'être compromis, si l'enlèvement a été frauduleux, avouera que les effets appartiennent au redevable, et les représentera. Alors le porteur de contraintes procédera à la saisie-exécution et, dans ce cas, il fera la signification au saisi, comme il est dit au *Commentaire* sur l'article 66, n° 25. Il serait convenable qu'il établît pour gardien le tiers lui-même, s'il le jugeait solvable et que celui-ci y consentît.

Mais, comme dit M. Dalloz, si le tiers s'opposait à l'exécution que voudrait faire le porteur de contraintes, celui-ci ne devrait pas insister : il devrait rendre compte au percepteur, qui examinerait alors s'il y a lieu d'assigner le tiers en *référé*, pour faire décider qu'il sera passé outre à la saisie. M. Dalloz, en indiquant cette voie, admet implicitement que le président du Tribunal pourrait, en raison des circonstances, autoriser l'exécution ; et il nous semble, en effet, qu'on ne saurait guère lui refuser le droit de le faire, dans le cas où le divertissement des meubles lui serait démontré.

8. Dans tous les cas, le percepteur aurait toujours le droit de procéder par voie de saisie-arrêt en observant les formalités prescrites par l'article 89. (Voir le *Commentaire* sur cet article.)

Il faudrait même recourir nécessairement à cette voie, comme le fait observer Pigeau, s'il n'y avait pas de titre exécutoire, c'est-à-dire si la contrainte n'avait pas été décernée.

9. Il est une autre espèce de procédure qui, au premier abord, pourrait paraître applicable au cas de transport chez un tiers des meubles enlevés du domicile du redevable ; nous voulons parler de la *saisie-revendication* autorisée par les articles 826 et suivants du Code de procédure civile. Mais, si l'on examine les conditions dans lesquelles le Code admet ce mode de saisie, on se convaincra qu'il ne peut être employé dans aucun des cas que nous avons supposés ci-dessus. Ainsi, la saisie-revendication n'a lieu qu'à l'égard des effets mobiliers sur lesquels on prétend des droits de propriété (comme, par exemple, le propriétaire d'un objet perdu ou volé (C. civil, art. 2279) ou des droits de gage privilégié, comme le propriétaire sur les meubles qui garnissent la maison louée et qui sont déplacés par le locataire (C. civil, art. 2102-1er.) Or, le percepteur ne pourrait saisir-revendiquer les meubles détournés par le contribuable en prétendant sur eux un droit de propriété ; il ne le pourrait pas davantage en alléguant le privilége du Trésor ; car, si le Trésor a un privilége sur les meubles et effets des redevables, ce privilége n'a pas le caractère du gage ; il ne donne pas un droit spécial sur la chose qui lui permette de la suivre et de la saisir, en quelque main qu'elle passe.

10. Nous devons cependant indiquer une circonstance où la saisie-revendication serait permise au percepteur : c'est celle d'un enlèvement des meubles après une saisie. La saisie, en effet, a pour résultat de placer les objets saisis sous la main du saisissant, comme le gage de sa créance. Celui-ci doit donc avoir, et il a, en effet, le droit de les saisir-revendiquer partout où ils ont été transportés au mépris de la saisie. A la rigueur, c'est au gardien à suivre cette action, puisqu'il est responsable de la non-représentation des meubles confiés à sa garde. Mais, comme cette responsabilité ne peut pas toujours être appliquée, attendu le peu de solvabilité des gardiens qu'on est souvent obligé de choisir, le percepteur pourra se trouver plus d'une fois substitué au gardien dans l'exercice de cette action. — Or, la procédure à suivre en pareil cas est indiquée, comme nous l'avons dit, dans les articles 826 et suivants du Code de procédure civile. Cette saisie-revendication ne peut être pratiquée qu'en vertu d'une ordonnance du président du Tribunal de première instance (art. 826), du lieu où sont les effets

(Carre, Berriat), ou de tout autre endroit, s'il y a urgence (Thomine). — La saisie pratiquée sans ordonnance exposerait le percepteur et même le porteur de contraintes à des dommages-intérêts envers le saisi (art. 826).

Pour obtenir cette ordonnance, le percepteur doit présenter une requête contenant; 1° la désignation sommaire des objets revendiqués (art. 827); 2° l'énonciation des causes de la saisie. (Voir au *Formulaire* le Modèle n° 33.) — S'il y a du danger à différer, le percepteur peut demander à ce président de permettre de saisir même les jours fériés (art. 828).

Mais si celui chez qui se trouvent les effets refusait l'ouverture des portes, le porteur de contraintes ne pourrait pas procéder simplement comme il est prescrit dans le cas de saisie-exécution par l'article 71 du Règlement; il faudrait en référer au juge, sauf à établir gardien aux portes, pour obtenir une autorisation spéciale à l'effet de perquisition (art. 829).

La perquisition domiciliaire n'a lieu qu'en présence du juge de paix, ou à son défaut, du commissaire de police, du maire ou de l'adjoint. (Bioche.)

A cet égard, les percepteurs remarqueront qu'avant d'agir ils devraient être bien sûrs de l'endroit où sont les effets ; car le tiers chez lequel ils auraient dirigé mal à propos une perquisition aurait droit à des dommages-intérêts. (Thomine.)

Les formes de la saisie-revendication sont, au surplus, les mêmes que celles de la saisie-exécution. (Voir le *Commentaire* sur l'article 66, et le Formulaire, Modèle n° 18.) Le tiers chez qui on saisit peut être constitué gardien (art. 830), s'il est d'ailleurs solvable. (Carré, Pigeau.)

Mais, comme la saisie-arrêt, la saisie-revendication est suivie d'une demande en validité (art. 831) dans la huitaine, sans préliminaire de conciliation. (Bioche.) (Voir le *Commentaire* sur les articles 88 et 89 du Règlement, n° 7.)

Cette demande est portée devant le Tribunal du domicile du débiteur contre qui la saisie est faite, et non devant le Tribunal du domicile de celui entre les mains duquel elle est faite, encore bien que ce dernier prétende avoir un droit sur les objets saisis. (Arr. C. de Paris du 21 novembre 1853; Dalloz, v° *Saisie-revendication*, n° 36.)

On voit que ce mode de procéder, qui tient à la fois de la saisie-exécution et de la saisie-arrêt, est assez compliqué. Aussi, pensons-nous que les percepteurs ne devraient y recourir, dans le cas spécial où nous avons dit qu'il pouvait être admis, que s'ils prévoient des obstacles de la part du tiers dépositaire des meubles;

autrement, mieux vaudrait tenter de suivre la marche que nous avons indiquée au n° 7 ci-dessus.

11. Nous ne terminerons pas nos remarques sur les articles 91, 92 et 93 sans parler d'une circonstance particulière où le percepteur peut avoir à agir pour empêcher la disparition du gage de l'impôt. Il peut arriver qu'un colporteur ou un marchand forain doive le prix de sa patente (si, par exemple, le percepteur, contrairement à l'article 2 du Règlement, avait eu l'imprudence de lui délivrer sa formule sans exiger le payement immédiat), ce marchand étant sur le point de quitter la commune, où il ne fait que passer, le percepteur a besoin de pouvoir faire saisir sans délai les effets du redevable avant qu'il ne les emporte : mais aucune contrainte n'a été encore délivrée, et le temps manque pour l'obtenir. Dans cette situation difficile, le droit commun offre un moyen d'action : c'est le mode spécial de saisie qu'on nomme *saisie-foraine*. — Cette saisie peut être pratiquée, sans titre exécutoire, avec la permission du président du Tribunal de première instance, et même du juge de paix du lieu où sont les effets. (Cod. de proc. civ., art. 822. — Voir au *Formulaire*, Modèle n° 33 *bis*). Elle s'exécute sans commandement préalable; mais il faut toujours que le procès-verbal de saisie contienne commandement de payer. (Carré.) (Voir le *Commentaire* sur l'article 66, n° 12.) Il ne peut être procédé à la vente qu'après que la saisie a été déclarée valable (art. 824) : disposition toute naturelle, puisque la saisie s'est faite sans titre et sans commandement préalable. — La demande en validité est portée devant le Tribunal du lieu où se trouvent les effets saisis. (Bioche ; Dalloz, v° *Saisie-foraine*, n° 13 ; Arg. des art. 68 et 825 du C. de proc. civ.)

Cette nature de saisie participe de la saisie-exécution et de la saisie-arrêt, comme nous l'avons vu pour la saisie-revendication. (Voir *Commentaire* sur les art. 66, 88 et 89 du Règlement.)

12. Au surplus, dans tous les modes de saisie dont nous venons de parler ci-dessus, il est un principe commun, c'est que la vente et la distribution des deniers se font d'après les mêmes règles que dans la saisie-exécution. (Voir le *Commentaire* sur l'art. 81 du Règlement.) C'est ce qui résulte de l'article 825 du Code de procédure civile et ce que rappelle aussi l'article 93 que nous commentons.

ARTICLE 94.

Les bulletins de garnison collective ou individuelle ne sont sujets ni au timbre ni à l'enregistrement.

1. La loi du 10-17 juin 1791, article 5, déclarait exempts du timbre et de l'enregistrement les avertissements, commandements et saisies, relatifs au recouvrement des contributions de l'année 1790 et années antérieures. Mais ce principe n'était pas passé dans la législation d'une manière absolue et définitive. La loi spéciale du 13 brumaire an 7 sur le timbre ne contenait aucune exception à la formalité en faveur des actes de poursuites concernant le recouvrement de l'impôt direct; et la loi du 22 frimaire an 7 autorisait seulement l'enregistrement *gratis* pour ceux des actes de poursuites, y compris l'établissement des garnisaires, qui avaient pour objet le recouvrement de cotes dont le montant n'excédait pas 25 francs. (Voir le *Commentaire* sur l'article 97 du Règlement.)

L'arrêté du 16 thermidor an 8, article 29, distingua les actes relatifs à la garnison des autres actes de poursuites, et il déclara textuellement que « les procès-verbaux et actes des porteurs de contraintes, relatifs à leur séjour chez les redevables, ne seraient soumis ni au timbre ni à l'enregistrement. »

Cette disposition est reproduite dans notre article 94.

2. On se rappelle que la contrainte elle-même, en vertu de laquelle la garnison et les actes subséquents sont pratiqués, est aussi exempte du timbre et de l'enregistrement. (Voir le *Commentaire* sur l'article 23, n° 5.)

ARTICLE 95.

Les actes de commandement, saisie-arrêt, saisie-exécution, vente et tous autres actes y relatifs, doivent être sur papier timbré et enregistrés dans les quatre jours, non compris celui de la date.

ARTICLE 95 *bis*.

Les originaux de commandements collectifs peuvent être rédigés sur la même feuille de papier timbré.

1. Nous parlerons distinctement dans cet article de ce qui concerne le *timbre* et de ce qui concerne l'*enregistrement*.

Timbre (1). A part l'exception que nous avons signalée à l'arti-

---

(1) Toutes les règles générales relatives au timbre sont naturellement applicables aux actes de poursuites soumis à la formalité, et les porteurs de contraintes doivent s'y conformer exactement. Il ne sera donc pas inutile de les rappeler sommairement ici.

Etablis par la loi du 11 février 1791, les droits de timbre ont été successive-

cle 94 ci-dessus, pour les bulletins de garnison, tous les actes de poursuites doivent être sur papier timbré. Les exemptions qui ont été admises par la loi du 16 juin 1824 pour le recouvrement des

---

ment modifiés par diverses lois; mais c'est surtout dans celle du 13 brumaire an 7 que le législateur a posé les règles fondamentales de cette perception.

Aux termes de l'article 1er de cette dernière loi, les droits de timbre sont établis en principe sur tous les papiers destinés aux actes civils et judiciaires et aux écritures qui peuvent être produites en justice et y faire foi.

Les actes de poursuites auxquels donne lieu le recouvrement des contributions directes rentrent virtuellement dans cette catégorie.

On distingue les droits de *timbre de dimension* et ceux de *timbre proportionnel*.

Les premiers sont tarifés à raison de la dimension du papier dont il est fait usage : ils sont de 50 cent. pour la *demi-feuille* de petit papier ; de 1 franc, pour la *feuille* également de petit papier; de 1 franc 50 cent. pour la feuille de papier moyen; de 2 fr. pour la feuille de grand papier, et de 3 francs pour le grand registre.

Le tout augmenté de deux décimes par l'article 2 de la loi du 25 août 1871.

Un timbre spécial existe pour les affiches. Il est fixé de la manière suivante :

Par feuille de douze décimètres et demi-carré et au-dessous.........	0 05
Au-dessus de douze décimètres et demi, jusqu'à vingt-cinq décimètres carrés..	0 10
Au-dessus de 25 décimètres carrés, jusqu'à cinquante décimètres carrés.	0 15
Au-delà de cette dernière dimension...........................	0 20

Dans le cas où une affiche contient plusieurs annonces distinctes, le maximum est toujours applicable. Ces droits, déterminés par la loi du 18 juillet 1866, sont augmentés du double décime imposé par la loi du 25 août 1871. Un décret du 8 décembre 1866 a réglé la création de timbres mobiles susceptibles d'être apposés après l'impression.

Quant au *timbre proportionnel*, il est établi en raison des sommes, sans égard à la dimension du papier; il ne peut être applicable aux actes de poursuites, et nous n'avons pas, dès lors, à nous en occuper ici.

Sont assujettis au timbre de dimension : les actes des huissiers et les copies et expéditions qu'ils en délivrent. (Loi du 13 brumaire an 7, art. 12.)

Les huissiers (ou porteurs de contraintes) qui, hors les cas d'exemption formellement admis par la loi, rédigeraient un acte sur papier non timbré, encourraient une amende de 20 fr. (Loi précitée, art. 26, et loi du 16 juin 1824, art. 10.)

Ils ne pourraient non plus, sous peine d'une amende de 10 fr., employer de papier timbré d'une dimension inférieure à celle du papier moyen pour les expéditions des procès-verbaux de ventes mobilières. (Mêmes lois.)

La Régie fait tenir à la disposition du public, dans les bureaux de ses préposés, des papiers timbrés de toute espèce ; cependant les particuliers ont la faculté de faire timbrer, avant d'en faire usage, les papiers dont ils veulent se servir, de préférence à ceux de la Régie ; mais les officiers publics ne jouissent pas de ce droit; ils doivent se servir du papier de la Régie. (Voir néanmoins, ci-après, le n° 2 du présent article.)

Le timbre ainsi apposé sur des papiers fournis par des particuliers, est appelé à *l'extraordinaire*.

Dans certains cas, spécialement prévus par la loi, la formalité du timbre peut être remplacée par un *visa* apposé sur du papier ordinaire par les receveurs de l'enregistrement. Ce *visa* est donné *au comptant*, *en débet* ou *gratis*. Les formules

cotes qui n'excèdent pas 100 francs, et dont nous parlerons ci-après
à l'article 97, ne concernent que l'*enregistrement*. Le *timbre* est
exigé pour tous les actes de commandement, saisies, ventes et

---

des actes de poursuites ne peuvent être visées pour timbre qu'*au comptant*. (Voir
le n° 2 précité.)

D'après la loi du 29 décembre 1873. le droit de timbre des copies des exploits,
des notifications de tous jugements, actes ou pièces, est acquitté au moyen de timbres mobiles apposés sur l'original de l'exploit. Néanmoins, ces copies ne peuvent
être faites que sur un papier timbré spécial, de la dimension des feuilles au droit
de 50 cent. ou de 1 franc, et qui est fourni gratuitement par l'Administration de
l'enregistrement, des domaines et du timbre. (Voir art. 2.) Un règlement d'administration publique du 30 décembre 1874 a déterminé la forme et les conditions
d'emploi du papier spécial et des timbres mobiles ; mais l'Administration n'a pas
cru que cette innovation dût être introduite dans le service des porteurs de contraintes. (Voir ci-dessous, art. 101.)

L'empreinte du timbre ne peut être couverte d'écritures, ni altérée, sous peine
de 25 fr. d'amende contre les contrevenants. (Loi du 13 brumaire an 7, art. 21.)

Le papier timbré qui a été employé à un acte quelconque ne peut plus servir
pour un autre acte, quand bien même le premier n'aurait pas été achevé, à peine
d'une amende de 20 fr. pour les officiers ministériels. (Loi précitée, art. 22 et 26 ;
loi du 16 juin 1824, art, 10.) Il n'y a pas contravention si les mots biffés sont le
commencement de l'acte mis à la suite des lignes raturées (Délibération de la Régie
du 3 décembre 1816); mais l'amende est encourue si les lignes biffées ont rapport
à un acte différent. (Arr. C. de cass. du 1er frimaire an 10 et du 10 avril 1839.)

Il ne peut être fait ni expédié deux actes à la suite l'un de l'autre sur la même
feuille de papier timbré (Loi du 13 brumaire an 7, art. 23), à peine pour les officiers publics d'une amende de 20 fr. (*Id*., art. 26 ; loi du 16 juin 1824, art. 10.)
Toutefois, peuvent être écrits sur la même feuille : les procès-verbaux (tels, par
exemple, que ceux de saisie ou de vente) qui n'auraient pas été terminés dans la
même vacation ; les significations des huissiers, qui peuvent être faites à la suite
des actes dont il a été délivré copie (Loi du 13 brumaire an 7, art. 23) ; les quittances de prix de ventes publiques de meubles à la suite du procès-verbal de vente
(Voir le *Commentaire* sur l'art. 85. n° 7); le procès-verbal de saisie-exécution à
la suite d'un autre procès-verbal daté de la veille, constatant le refus d'ouvrir les
portes (Code pr. civ., art. 587); le procès-verbal de levée des scellés (*Commentaire*
sur l'art. 71 du Règlement, n° 8) à la suite du procès-verbal d'apposition (Décision du Ministre des finances du 20 avril 1813); l'état des frais de vente et de
poursuites à la suite du procès-verbal de vente de meubles. (Solution de la Régie
du 25 septembre 1822.)

Mais un huissier ne pourrait pas rédiger un procès-verbal d'apposition de placards à la suite d'un exemplaire de ces placards : une affiche n'est pas une pièce
dont il est délivré copie, et un procès-verbal d'apposition n'est pas une signification. (Décision du Ministre des finances du 13 décembre 1832.)

(Voir ci-après. n° 5 du présent article.)

L'action de la Régie en payement des amendes se prescrit par deux ans, à compter
du jour où ses préposés ont été mis à portée de constater les contraventions au vu
de chaque acte soumis à l'enregistrement, ou du jour de la présentation du Répertoire à leur visa (Loi du 16 juin 1824, art. 14); ou par trente ans, si les préposés
n'ont pas été mis à même de constater les contraventions. (Instructions de la Régie
des 30 décembre 1825 et 16 juin 1826.)

autres, quelle que soit la quotité de la contribution dont le recouvrement se poursuit.

2. D'après l'article 101 du Règlement, les porteurs de contraintes
se servent, pour les actes de poursuites, de formules imprimées
qui leur sont fournies par les receveurs des finances. L'exécution
de cette disposition se conciliait difficilement avec l'obligation
de se conformer à l'article 18 de la loi du 13 brumaire an 13, qui
prive les huissiers de la faculté attribuée aux particuliers d'employer tel papier qu'il leur convient, en le faisant timbrer avant
d'en faire usage, et qui assujettit ces officiers à se servir exclusivement du papier timbré débité par la Régie. Mais cette difficulté avait été enfin levée par une décision du Ministre des finances, en date du 28 janvier 1830, aux termes de laquelle l'autorisation précédemment accordée aux agents de l'Administration
des contributions indirectes et de celle des douanes de soumettre
au *timbre extraordinaire* dans les chefs-lieux de département, ou
au *visa pour timbre* (Voir la Note du numéro ci-dessus) dans les
autres bureaux, moyennant le payement des droits, des formules
imprimées pour leur service, était étendue aux formules imprimées destinées aux actes de poursuites ayant pour objet le recouvrement des contributions directes. (Instruction de l'Administration de l'enregistrement et des domaines du 8 juin 1830; Instruction générale du 20 juin 1859, art. 106.) Les nouvelles mesures
prises à la suite de la loi du 29 décembre 1873, et dont nous ren-
drons compte sous l'article 101, procèdent encore, en un autre
sens, de la liberté que l'Administration s'était reconnue sous ce
rapport.

Les agents de poursuites ni les Percepteurs n'ont pas, au surplus, à s'occuper de ce qui concerne le timbre des formules d'actes
de poursuites, puisqu'elles leur sont fournies par les receveurs
des finances (Voir le *Commentaire* sur l'art. 101): ces derniers
comptables se trouvent naturellement chargés de ce détail.

3. Si des changements étaient prescrits dans la rédaction des
formules ou dans leur dimension, ou dans la couleur du papier,
il y aurait lieu de timbrer, sans frais, les nouvelles formules en
échange des anciennes précédemment timbrées et non employées?

Cette solution résulte d'une lettre du Ministre des finances
au directeur général de l'Administration de l'enregistrement et
des domaines, en date du 29 octobre 1830.)

4. Comme nous l'avons dit ci-dessus (Note du n° 1), la règle du
timbre de dimension est applicable aux actes de poursuites pour
contributions directes aussi bien qu'aux actes faits par les particuliers. Il n'est donc pas douteux que si la dimension du papier

employé pour les formules imprimées excédait celle du papier fourni par la Régie, il y aurait lieu à la perception du droit de dimension, au lieu du droit ordinaire de 50 centimes. (Décision du Ministre des finances du 18 avril 1837.)

5. Ce principe s'appliquerait-il même aux affiches destinées à annoncer la vente des objets saisis sur les contribuables? — L'Administration de l'enregistrement et des domaines, consultée sur ce point, a pensé que les exemplaires des placards qui restent annexés aux procès-verbaux (*Commentaires* sur l'article 81, nº 12), et ceux apposés aux lieux indiqués par l'article 617 du Code de procédure civile, sont assujettis au timbre, d'après leur dimension, comme tous les autres actes judiciaires; mais que, quant aux exemplaires apposés dans d'autres endroits que ceux qui sont prescrits par la loi et qui sont simplement destinés à donner une plus grande publicité à la vente, ils doivent, par ce dernier motif, être considérés comme affiches volontaires, et, à ce titre, ils ne peuvent être soumis qu'au timbre spécial des affiches, qui est de 5 à 20 centimes suivant la grandeur. (Instruction générale du 20 juin 1859, art. 108.) — Il n'est fait, au surplus, aucune exception pour le cas où il s'agit du recouvrement de cotes au-dessus de 100 fr., comme nous l'avons nous-même fait observer ci-dessus, nº 1. (Lettre du directeur de l'enregistrement et des domaines au directeur de la Comptabilité générale des finances, du 29 mai 1837.)

6. Dans les actes de poursuites collectifs soumis au timbre, est-il dû autant de droits qu'il y a de contribuables compris dans la poursuite?

Cette question a été résolue négativement par une décision du Ministre des finances, que nous avons mentionnée au *Commentaire* sur l'article 58, nº 5. L'Administration a cru devoir formuler cette solution dans un article spécial, qui a reçu le nº 95 *bis*.

7. *Enregistrement* (1). — Le droit d'enregistrement pour les

---

(1) Comme nous l'avons fait plus haut en ce qui concerne le timbre, nous rappellerons ici les principales règles relatives à l'enregistrement, en nous renfermant toutefois dans les dispositions qui peuvent avoir quelque application pour les agents de poursuites :

Les droits d'enregistrement ont été établis par la loi du 19 décembre 1790; ils ont remplacé ceux de contrôle, d'insinuation et de centième denier, introduits par les anciens édits, pour constater la date des actes et leur donner plus de force et d'authenticité. Diverses lois de finances (Lois des 28 avril 1816, 15 mai 1818, 16 juin 1824, 5 mai 1855, 11 juin 1859, 28 février 1872, 19 février 1874), en ont, depuis, modifié la quotité; mais il faut chercher les bases fondamentales de cette perception dans la loi du 22 frimaire an 7.

actes de poursuites relatifs au recouvrement des contributions directes est déterminé par la loi du 22 frimaire an 7. Aux termes de l'article 68, paragraphe 1ᵉʳ de ladite loi, sont passibles du droit

---

Les droits d'enregistrement sont fixes ou proportionnels, suivant la nature des actes qui y sont assujettis. (Loi du 22 frimaire an 7, art. 2.)

Le droit fixe s'applique aux actes, soit civils, soit judiciaires ou extrajudiciaires, qui ne contiennent ni obligation, ni libération, ni condamnation, allocation ou liquidation de sommes et valeurs, ni transmission de propriété, d'usufruit ou de jouissance des biens meubles ou immeubles. (*Id.*, art. 3.)

Le droit proportionnel est établi pour les obligations, libérations, condamnations, allocations ou liquidations des sommes et valeurs, et pour toute transmission de propriété, d'usufruit ou de jouissance de biens meubles ou immeubles, soit entre vifs, soit par décès (*Id.*, art. 4), la quotité varie suivant la nature des actes.

Nous n'aurons guère, en ce qui concerne les actes de poursuites, qu'à nous occuper de ce qui concerne le droit fixe, qui est le seul qui leur soit applicable.

Certains actes doivent être enregistrés *en débet*; ce sont principalement ceux qui ont pour objet la poursuite et la répression des délits et contraventions. (Lois des 22 frimaire an 7, art. 70; 25 mars 1817, art. 74.)

Les procès-verbaux dressés par les porteurs de contraintes pour injures ou voies de fait commises contre eux dans l'exercice de leurs fonctions (Art. 40 du Règlement), sont particulièrement dans ce cas.

Quelques actes sont enregistrés *gratis;* entre autres ceux qui ont pour objet le recouvrement des contributions publiques, dans certains cas déterminés tels, par exemple, que celui prévu par l'article 6 de la loi du 16 juin 1824. (Voir l'art. 97 du Règlement.)

Enfin, d'autres actes sont dispensés de l'enregistrement par une disposition spéciale de la loi.

Nous en avons un exemple dans l'article 29 de l'arrêté du 16 thermidor an 8, qui exempte de cette formalité tous les actes des porteurs de contraintes relatifs à leur séjour chez les redevables. (Voir l'art 94 du Règlement.)

Deux décimes par franc sont perçus en sus des droits d'enregistrement établis par les lois sur la matière. L'augmentation d'un premier décime, autorisée par la loi du 6 prairial an 7, a été successivement maintenue par toutes les lois de finances postérieures, un second décime avait été imposé en 1855, supprimé en 1858, rétabli en 1862, pour être atténué en 1864 et 1866. Lorsque la loi du 19 février 1874 est venue imposer à nouveau le second décime, il était déjà perçu un décime et demi, en vertu de l'article 3 de la loi du 18 juillet 1866, ainsi conçu : « A partir du 1ᵉʳ janvier 1867, les baux et échanges de biens immeubles, les actes énumérés au § 7, nᵒˢ 1, 3, 4, 5 et 6 de l'article 69 de la loi du 22 frimaire an 7, les obligations et libérations hypothécaires cesseront d'être soumis au demi-décime établi par le § 1ᵉʳ de la loi du 8 juin 1864. *La perception de ce demi-décime continuera d'être effectuée,* pour l'exercice 1867, *sur tous les autres droits et produits dont le recouvrement est confié à l'administration de l'enregistrement.* Ainsi, tous ces autres droits et produits sont aujourd'hui grevés de deux décimes et demi.

Les actes civils ou extrajudiciaires sont enregistrés sur les minutes, brevets ou originaux. (Loi du 22 frimaire an 7, art. 7.)

Il n'est dû aucun droit d'enregistrement pour les extraits, copies ou expéditions des actes qui doivent être enregistrés sur les minutes ou originaux. (Loi du 22 frimaire an 7, art. 8.)

Mais lorsque, dans un acte quelconque, soit civil, soit judiciaire ou extrajudi-

fixe de 1 fr. les actes de poursuites et autres actes, tant en action qu'en défense, ayant pour objet le recouvrement des contributions publiques et de toutes autres sommes dues à l'Etat, ainsi que des contributions locales; le tout lorsqu'il s'agit de cotes, droits et

---

ciaire, il y a plusieurs dispositions indépendantes, ou ne dérivant pas nécessairement les unes des autres, il est dû pour chacune d'elles, et selon son espèce, un droit particulier. La quotité en est déterminée par l'article de la loi dans lequel la disposition se trouve classée, ou auquel elle se rapporte. (Loi du 22 frimaire an 7, art. 11.)

(Voir ci-après, au n° 8 du présent article, une application de ce principe.)

Les délais pour faire enregistrer les actes publics sont de quatre jours pour ceux des huissiers et autres ayant pouvoir de faire des exploits et procès-verbaux. (Lois des 22 frimaire an 7, art. 20, et 27 ventôse an 9, art. 15.)

Lorsqu'un acte est fait par vacations, c'est de la première et non pas seulement de la dernière que court le délai de l'enregistrement. (Délib, de la Régie du 10 brumaire, art. 14.) (Voir le *Commentaire* sur l'art. 39, n° 8.)

Les huissiers et tous autres ayant pouvoir de faire des exploits, procès-verbaux ou rapports, doivent faire enregistrer leurs actes, soit au bureau de leur résidence, soit au bureau du lieu où ils les ont faits. (Loi du 22 frimaire an 7, art. 26.)

Mais, les ventes de meubles aux enchères ne peuvent être enregistrées qu'au bureau où la déclaration de la vente a été faite. (Loi du 22 pluviôse an 7, art. 6.)

Les droits des actes doivent être payés avant l'enregistrement; nul ne peut en atténuer ni différer le payement, sous le prétexte de contestation sur la quotité, ni pour quelque autre motif que ce soit, sauf à se pourvoir en restitution, s'il y a lieu. (Loi du 22 frimaire an 7, art. 28.)

Les droits des actes reçus par les officiers publics doivent, en général, être acquittés par eux. (*Id.*, *id.*)

Les peines pour contravention aux lois de l'enregistrement sont, à l'égard des huissiers ou autres ayant pouvoir de faire des exploits ou procès-verbaux : pour un exploit ou procès-verbal non présenté à l'enregistrement dans le délai, une amende de 5 fr., plus une somme équivalente au montant du droit de l'acte non enregistré. (Lois des 22 frimaire an 7, art. 34; 27 ventôse an 9, art. 15; 16 juin 1824, art. 10.)

L'exploit ou procès-verbal, non enregistré dans le délai, est, en outre, déclaré nul, et le contrevenant responsable de cette nullité envers la partie. (Loi du 22 frimaire an 7, art. 11.)

Les dispositions pénales relatives aux exploits et procès-verbaux ne s'étendent pas aux procès-verbaux de ventes de meubles et autres objets mobiliers, ni à tout autre acte du ministère des huissiers sujet au droit proportionnel. La peine pour ceux-ci est d'une somme égale au montant du droit, sans qu'elle puisse être au-dessous de 10 fr.

Le contrevenant paye, en outre, le droit dû pour l'acte, sans son recours contre la partie pour ce droit seulement. (Lois des 22 frimaire an 7, art. 34; 16 juin 1824, art. 10.)

Les huissiers ne peuvent délivrer, en copie ou expédition, aucun acte soumis à l'enregistrement, sur la minute ou l'original, ni faire aucun autre acte, en conséquence, avant qu'il n'ait été enregistré, quand même le délai pour l'enregistrement ne serait pas encore expiré, à peine de 10 fr. d'amende, outre le payement du droit. (Lois des 22 frimaire an 7, art. 41; 16 juin 1824, art. 10.)

Sont exceptés de la disposition précédente les exploits et autres actes de cette

créances excédant en total la somme de 25 fr.; limite qui a été portée à 100 fr. par l'article 6 de la loi du 16 juin 1824. L'augmentation de moitié décrétée par l'article 2 de la loi du 19 février 1874 porte le droit, en principal, à 1 fr. 50 c., et, en tenant compte des deux décimes et demi à 1 fr. 88 c. (Voir la Note ci-dessous.)

S'il s'agit de cotes, droits et créances n'excédant pas la somme de 100 fr., l'exploit est enregistré *gratis*. (Voir l'article 97 du Règlement, et la Circulaire de la comptabilité publique du 3 mars 1874.) Sauf les cas d'exception ou d'exemption prévus par les articles 97 et 98 du Règlement, il doit donc être perçu un droit de 1 fr. 50 c. pour les actes de *commandement*, de *saisie-exécution* ou de *saisie-brandon*, de *saisie-arrêt; les sommations à des tiers détenteurs, les récolements sur saisie antérieure, les requêtes pour obtenir de vendre dans un lieu autre que celui déterminé par la loi; les requêtes pour vendre à bref délai; les procès-verbaux d'apposition de placards annonçant la vente; les récolements précédant la vente; les sommations au saisissant de faire vendre dans le délai de huitaine; les requêtes pour saisir les meubles d'un redevable forain; les requêtes pour saisir un jour férié; les sommations à la partie saisie d'être présente à la vente lorsqu'elle n'a pas lieu au jour indiqué par le procès-verbal de saisie; les notifications de la saisie faite hors du domicile du saisi et en son*

---

nature qui se signifient à parties ou par affiches et proclamations. (Loi du 22 frimaire an 7, art. 41.)

Aucune autorité publique, ni la Régie, ni ses préposés ne peuvent accorder de remise. ou de modération des droits établis par la loi et des peines encourues, ni en suspendre ou faire suspendre le payement, sans en devenir personnellement responsables. (Loi du 22 frimaire an 7.)

On aurait pu conclure de cette disposition que le Ministre des finances n'avait pas de son chef le pouvoir de faire remise des amendes et doubles droits, mais cette conséquence n'a pas été admise dans la pratique. Le Ministre des finances exerce, sans contestation, le droit d'accorder des remises ou des prorogations de délai. (Voir M. Dalloz, v° *Enregistrement*, nᵒˢ 5089 et 5091.)

Les amendes encourues pour contraventions aux lois de l'enregistrement se prescrivent par le laps de deux ans; mais la prescription ne court que du jour où les préposés de la Régie ont été mis à portée de constater les contraventions au vu de chaque acte soumis à l'enregistrement, ou du jour de la présentation du répertoire à leur *visa*. (Loi du 16 juin 1824, art. 14.)

L'article 4 de la loi du 28 février 1872 avait augmenté de moitié les droits fixes d'enregistrement applicables aux actes civils administratifs et judiciaires, à l'exclusion des actes extrajudiciaires.

La loi du 19 février 1874 (art. 2) augmente de *moitié* les divers droits fixes d'enregistrement auxquels les actes extrajudiciaires sont assujettis par les lois en vigueur. Ces nouvelles dispositions ont apporté dans l'économie des tarifs des frais de poursuites des aggravations de droits dont nous avons tenu compte dans le tarif imprimé à la page 52 du premier volume de cet ouvrage. (Voir ci-dessus, nᵒ 7.)

absence; les *dénonciations de la saisie-brandon au garde cham-pêtre qui n'a pas été présent au procès-verbal;* les *citations au saisi et au propriétaire de la ferme qu'il exploite de comparaître devant le juge de paix pour faire nommer un gérant à l'exploitation;* les *assignations en référé;* les *requêtes pour obtenir l'autorisation d'assigner extraordinairement en référé;* les *exploits de saisie-arrêt;* les *exploits de dénonciation au saisi et d'assignation en validité;* les *exploits de dénonciation de la demande en validité et d'assignation en déclaration affirmative;* les *saisies de rentes;* les *exploits de dénonciation de ladite saisie à la partie saisie;* les *assignations au tiers saisi;* les *exploits d'opposition sur le prix de la vente des objets saisis;* les *requêtes pour apposition de scellés;* les *exploits d'apposition de scellés;* les *sommations au propriétaire, en cas de déménagement des locataires,* et autres actes analogues.

8. Les dispositions précitées de la loi du 22 frimaire an 7 et de la loi du 19 février 1874, qui ne soumettent chaque acte de poursuite tendant au recouvrement de l'impôt qu'à un droit fixe de 1 fr. 50 c. ne feraient pas obstacle à ce qu'il fût perçu plusieurs droits, si l'acte contenait des énonciations ou des stipulations de natures diverses. C'est ainsi qu'il a été décidé que, pour un procès-verbal de saisie-exécution, il est dû deux droits d'enregistrement; l'un à raison de la saisie elle-même, l'autre à raison de la constitution du gardien. En effet, l'établissement d'un gardien judiciaire produit entre le saisissant et ce gardien des obligations réciproques, et le saisissant a contre celui-ci une action distincte de celle qu'il a contre le saisi. Or, il est de principe qu'il est dû autant de droits qu'il y a de parties intervenantes avec un intérêt spécial et distinct. (Voir la Note ci-dessus, p. 181.)

9. Chacun de ces droits est de 1 fr. 50 c.; mais nous n'avons pas besoin d'ajouter que, conformément à l'art. 98 du Règlement, nul droit ne serait dû dans le cas où la somme pour laquelle la saisie est exécutée n'excéderait pas 100 fr. (Décision du 27 septembre 1830.) Il demeure entendu, dit une Circulaire de la comptabilité publique du 3 mars 1874, que les actes dont l'enregistrement avait lieu gratis, dans les conditions spécifiées par le Règlement sur les poursuites du 21 décembre 1839, continueront à être exemptés de ce droit.

10. On remarquera que, dans la nomenclature d'actes qui précède, nous avons omis la *vente;* c'est qu'en effet cet acte de poursuite n'est pas enregistré, comme les autres, au droit fixe de 1 fr. 50 c., par application de l'article 68, paragraphe 1er de la loi du 22 frimaire an 7. Il est soumis au droit proportionnel de 2 fr.

p. 0/0, plus le 10ᵉ, conformément à l'article 69, paraphe 5, n° 1 de la loi précitée et à la loi du 19 février 1874.

Il est à observer que les diverses lois qui ont déterminé les droits relatifs aux actes d'exécutions judiciaires n'ont jamais confondu parmi ces actes les procès-verbaux de ventes publiques. Ces procès-verbaux ont toujours été l'objet d'une disposition spéciale, tant dans les lois générales qui ont fixé le droit, que dans les différentes exceptions autorisées. Or, les ventes de meubles saisis pour contributions n'ont été comprises dans aucun de ces cas exceptionnels. Dès lors, ces actes restent nécessairement dans la règle générale, et ils sont passibles du droit proportionnel de 2 fr. pour 100 fr. (1). (Ce droit se perçoit sur le montant des sommes que contient le procès-verbal.)

ARTICLE 96.

Les frais de sommation à des tiers, de saisie-arrêt, saisie-exécution, saisie-brandon, vente, et de tous les actes qui s'y rapportent, sont fixés conformément au tarif ci-annexé.

1. Nous avons indiqué, dans l'Avant-Propos de cet ouvrage et dans le *Commentaire* sur les articles 47 et 48, comment étaient arrêtés les tarifs des frais de poursuites pour contributions directes, en exécution de l'article 73 de la loi du 25 mars 1817. Nous ne pouvons que nous borner ici à renvoyer aux développements dans lesquels nous sommes entré à cet égard, et aux Modèles de tarif insérés au tome Iᵉʳ, p. 52 et suiv.

2. Les frais extraordinaires qui ne peuvent entrer en taxe, comme seraient, par exemple, des honoraires d'avocats qui auraient plaidé pour les percepteurs dûment autorisés à employer leur ministère, seraient imputés, par décision du Ministre, sur le crédit des frais généraux de perception. (Lettre du Ministre des finances au préfet du Var, en date du 27 janvier 1836, et Lettre du directeur de la comptabilité générale des finances au directeur de l'Administration des contributions directes, du 17 novembre 1835.)

ARTICLE 97.

Seront enregistrés gratis les actes de poursuites et tous autres

---

(1) Cependant la Régie a décidé que les ventes de meubles saisis pour contributions directes devaient être enregistrées gratis, quand il s'agissait de cotes non excédant 100 francs. (Voir le *Commentaire* sur l'art. 97, n° 3.)

actes, tant en action qu'en défense, ayant pour objet le recouvrement des contributions publiques et de toutes autres sommes dues
à l'Etat, ainsi que des contributions locales, lorsqu'il s'agira de
cotes, droits ou créances, non excédant, en total, la somme de
100 francs. (Art. 6 de la loi du 16 juin 1824.) (1)

1. L'exemption prononcée par cet article pour les cotes qui n'excèdent pas 100 francs résulte de l'article 6 de la loi du 16 juin 1824;
mais le texte même de cet article laisse quelque ambiguïté sur la
question de savoir si l'exemption s'applique exclusivement au cas
où la cote n'excède pas 100 francs, abstraction faite de la somme
due, ou bien si on pourrait s'en prévaloir dans le cas où la poursuite aurait lieu contre un contribuable dont la cote est au-dessus
de 100 francs, mais pour une somme qui n'atteindrait pas cette
quotité ?

La question a été résolue dans le premier sens par le Ministre
des finances. Ce fonctionnaire supérieur a décidé, d'une part, que
l'exemption prononcée par la loi du 16 juin 1824 étant sans res-
triction, la contrainte, quoique décernée pour une somme supérieure, par l'effet de la réunion de plusieurs exercices de la même
cote, n'en doit pas moins être enregistrée *gratis* (24 juillet 1822);
mais, d'autre part, que cette exemption n'avait lieu que relativement à la quotité de la cote, et non à celle du terme échu ou du
reliquat; ainsi le droit fixe de 1 fr. 50 est dû sur toutes les poursuites, quelque modique qu'en soit l'objet, lorsque la cote excède
100 fr. (Décision du 5 germinal an 13.)

2. La Régie a décidé que les actes de poursuites ayant pour
objet le recouvrement des rôles dressés pour les travaux de curage
et d'entretien de canaux de dessèchement sont enregistra-
bles *gratis* lorsqu'il s'agit de cotes n'excédant pas 100 fr. (Délib. du
18 décembre 1824). C'est une application littérale de la loi du
16 juin 1824, qui parle textuellement des *contributions locales*.
Nous n'hésitons pas à étendre par analogie cette solution à toutes
les taxes assimilées.

---

(1) Cette disposition doit être entendue en ce sens que le droit est dû lorsque
les contributions *d'un même exercice dans une même commune* s'élèvent à plus
de cent francs, et qu'il ne l'est pas quand la somme de cent francs n'est dépassée
que par la réunion des contributions de plusieurs exercices et de plusieurs communes. (Instruction de l'Administration de l'enregistrement du 25 mars 1850;
Circulaire ministérielle du 7 août suivant; autre Circulaire du 12 juillet 1853.)
Quel que soit le nombre des exercices, il n'est dû, dans le premier cas, qu'un
seul droit. (*Note de la dernière édition du Règlement.*)

3. D'après le même principe, les ventes de meubles auxquelles il est procédé pour le recouvrement de l'impôt sont également enregistrées *gratis*, à quelque prix que s'élèvent les ventes, s'il s'agit d'ailleurs de cotes n'excédant pas 100 fr. (Délib. du 2 avril 1823.)

ARTICLE 98 (1).

Lorsque, dans le délai de quatre jours mentionné à l'article 95, les contribuables se seront libérés intégralement, tous les actes de poursuites, les procès-verbaux de vente exceptés, non encore présentés à l'enregistrement, peuvent, quoique ayant pour objet le recouvrement de cotes excédant 100 francs, être admis à la formalité *gratis*. Dans ce cas, indépendamment de l'annotation sur le répertoire, déjà prescrite par la décision du 28 juin 1822, les porteurs de contraintes doivent faire mention sur l'acte de poursuites de la libération intégrale du redevable et faire certifier cette déclaration par le percepteur.

1. Il ne faut pas confondre l'enregistrement *gratis*, dont il est parlé dans l'article 97, avec une exemption de l'enregistrement qui est prononcée par l'article 98. L'enregistrement n'est pas seulement une formalité fiscale, c'est aussi une mesure d'ordre public qui tend à assurer aux actes une date certaine : et cela est particulièrement exact en ce qui concerne les actes de poursuites qui ont pour objet le recouvrement des droits du Trésor. Or si, par ménagement pour les débiteurs de faibles cotes, le législateur a voulu les exempter du payement du droit, ce n'était pas une raison pour ne pas maintenir cependant la formalité elle-même. C'est aussi ce qu'il a fait lorsqu'au lieu de dispenser de l'enregistrement pour le cas dont il s'agit, il a ordonné l'enregistrement *gratis*.

Dans le cas de l'article 98, l'exemption de l'enregistrement s'explique naturellement. La libération du contribuable anéantit, à proprement parler, l'acte de poursuites, de sorte que c'est comme

---

(1) « Il ne sera fait, disait le Règlement du 16 février 1688, qu'un seul commandement, et l'huissier aura huitaine, non compris le jour de l'exploit, pour le faire contrôler. — *Si le redevable acquitte les droits avant le dernier jour de la huitaine, il ne payera rien pour le commandement, ni contrôle, ni papier,* et s'il ne les acquitte que dans le dernier jour de la huitaine et après, il payera les frais.... »

s'il n'existait pas ; dès lors, il est tout simple qu'il ne soit pas présenté à l'enregistrement.

2. Tel est, en effet, le véritable sens de l'article 98 ; mais, cette
disposition a été modifiée par une nouvelle décision du Ministre
des finances en date du 26 décembre 1834, qui remplace, même
pour le cas de libération dans les quatre jours, l'exemption d'enregistrement résultant de la décision du 27 mars 1822, par l'enregistrement *gratis*. Voici le texte de l'Instruction de l'Administration des domaines, en date du 19 janvier 1835, qui notifie et explique la décision précitée du 26 décembre 1834 :

« Une décision du Ministre des finances du 27 mars 1822 porte
que les actes de poursuites, en matière de contributions directes,
peuvent n'être pas soumis à l'enregistrement, lorsque le contribuable se libère avant l'expiration du délai de quatre jours, établi
pour leur présentation à la formalité, mais que, dans ce cas,
l'agent des poursuites est tenu de mentionner sur son répertoire
la date du payement fait par le redevable, et le numéro de la
quittance délivrée par le percepteur. Ces dispositions n'ont point
été exécutées ponctuellement par les porteurs de contraintes. Ces
agents, profitant de la latitude qui leur est laissée, ne présentent
point leurs actes au bureau de l'enregistrement, lorsqu'un simple
à-compte a été payé au percepteur par les contribuables, et font
ainsi éprouver au Trésor une perte de droits.

« La décision précitée ne s'applique qu'au cas où le payement de
la somme qui fait l'objet des poursuites est *intégralement* effectué dans les quatre jours de la signification des actes. Elle n'a pu
être interprétée ni exécutée autrement. Pour prévenir tout abus
à cet égard, M. le Ministre des finances a statué, le 26 décembre
1834, « que les actes de poursuites, en matière de *contributions directes*, doivent être, tous sans exception, enregistrés dans le délai
de quatre jours de leur date ; que, si le contribuable se libère entièrement dans ce délai, les actes non encore présentés à l'enregistrement peuvent, quoique ayant pour objet le recouvrement de
cotes excédant 100 francs, être admis à la formalité *gratis* ; mais
que, dans ce cas, indépendamment de l'annotation sur le répertoire, déjà prescrite aux porteurs de contraintes par la décision
du 27 mars 1822, ils doivent faire mention, sur l'acte de poursuites,
de la libération *intégrale* du redevable, et que cette mention sera
certifiée par le percepteur des contributions. » Cette décision mo-
difie celle du 27 mars 1822, en ce qu'elle remplace par l'enregistrement *gratis* l'exemption de formalité qui était accordée pour
les actes de poursuites dont il s'agit. Elle ajoute aux précautions
déjà prescrites par la première décision, celle de la mention faite,

par le porteur de contraintes au pied de l'acte même de poursuites, et certifié par le percepteur, de la date du payement intégral effectué par le contribuable.

« Les préposés de l'Administration tiendront la main à la stricte exécution de ces dispositions. Ils remarqueront qu'elles ne s'appliquent qu'aux actes de poursuites en matière de *contributions directes*. Il n'est apporté aucun changement aux règles établies pour l'enregistrement des actes relatifs au recouvrement des autres contributions. »

5. L'exemption prononcée par notre article 98 serait-elle également applicable au contribuable qui, compris dans un commandement collectif, se serait libéré avant l'enregistrement, alors même que les autres redevables, compris dans le même acte, n'auraient pas acquitté leur dette, et que le commandement subsisterait à leur égard? — L'affirmative a été décidée par le Ministre des finances, le 15 octobre 1829.

ARTICLE 99.

Chacun des actes de poursuites, délivrés par les porteurs de contraintes et garnisaires, relate le prix auquel il a été fixé, sous peine de nullité.

Dans la procédure ordinaire, il est de règle que les exploits d'huissiers contiennent tous, tant sur l'original que sur la copie, la mention du coût. Dans la pratique, cette mention non-seulement se met à la fin de l'acte, mais elle est répétée en marge.

Cette formalité n'est cependant pas exigée sous peine de nullité de l'acte; son omission entraînerait seulement une amende de 5 francs contre l'huissier contrevenant.

Nous croyons que les mêmes principes doivent régler l'exécution de notre article 99. — La nullité dont parle cet article ne saurait s'entendre de l'acte lui-même : il n'y aurait aucun intérêt pour le Trésor à créer contre lui-même une nullité que la loi ne prononce pas. Seulement l'Administration, appréciant toute l'importance de la mention sur les actes des porteurs de contraintes du prix auquel ils sont tarifés, peut bien, par voie de discipline, déclarer qu'elle considère comme nul pour l'agent de poursuites l'acte qui ne relatera pas le coût, et qu'il sera rejeté de la taxe comme irrégulier (art. 105 du Règlement), de sorte qu'en définitive le porteur de contraintes, outre l'amende, supportera les frais de l'acte.

Tel est, à notre avis, le véritable sens de l'article 99.

ARTICLE 100.

Les fixations déterminées pour le prix des divers actes de poursuites seront affichées dans chaque bureau de perception et à la mairie de chaque commune.

Cette disposition, qui a été prescrite par l'article 27 de l'arrêté du 16 thermidor an 8, s'explique d'elle-même. En faisant afficher dans les bureaux mêmes des percepteurs les tarifs des frais de poursuites, l'Administration donne aux contribuables poursuivis les moyens de contrôler par eux-mêmes la taxe des frais faits contre eux, et de ne pas payer au-delà de ce qu'ils doivent. C'est une garantie contre les concussions, si formellement interdites par l'article 112.

On ne peut révoquer en doute que ce ne soit au percepteur qu'est imposé le devoir de placer l'affiche dans son bureau, de veiller à sa conservation permanente et à ce qu'une affiche semblable soit apposée à la mairie; mais il nous semble qu'elles doivent lui être fournies par le receveur des finances, qui s'entendra à cet effet avec la préfecture. C'est du moins ce qui nous paraît résulter de l'esprit de la décision du Ministre des finances que nous avons citée au *Commentaire* sur l'article 101 et 101 *bis*, n° 10.

ARTICLE 101.

Les receveurs particuliers des finances font imprimer et fournissent aux porteurs de contraintes et garnisaires, dans leurs arrondissements respectifs, les formules de bulletins de garnison collective, ceux de garnison individuelle et de commandement, indiqués aux articles 46, 51 et 57, les états de frais dont il sera question à l'article 102, et généralement tous les modèles d'actes et de procès-verbaux relatifs aux poursuites.

Les actes de tous les degrés sans exception, à distribuer aux contribuables, devront être imprimés sur un papier de couleur différente pour chaque degré de poursuites. Les couleurs seront les mêmes dans tous les départements; chaque formule d'acte sera revêtue du cachet du receveur particulier apposé à la main, et remise en compte, par ce dernier, aux agents de poursuites.

Les frais d'impression déterminés d'avance par le préfet, sur la proposition du receveur général, sont payés par les receveurs particuliers, et supportés, soit par les agents de poursuites, soit par les percepteurs, soit enfin par les receveurs eux-mêmes, ainsi qu'il est réglé, pour chaque nature de frais, par la décision ministérielle du 23 juillet 1822, notifiée aux receveurs des finances par la Circulaire du 2 août 1822. Il ne peut y avoir lieu à aucune répétition contre les contribuables pour le prix de ces imprimés.

ARTICLE 101 *bis.*

Tous ces imprimés devront être timbrés à l'extraordinaire par les soins des receveurs généraux, qui feront l'avance des frais de timbre pour ce qui concerne l'arrondissement du chef-lieu et qui se feront tenir compte, par les receveurs particuliers, de ce qu'ils auront avancé momentanément pour les autres arrondissements. Ils seront sur papiers de couleurs différentes, savoir :

Sommations sans frais, sur papier vert ;

Bulletins de garnison collective, sur papier jaune ;

Bulletins de garnison individuelle, sur papier lilas ;

Commandements, sur papier bleu ;

Saisies, sur papier rouge ;

Ventes, sur papier gris ;

Actes conservatoires, sur papier blanc.

1. Le paragraphe 1er de l'article 101 ne saurait guère avoir besoin d'explication. Il se borne à énoncer l'obligation imposée aux receveurs particuliers des finances de fournir aux agents des poursuites les formules imprimées nécessaires à leurs actes. Nous ne nous arrêterons donc que sur les paragraphes 2 et 3.

2. Beaucoup de contribuables ne savent pas lire, et ne peuvent pas, dès lors, se rendre compte de l'acte de poursuites qui leur est signifié, surtout lorsque la copie ne leur est pas remise en personne, et qu'en leur absence le porteur de contraintes est obligé de la laisser à leur domicile. Il en résulte que certains redevables, à moins qu'ils ne soient soumis à la garnison individuelle, peuvent ignorer même qu'ils sont poursuivis. L'Administration a cru éviter, en partie, cet inconvénient, en prescrivant, pour tous les

actes de poursuites relatifs aux contributions directes, l'emploi
d'un papier de couleur, revêtu du cachet de recette des finances,
et qui, frappant ainsi par ses caractères extérieurs les yeux des
contribuables, même illettrés, serait reconnu facilement par eux,
et deviendrait, pour ainsi dire, une notification visible de l'acte
de poursuites.

Telle est la pensée qui avait dicté la Circulaire du 31 mars 1831.
nous l'avions, dans la première édition de cet ouvrage, rattachée
au Règlement sous le n° 40 *bis;* elle se trouve maintenant insérée
dans l'article 101, complété par l'article 101 *bis.*

3. Cet article, au surplus, n'applique la règle du papier de couleur qu'aux *actes de poursuites :* ce qui comprend les actes, à
partir de la garnison, soit collective, soit individuelle, jusque et
y compris la vente inclusivement.

Nous pensons même que les actes signifiés aux tiers, autres
que le contribuable, tels que les sommations aux tiers détenteurs, aux propriétaires et principaux locataires, aux commissaires-priseurs, en cas de responsabilité, devraient y être soumis.

4. Mais il ne faudrait y assujettir ni l'avertissement, ni même
la sommation *gratis*, attendu que ni l'un ni l'autre de ces actes ne
constitue une poursuite, à proprement parler. L'avertissement
n'est que la notification du rôle, et la sommation *gratis* n'est
qu'un second avertissement.

5. Les états de frais fournis par les agents de poursuites n'y
sont pas non plus soumis. C'est ce qui a été décidé formellement
par le Ministre des finances. (Lettre au préfet de la Côte-d'Or, en
date du 29 octobre 1832.)

6. Les frais d'impression des formules entrent naturellement
dans les bases du calcul qui sert à la fixation du coût de chaque
acte dans les tarifs des frais de poursuites. Il est donc tout
simple que ces frais d'impression ne soient pas évalués arbitrairement, mais qu'ils soient déterminés d'une manière certaine
par l'autorité même qui arrête les tarifs de frais, c'est-à-dire par
le préfet.

Les receveurs particuliers des finances font l'avance de cette
dépense comme des autres frais.(Voir l'art. 107 du Règlement.) Ils
en sont ensuite remboursés, soit par les percepteurs, soit par les
porteurs de contraintes et garnisaires, à l'exception de ceux des
imprimés qui doivent rester à leur charge personnelle, comme
nous le verrons ci-après.

C'est sur leurs fonds particuliers, et non sur ceux du service
public, que les receveurs des finances doivent faire l'avance dont

il s'agit. (Lettre du directeur de la Comptabilité générale au receveur général du Tarn, en date du 11 octobre 1833.)

7. La répartition, entre les divers agents qui concourent aux
poursuites, des frais des formules imprimées a été faite, comme
l'indique notre article, par une décision ministérielle du 23 juillet
1822 : elle a été réduite en un tableau, qui a été annexé au Règlement même qui fait l'objet du présent *Commentaire*. Nous croyons
devoir insérer ici cette décision :

Classement par ordre des différents degrés de poursuites en ma-
tière de contributions directes, et indication des agents qui
doivent supporter les frais des imprimés servant à ces pour-
suites, et dont l'emploi est prescrit par les règlements.

1. *Sommation* gratis. — A la charge du percepteur, vu que
l'obligation lui en est imposée par les lois des 25 mars 1817 et
15 mai 1818.

2. *Bulletin de garnison collective.* — A la charge de l'agent de
poursuites, lequel en est couvert par le salaire qui lui est alloué.

3. *État des redevables à poursuivre par voie de garnison col-*
lective ou individuelle. — A la charge du percepteur, attendu que
cet état est un relevé fait sur les rôles, et la conséquence des de-
voirs du percepteur.

4. *Bulletin de garnison individuelle.* — A la charge de l'agent
de poursuites, qui en est couvert par le salaire qui lui est alloué.

5. 5 *bis*, 5 *ter*, et 8. *État des contribuables à poursuivre par voie*
de commandement, de saisie-exécution et autres actes extraordi-
naires. — A la charge du percepteur, par les motifs donnés pour
les n°s 1 et 2.

6 et 7. *Originaux et copies de commandements, saisies, ventes*
affiches, etc. — A la charge des porteurs de contraintes, dont le
salaire est réglé en conséquence.

9 à 13. *État de payement des frais de garnison collective ou*
individuelle; id. *de commandement;* id. *de saisie;* id. *de vente;*
id. *d'actes conservatoires et extraordinaires.* — A la charge du
percepteur.

14. *État général et trimestriel des frais faits dans chaque ar-*
rondissement. — A la charge des receveurs particuliers, comme
pièce résultant de leur gestion et de leur comptabilité.

8. Cet état, comme on peut le remarquer, est loin de contenir
tous les actes de poursuites; ainsi, on n'y voit pas figurer la saisie-exécution, la saisie-brandon, la saisie-arrêt, la vente et les
affiches qui s'y rattachent, non plus que tous les autres exploits,

en assez grand nombre, prévus dans notre *Formulaire*. Il est évident que ceux de ces actes dont la signification est pour le porteur de contraintes l'occasion d'un salaire, sont dans le cas du *commandement*, dont la décision met la formule imprimée à la charge de l'agent de poursuites, parce que les droits qui lui sont alloués sont réglés en conséquence.

9. Suivant l'article 106 de l'Instruction générale du 20 juin 1859 et l'article 101 *bis* du Règlement, tous les imprimés de formules d'actes de poursuites assujettis à la formalité du timbre devaient être timbrés à l'extraordinaire par les soins des receveurs généraux qui faisaient, sur leurs fonds personnels, l'avance des frais de timbre pour l'arrondissement du chef-lieu. Quant aux arrondissements de sous-préfecture, le receveur général devait, chaque mois, faire timbrer les imprimés nécessaires pour le service du mois suivant et les envoyer aux receveurs particuliers en les débitant du prix du timbre. Ces règles subsistent en principe, mais elles sont à combiner avec celles qu'a tracées l'arrêté ministériel du 6 mai 1874, rapporté dans la deuxième Partie, *Législation*, page 63.

L'Administration a cru que l'emploi qui serait fait par les porteurs de contraintes, pour la rédaction des copies de leurs actes, du papier spécial créé par l'article 2 de la loi du 29 décembre 1873 (Voir la Note sous l'art. 95), pourrait nuire à la régularité des poursuites, et elle a, en conséquence, décidé que les porteurs de contraintes, au lieu d'apposer eux-mêmes sur les originaux des timbres mobiles, recevraient des formules imprimées revêtues du timbre spécial établi pour le papier-*copie* débité par l'administration de l'enregistrement. Les trésoriers payeurs généraux et les receveurs particuliers ont à s'approvisionner en conséquence.

10. On a demandé qui devait supporter les frais d'impression des tarifs de frais de poursuites. — Il résulte d'une lettre écrite, le 11 mars 1836, au préfet de l'Hérault par le Ministre des finances, que cette dépense est nécessairement à la charge de l'abonnement des préfectures, puisque les arrêtés relatifs aux poursuites font naturellement partie des actes administratifs des préfets.

11. La disposition finale de l'article 101 porte qu'il ne peut y avoir lieu à aucune répétition contre les contribuables pour les frais des imprimés. Cela est tout simple, puisque ces frais sont, comme nous l'avons fait observer, compris dans le coût de chaque acte.

QUATRIÈME PARTIE

JUSTIFICATION, RÈGLEMENT ET RECOUVREMENT DES FRAIS
DE POURSUITES

ARTICLE 102.

Les listes nominatives constatant les poursuites exercées par
voie de garnison, l'état des commandements signifiés, et le bordereau des frais résultant de tous autres actes, seront dressés en
double expédition, certifiés par les agents de poursuites, signés
par le percepteur, et adressés au receveur particulier, qui, après
les avoir vérifiés, en arrêtera provisoirement le montant, et les
remettra au sous-préfet avec les pièces dont ils doivent être
accompagnés. Ces listes, états et bordereaux, ne devront comprendre que les frais résultant de la contrainte qui aura prescrit
les poursuites. Ils indiqueront les noms des retardataires, la
somme pour laquelle chacun d'eux aura été poursuivi, la date des
actes, le prix de chaque acte de poursuites, d'après les fixations
arrêtées par le préfet. (Modèles nos 9, 10, 11, 12, 13, 14.)

Les porteurs de contraintes joindront à l'appui les originaux des
actes de commandement, saisie et vente, et la contrainte ou autorisation en vertu de laquelle ils auront agi.

ARTICLE 103.

Le sous-préfet, après vérification, arrêtera et rendra exécutoires
les états de frais. Il en tiendra registre et renverra sans retard
les deux expéditions au receveur particulier.

1. Les dispositions de ces deux articles sont empruntées à l'arrêté du 16 thermidor an 8 (art. 46 et 47). C'est de cet arrêté que le sous-préfet tient le pouvoir légal d'arrêter les états de frais et de les rendre exécutoires contre les redevables. Cette attribution a une entière analogie avec celle qui, en matière civile ordinaire, appartient au président du Tribunal pour la taxe des frais et la délivrance des *exécutoires* de depens.

L'arrêté du sous-préfet, comme l'ordonnance du président, emporte voie parée, et les contribuables dénommés dans les états de frais peuvent être poursuivis et contraints de la même manière qu'ils le seraient en vertu du rôle lui-même. (Voir, à cet égard, le *Commentaire* sur les art. 17 et 109.)

Les décisions des sous-préfets ne font, d'ailleurs, pas obstacle à ce que les réclamations qui s'élèvent à l'occasion des frais exposés pour le recouvrement des contributions directes soient portées devant le Conseil de préfecture, sauf appel au Conseil d'État. (Voir dans la 2e Partie, *Jurisprudence*, pages 86 et 114, les arrêts du Conseil d'État des 18 janvier 1813 et 22 janvier 1824.)

2. Nous rappellerons ici ce que nous avons dit ailleurs (*Commentaire* sur l'art. 18, n° 48) que la prescription pour le salaire des huissiers, à raison des actes qu'ils signifient ou des commissions qu'ils exécutent, s'acquérant par un an, aux termes de l'article 2272 du Code civil, les porteurs de contraintes et garnisaires qui laisseraient passer ce délai sans s'être mis en mesure de faire régler leurs frais, conformément à notre article 102, seraient déchus de tous droits.

3. Les états de frais ne doivent se faire ni sur papier de couleur (voir art. 41 *bis*, n° 4), ni sur papier timbré. (L. 13 brumaire an 7, art. 16.)

ARTICLE 104.

Lorsque le receveur particulier, en vérifiant l'état des frais de poursuites par l'application des tarifs, reconnaîtra des abus dans les frais, il proposera au sous-préfet de les réduire à ce qui sera légitimement dû à l'agent des poursuites. Le sous-préfet peut opérer d'office cette réduction, quand il le juge nécessaire.

ARTICLE 105.

Seront rejetés et mis à la charge de l'agent qui les aura exécutés, ou du comptable qui les aura provoqués :

1° Les frais de poursuites sujets à l'enregistrement, non constatés par la production des actes originaux;

2° Les frais à l'appui desquels ne sera pas rapportée la contrainte ou l'autorisation spéciale du receveur particulier;

3° Tous frais faits contre des contribuables notoirement insolvables, ou pour des taxes résultant d'erreurs évidentes sur les rôles, dont le percepteur aurait négligé de demander la rectification;

4° Les poursuites de toute nature exercées arbitrairement ou dans un ordre contraire à celui qui est tracé par le présent Règlement.

1. Le droit conféré au sous-préfet de vérifier et d'arrêter les états de frais de poursuites emporte virtuellement celui de rejeter de la taxe les journées de garnison abusives ou les frais de poursuites qui présentent des irrégularités. Ce rejet peut avoir lieu d'office ou sur la proposition du receveur particulier des finances, surveillant naturel de tout ce qui concerne les poursuites.

2. Nous pensons que les contribuables intéressés pourraient aussi se pourvoir aux mêmes fins auprès du sous-préfet; mais, à cet égard, il ne faut pas perdre de vue une distinction essentielle : le recours auprès du sous-préfet n'aurait pas un caractère contentieux. Les réclamations du contribuable ne seraient pas considérées autrement que comme des renseignements propres à éclairer la décision du sous-préfet, et non pas comme les éléments d'un débat contradictoire entre le réclamant et l'agent de poursuites, sur lequel ce dernier fonctionnaire prononcerait comme juge. Il ne faut pas oublier que c'est le Conseil de préfecture qui a qualité pour prononcer au contentieux sur les contestations élevées sur le règlement des frais (Voir le *Commentaire* sur l'art. 19, n° 54 et *supra*, art. 103, n° 1). Ainsi, la décision que prendrait le sous-préfet sur la taxe n'empêcherait en aucune manière le contribuable et le porteur de contraintes lui-même de saisir le Conseil de préfecture de la réclamation, sauf recours au Conseil d'Etat, suivant la règle ordinaire.

3. Notre article 105 énumère les divers cas où les actes de poursuites peuvent être mis à la charge des percepteurs ou des porteurs de contraintes. Ces cas sont :

1° Quand il s'agit d'actes sujets à l'enregistrement, le défaut de production des originaux. Ce n'est, en effet, que sur le vu de l'acte même sur lequel a été apposée la mention de l'enregistrement qu'on peut reconnaître que la formalité a été accomplie et qu'il y a lieu d'en allouer les frais.

2° Le défaut de justification de la contrainte ou de l'autorisation spéciale du receveur particulier. Comme, aux termes de l'article 22 du Règlement, aucune poursuite donnant lieu à des frais ne peut être entreprise sans une contrainte, l'absence de cette contrainte serait une cause de nullité qui vicierait l'acte, et qui, par conséquent, devrait entraîner le rejet des frais.

Mais, par une conséquence opposée, la disposition ne s'appliquerait pas à certains actes qui s'effectuent sans autorisation préalable, comme, par exemple, la sommation au tiers détenteur. (Voir l'art. 14, n° 21) ; la saisie-arrêt (art. 88 et 89.)

3° L'inutilité des frais de poursuites résultant de l'insolvabilité notoire des contribuables poursuivis ou d'erreurs matérielles dans les rôles, que le percepteur aurait négligé de faire rectifier.

A cet égard, nous ne pouvons que rapporter les termes d'une décision du Ministre des finances, intervenue en 1832 :

« Un receveur particulier réclamait le remboursement d'une somme de 317 francs dont il avait fait l'avance pour des frais de poursuites administratives et judiciaires, au payement desquelles avait été condamné un individu insolvable. Le receveur exposait que ces frais, occasionnés en grande partie par des procédures qu'il avait eu à suivre devant les Tribunaux, avaient été faits dans l'intérêt du Trésor, conformément aux règlements, et pour prévenir l'exemple dangereux qui pouvait résulter du refus et de la résistance du contribuable.

« Le Ministre n'alloua pas ces frais de poursuites sans quelques difficultés, et il n'en autorisa enfin l'imputation sur le fonds de non-valeurs qu'en déclarant que c'était sans tirer à conséquence pour l'avenir, et en faisant observer qu'avant de s'engager dans des poursuites dispendieuses, les comptables devaient s'assurer de la position des contribuables, puisqu'en cas d'insolvabilité, tous les frais faits contre eux retombent à la charge du fonds de non-valeurs.

« Dans l'affaire dont il s'agit, disait le Ministre, on voit avec peine qu'après un gardiennat des objets saisis, qui a duré quinze mois, un procès-verbal de carence vient constater que ces objets n'appartiennent pas au contribuable, qui ne possède rien de saisissable. Il est évident que si l'on eût d'abord, comme on le devait, pris à cet égard des renseignements exacts, on aurait évité les frais inutiles de ce gardiennat, ainsi que les frais judiciaires, lesquels composent ensemble une somme plus que triple des contributions dont le recouvrement a été, en pure perte, l'objet de ces poursuites. »

Cette décision nous paraît parfaitement expliquer le sens de la disposition de l'article 105 que nous examinons en ce moment, et établir d'une manière assez précise les obligations qu'impose aux percepteurs le service délicat et difficile des poursuites. Il ne suffit pas que toutes les règles prescrites pour la régularité des actes de chaque degré aient été exactement suivies, il faut principalement que les contraintes aient obtenu le résultat qu'on doit en attendre, c'est-à-dire la rentrée de l'impôt; et si non-seulement le contribuable ne s'est pas libéré, mais que les frais faits contre lui tombent encore à la charge du Trésor, il est évident que le but des poursuites est manqué. Un percepteur habile doit donc connaître assez la position de ses contribuables pour ne pas entamer des poursuites sans pouvoir apprécier d'avance quel en serait le résultat. Il faut qu'aussitôt que les voies de rigueur deviennent nécessaires pour solliciter un redevable à se libérer, si ce redevable lui paraît peu solvable, le percepteur rende compte au receveur particulier de l'état des choses; qu'il adresse des renseignements assez détaillés pour que ce comptable supérieur puisse apprécier la convenance des poursuites, et qu'il lui demande ses instructions. De cette manière, le percepteur sert les intérêts du Trésor, en même temps qu'il met sa responsabilité personnelle entièrement à l'abri sous l'autorité du receveur particulier, et il évite de voir mettre à sa charge des frais de poursuites que l'autorité n'aurait pas jugées convenablement entreprises.

4° Enfin, les irrégularités dans l'ordre des poursuites ou dans la forme des actes.

Cette dernière partie de l'article 105 concerne plus habituellement les porteurs de contraintes, puisqu'il s'agit des actes signifiés par eux; cependant les percepteurs n'y sont pas tout à fait désintéressés, et cette observation nous amène à rechercher (ce que notre article n'indique pas), les bases de la responsabilité respective des percepteurs et des porteurs de contraintes dans les frais des poursuites irrégulières.

4. Or, d'après quelles règles et dans quelles limites les porteurs de contraintes sont-ils responsables de la régularité des actes de poursuites qu'ils font à la requête des percepteurs? — Les dispositions de l'arrête du gouvernement du 16 thermidor an 8, en organisant les porteurs de contraintes, leur ont donné le caractère d'huissiers pour toutes les poursuites relatives aux contributions directes. Or, ce caractère d'*huissiers* semble assurément devoir leur rendre commune la responsabilité que font peser sur ces offi-

ciers ministériels les articles 17 et 1031 du Code de procédure civile, qui portent :

Art. 17. « Si un exploit est déclaré nul par la faute de l'huissier, il pourra être condamné aux frais de l'exploit et de la procédure annulée, sans préjudice des dommages-intérêts de la partie, suivant les circonstances. »

Art. 1031. « Les procédures et les actes nuls et frustratoires, et les actes qui auront donné lieu à une condamnation d'amende, seront à la charge des officiers ministériels qui les auront faits, lesquels, suivant l'exigence des cas, seront en outre passibles des dommages et intérêts de la partie, et pourront même être suspendus de leurs fonctions. »

Cette responsabilité est une application naturelle du principe général posé par l'article 1992 du Code civil, qui veut que « le mandataire réponde non-seulement du dol, mais encore des fautes qu'il commet dans sa gestion. » — Ainsi, il n'est pas douteux que les porteurs de contraintes ne soient responsables des nullités provenant de leur fait, dont sont entachés les actes de poursuites qu'ils sont chargés d'exécuter. Mais il faut bien faire attention que cette responsabilité est bornée aux nullités qui proviennent *de leur fait* exclusivement, et se bien rendre compte de ce qu'il faut entendre par ces expressions. Qu'un porteur de contraintes, par exemple, chargé de faire un commandement à un redevable, omette dans la signification de cet acte une des formalités dont le défaut entraîne nullité, comme d'y faire mention de sa commission, ainsi que le veut l'article 22 de l'arrêté du 16 thermidor an 8, combiné avec l'article 61 du Code de procédure, paragraphe 2, ou que, contrairement au paragraphe 1er du même article, il n'y mette pas la date des jour, mois et an ; que, chargé encore de procéder à une saisie-exécution, il ne se fasse pas accompagner de témoins, ou qu'il prenne des témoins qui ne rempliraient pas les conditions voulues par l'article 585 du Code de procédure ; voilà des nullités qui proviennent évidemment de son fait, et qui feront retomber à sa charge les frais des actes nuls, ainsi que ceux des procédures en opposition qui pourraient en être la suite.

Il en sera de même, en général, de toutes les nullités qui pourraient provenir du mode d'exécution des poursuites auxquelles il serait chargé de procéder.

Mais cette responsabilité n'aurait pas lieu s'il s'agissait de nullités provenant de l'irrégularité de la poursuite en elle-même, qui aurait été prescrite par le percepteur, soit à cause de l'inopportunité de cette poursuite, soit pour défaut des actes préalables qui peuvent être exigés par la loi. Ici, le porteur de contraintes n'agit plus de lui=même, et seulement dans la sphère des attributions qui n'appartiennent qu'à lui. Il remplit un mandat qui lui est donné par le percepteur, et il n'en peut être responsable.

Ainsi, qu'un porteur de contraintes, agissant en vertu de l'ordre qui lui est donné par un percepteur, signifie un commandement tendant au payement d'une cote d'impôt à un individu qui ne serait pas tenu légalement de cette cote, comme, par exemple, à un fermier de biens ruraux pour le payement des impôts dus par le pro= priétaire pour d'autres biens que ceux compris dans le bail de ce fermier, ou bien encore que, toujours en vertu de l'ordre du per- cepteur, il procède à une saisie-exécution préalablement à laquelle la partie saisie n'aurait pas reçu de commandement, ce qui entraî- nerait nullité; voilà des nullités qui ne peuvent retomber sur lui; car, au lieu d'être de son fait, elles ne proviennent que de l'exé= cution fidèle du mandat qui lui a été donné.

On ne pourrait pas objecter que le caractère d'officier public dont il est revêtu lui fait un droit, comme un devoir, d'apprécier la régularité judiciaire des poursuites qui lui sont ordonnées, et que c'est à lui, comme agent d'exécution, à examiner s'il peut ou non y procéder valablement. Il doit se croire garanti par l'ordre que lui donne le percepteur, qui, d'ailleurs, bien autrement éclairé que lui, est et doit être, sous tous les rapports, responsable des poursuites que lui seul dirige.

Du reste, l'opinion que nous manifestons ici à l'égard des por= teurs de contraintes, est conforme à celle qui est admise dans la pratique par les Tribunaux à l'égard des huissiers. C'est ainsi qu'un arrêt de la Cour d'Aix, du 17 juin 1828, a jugé que la nullité d'un acte d'appel régulier en la forme, mais signifié prématuré= ment sur l'ordre d'un avoué, retombait entièrement sur cet avoué, et non sur l'huissier qui avait fait la signification. Un autre arrêt de la Cour de Montpellier, du 24 juin 1826, a, d'ailleurs, décidé qu'un huissier requis de faire un acte de son ministère ne pouvait s'y refuser, sous prétexte que cet acte serait irrégulier ou nul, sauf à exiger de la partie une réquisition précise qui mît sa res= ponsabilité à couvert.

Règle générale, nous croyons que la responsabilité respective des percepteurs et des porteurs de contraintes, relativement à la nullité des poursuites exercées contre les redevables, doit être ainsi déterminée :

Pour les percepteurs, en tout ce qui tient à la direction, ou au ond même des poursuites ;

Pour les porteurs de contraintes, en tout ce qui concerne la

꜀ forme dans laquelle les poursuites seraient exercées, et leur exécution proprement dite.

5. Nous terminerons nos remarques sur l'article 105 en mentionnant deux exemples tirés de la jurisprudence du ministère des
finances, et où il a été fait application de la responsabilité résultant d'actes irréguliers.

Le préfet des Bouches-du-Rhône avait demandé si l'on devait
rejeter de la taxe les actes de *saisie interrompue* par suite d'offre
de payement, quand cette offre n'avait pas été constatée suivant
les règles établies par l'article 68 du Règlement?

Le Ministre, dans sa réponse, a décidé qu'aux termes de l'article 68 précité, la déclaration des contribuables, qu'ils sont dans
l'intention de se libérer immédiatement, doit être inscrite sur le
procès-verbal de la *saisie interrompue*, pour empêcher les porteurs de contraintes de se faire payer des actes qu'ils n'auraient
point exercés. L'omission de cette formalité doit donc entraîner
le rejet de la taxe. (Lettre du 3 décembre 1832.)

L'Administration a encore décidé qu'un percepteur qui donnait
mainlevée d'une saisie-arrêt avant d'avoir été payé intégralement
des sommes pour lesquelles la saisie avait été opérée, devait demeurer passible des frais, comme les ayant indûment exposés. En
effet, si les comptables peuvent, en exécution de la Circulaire du
31 mars 1831, accorder des sursis quand des à-compte leur sont
payés, la suspension des poursuites ne doit avoir lieu que *toutes
choses demeurant en état.* Si donc ils accordent mainlevée de la
saisie, les frais de cette mainlevée doivent être considérés comme
inutilement faits, et rester conséquemment à leur charge. (Lettre
du directeur de la Comptabilité générale des finances au receveur
particulier de Bergerac, en date du 3 octobre 1831.)

ARTICLE 106.

Les originaux des actes de poursuites et autres pièces produites à l'appui resteront déposés à la recette particulière pour y
avoir recours au besoin.

1. Cette disposition nous semble devoir être entendue et appliquée de la manière la plus large. Ainsi, nous pensons qu'il faut
déposer à la recette particulière des finances toutes les pièces
sans exception, produites par les agents de poursuites, en exé-

cution de l'article 102, pour obtenir la liquidation et la taxe de leurs frais.

2. Nous avons déjà émis l'opinion dans le *Commentaire* sur l'article 39, n° 22, que c'était à la recette particulière des finances que devait être fait le dépôt des anciens répertoires des porteurs de contraintes.

3. On a demandé si la disposition de l'article 106 devait obliger le receveur des finances à conserver aussi dans ses bureaux une expédition des états de frais de poursuites arrêtés par les sous-préfets, en exécution de l'article 103. Il a été répondu que ledit article 103 n'exigeant que deux expéditions des états de frais, qui, après avoir été revêtues de la formule exécutoire, sont adressées : l'une, aux percepteurs, pour servir de titre au recouvrement des frais ; une seconde, au receveur général, pour justifier de ses dépenses sur frais de poursuites, il n'était pas possible d'en conserver une à la recette particulière. (Lettre du Ministre à un inspecteur des finances, en date du 2 octobre 1833.)

4. Au surplus, les pièces qui, en exécution de l'article 106, sont déposées aux archives des recettes des finances, n'en peuvent pas être déplacées. C'est ainsi qu'il a été décidé que les receveurs des finances ne doivent pas joindre les originaux des actes de poursuites à l'appui de leur compte annuel : les expéditions des états de frais acquittées par les agents de poursuites doivent seules être produites pour la justification de la dépense, comme le prescrit l'article 108. (Lettre du directeur de la Comptabilité générale au receveur général de la Drôme, en date du 2 octobre 1826.)

ARTICLE 107

Le salaire et le prix des actes dus aux porteurs de contraintes et aux garnisaires seront payés par le receveur particulier, sur la quittance de ces agents, mise au pied d'une des expéditions des états définitivement arrêtés par le sous-préfet.

Il est expressément défendu aux percepteurs de payer directement les salaires et actes de poursuites aux porteurs de contraintes ou garnisaires.

1. Lorsque les frais ont été liquidés et que la taxe en a été faite par le sous-préfet, sur les états rendus exécutoires dont il a été parlé à l'article 103, il reste, 1° à en solder le montant aux

agents qui ont instrumenté ; 2° à en poursuivre le remboursement sur les redevables. Ce dernier point est réglé aux articles 109 et 110. (Voir ces articles.) Le premier fait l'objet de notre article 107.

Ce sont, comme on voit, les receveurs particuliers qui sont exclusivement chargés de payer le salaire des porteurs de contraintes et des garnisaires; et défense expresse est faite aux percepteurs de faire eux-mêmes directement ce payement. (Arr. de 16 thermidor an 8, art. 28, § 3.)

Ceux de ces comptables qui enfreindraient cette défense encourraient le blâme de l'Administration, et peut-être même la révocation, suivant les cas. Mais, en outre, ils s'exposeraient à perdre les sommes qu'ils auraient ainsi indûment avancées, ou du moins ils n'auraient d'autre recours que dans une action en restitution contre les agents personnellement auxquels ils auraient payé.

2. Cependant la disposition de l'article 107 ne s'opposerait pas à ce que le receveur des finances délivrât à un agent de poursuites un mandat contre le percepteur pour l'acquittement des frais faits dans les communes de la réunion de ce dernier. Il est évident qu'on ne saurait voir là une infraction à la règle qui défend aux percepteurs de payer directement le salaire des porteurs de contraintes et garnisaires. (Lettre du directeur de la Comptabilité générale des finances au receveur général de l'Eure, en date du 23 novembre 1825.)

ARTICLE 108

Les receveurs particuliers seront tenus de constater dans leurs écritures, à deux comptes spéciaux, la totalité des sommes payées par eux pour frais de poursuites, et des remboursements qui leur en seront faits par les percepteurs.

Ils enverront successivement à la recette générale une des expéditions des états de frais acquittés par les agents de poursuites. Ces pièces seront produites à la Cour des comptes par le receveur général, à l'appui de son compte annuel.

1 Après que les états des frais ont été quittancés par les porteurs de contraintes et les garnisaires, conformément à l'art. 107, le receveur particulier en fait dépense dans ses écritures, sauf à

faire recette des remboursements qui lui seront faits par les percepteurs (art. 108). — Mais à quelle époque ces remboursements doivent-ils avoir lieu ? A ce sujet, on avait demandé si les états de frais de poursuites devaient être remis aux percepteurs pour en faire le recouvrement aussitôt après qu'ils avaient été rendus exécutoires, ou si le receveur particulier devait les garder jusqu'au moment où il pouvait s'en faire rembourser le montant par prélèvement sur le premier versement des percepteurs ? Le directeur de la comptabilité générale des finances, a répondu, le 9 juillet 1827, « que les receveurs particuliers ne doivent plus, comme ils y étaient autorisés par la Circulaire du 23 avril 1821, faire rembourser le montant de ces frais par les percepteurs, avant que le recouvrement en ait été opéré sur les contribuables. L'article 901 de l'Instruction générale du 15 décembre 1826 a décidé, sur ce point, que les pièces justificatives des frais payés par les receveurs particuliers sont transmises aux receveurs généraux qui restent chargés de cette avance jusqu'à l'époque du recouvrement par les percepteurs. »

2. A l'occasion de cette avance, les receveurs généraux avaient pensé qu'ils étaient en droit de réclamer des receveurs particuliers l'intérêt des sommes avancées.

Cette prétention a été repoussée par le motif que les receveurs généraux reçoivent des bonifications sur les anticipations de recouvrement obtenues dans tout leur département, et qu'il leur est alloué une taxation spéciale sur les recettes faites dans les arrondissements autres que celui du chef-lieu. (Lettre du directeur de la Comptabilité générale des finances au receveur général de l'Eure, en date du 31 janvier 1829.)

3. Le mode de payement des états de frais, établi par l'article 108, ne s'applique pas seulement aux frais ordinaires prévus dans les tarifs : il devrait être suivi pour tous autres frais, régulièrement autorisés, auxquels aurait donné lieu la poursuite. Ainsi, il a été décidé par le Ministre des finances, dans une lettre adressée, le 11 décembre 1835, au préfet des Bouches-du-Rhône, que les frais de procès, de même que les autres frais judiciaires ou administratifs doivent être payés aux avoués ou huissiers par les receveurs particuliers des finances. Ce payement doit avoir lieu sur les mémoires de frais dûment taxés.

4. La disposition finale de notre article 108, relative à la production à la Cour des comptes, par le receveur général, des pièces justificatives des frais acquittés, doit s'entendre seulement de l'expédition des états des frais quittancés par les agents de poursuites. Nous avons dit, au Commentaire sur l'article 106, n° 4, que les

originaux des actes ne devaient point être déplacés des archives de la recette particulière.

ARTICLE 109.

La seconde expédition des états de frais rendus exécutoires par le sous-préfet sera remise par le receveur particulier au percepteur, qui en deviendra comptable envers le receveur particulier, et sera chargé d'en suivre le recouvrement sur les contribuables y dénommés.

ARTICLE 110

Le percepteur est tenu d'émarger sur lesdits états les payements qui lui seront faits pour remboursement de frais, et d'en donner quittance de la même manière que pour les contributions directes.

ARTICLE 110 *bis*.

Si le contribuable poursuivi veut se libérer des frais sans attendre la taxe, il est admis à en consigner le montant entre les mains du percepteur, qui lui en donne une quittance détachée de son livre à souche, et émarge le payement sur le double de la contrainte resté entre ses mains.

A la réception de l'état des frais taxés, le percepteur y émarge, jusqu'à concurrence des frais à la charge du contribuable, la somme provisoirement consignée par ce dernier.—Si elle excède, il tient compte de cet excédant au contribuable de la manière prescrite pour les excédants provenant des contributions directes. —Si, au contraire, la somme consignée ne couvre pas le montant des frais taxés, il suit le remboursement du surplus, conformément à ce qui est prescrit par l'article 109.

Dans tous les cas, en transportant au rôle les états de frais taxés, il émarge les sommes versées sur ces frais par les contribuables.

1. Nous avons vu, au *Commentaire* sur l'article 103, n° 1, que

l'état des frais, rendu exécutoire par le sous-préfet, devenait un titre paré, en vertu duquel le percepteur pouvait poursuivre sur les contribuables le remboursement des frais dont ils étaient débiteurs. Suivant l'article 17, le recouvrement et les poursuites qu'il pourrait exiger s'opèrent d'après les mêmes règles et avec les mêmes conditions que le principal de la contribution. L'article 110, qui prescrit l'émargement des payements faits par les redevables pour frais de poursuites et la délivrance d'une quittance n'est qu'une application pure et simple de cette disposition.

Nous n'avons à ajouter sur ce point aucun nouveau développement à ce que nous avons dit aux articles précités. Nous mentionnerons seulement ici quelques décisions ministérielles relatives au recouvrement des frais, et qui trouvent ici naturellement leur place.

2. Il arrive assez ordinairement que les contribuables soumis aux poursuites, et qui viennent acquitter le montant des cotes pour lesquelles ils ont été poursuivis, proposent de payer en même temps les frais, bien que la taxe n'en soit pas encore faite. L'Administration a longtemps refusé aux percepteurs l'autorisation de recevoir ces payements anticipés, qui ont l'inconvénient d'amener les agents du recouvrement à percevoir sans titre des sommes, peu importantes, il est vrai, sur les contribuables. D'une autre part, il n'était pas sans inconvénient d'ajourner la complète libération d'un redevable qui se montrait disposé à payer, et on s'exposait à des non-valeurs en n'acceptant pas le payement offert. Cette dernière considération a fini par l'emporter, et l'article 110 *bis* a régularisé une pratique qui s'était introduite malgré le Règlement. Il y a, en effet, un si grand avantage pour les percepteurs à recevoir des contribuables qui viennent et veulent se libérer le montant des frais en même temps que le principal de la dette, qu'il était peu de comptables qui ne prissent sur eux de percevoir ces frais plutôt que de s'exposer à les voir tomber à leur charge ou à la charge du fonds de non-valeurs. On avait, dans le sens du maintien de l'interdiction, fait remarquer que si on laissait les contribuables payer, par anticipation, des frais qu'ils ne devront peut-être pas, en définitive, la plupart négligeraient de réclamer les légères différences qu'ils auraient pu payer au-delà de leur dette, et qu'il en résulterait, pour la comptabilité de ces décomptes, des embarras de plus d'un genre. La prescription adressée aux percepteurs d'imputer ces excédants de la même manière que ceux provenant des contributions directes lève, nous paraît-il, cette objection de la manière la plus heureuse. Il reste entendu, d'ailleurs, que tout doit être volontaire et facultatif de

la part du contribuable dans le payement des frais qui n'auront pas été taxés, et qu'on aucun cas, sous aucun prétexte, les percepteurs ne pourront exiger ce payement. (Circ. du 21 décembre 1839.)

3. Dans le but de faciliter les recouvrements, quelques percepteurs avaient cru pouvoir faire avec les contribuables des espèces de transactions, par suite desquelles ils faisaient à ces derniers remise de tout ou partie des frais de poursuites, sous la condition du payement immédiat des termes restant à courir de la contribution.

Le directeur de la Comptabilité générale des finances a blâmé ces sortes d'arrangements comme irréguliers et pouvant ouvrir la porte à des abus. (Lettre au préfet de la Seine, en date du 14 mai 1830.)

4. Les frais devant être recouvrés sur le redevable comme le principal, sont soumis naturellement à la même prescription. C'est ce que nous avons établi au *Commentaire* sur l'article 18, n° 48. Par conséquent aussi, les percepteurs doivent, comme ils sont tenus de le faire pour les rôles, avoir apuré définitivement les états de frais dont ils sont comptables, conformément à notre article 109, envers le receveur particulier, dans le délai de trois années.

Mais de quelle époque ce délai doit-il courir? La Circulaire du ministère des finances du 25 octobre 1834 contient à ce sujet les explications suivantes :

« L'article 90 de l'Instruction générale du 15 décembre 1826 porte que les sommes qui resteraient à recouvrer sur les états de frais rendus exécutoires depuis *trois ans*, doivent, comme cela se pratique pour les rôles, être soldés par les percepteurs, qui sont tenus, en outre, de faire le dépôt de ces états à la sous-préfecture, avec les rôles des exercices auxquels ils correspondent.

« Les actes dirigés contre les contribuables devant, aux termes de l'article 22 du Règlement sur les poursuites, comprendre toutes les sommes dues sans division d'exercice, plusieurs comptables ont demandé si la période de trois ans se déterminait par la date donnée à chaque état de frais, ou seulement par l'année dans laquelle il avait été rendu exécutoire.

« La réponse à cette question ne saurait être douteuse : il est évident que, pour les états de frais de poursuites comme pour les rôles, c'est l'année pendant laquelle ils sont mis en recouvrement qui forme le point de départ, quelle que soit d'ailleurs la date particulière donnée à chacun d'eux. » (1)

---

(1) L'article 90 de l'Instruction générale du 15 décembre 1826 correspond aux articles 93 et 585 de celle du 20 juin 1859.

5. Voir, en ce qui concerne le recours des percepteurs qui auraient été contraints de solder les états de frais de leurs propres deniers, le *Commentaire* sur l'article 18, n° 52.

ARTICLE 111.

Tout contribuable taxé est en droit d'exiger du percepteur la communication de l'état de frais sur lequel il est porté.

Cette disposition est basée sur le même principe que celle qui donne au contribuable le droit de se faire représenter le rôle où il est porté, et, par suite, qui oblige le percepteur à être muni de ce rôle, lorsqu'il fait le recouvrement. La taxe des frais est, comme le rôle, le titre du percepteur; il est tout simple qu'il soit tenu de le produire, lorsqu'il veut le mettre à exécution. Cette obligation est d'ailleurs un corollaire de la disposition de l'art. 100, qui prescrit l'affiche dans le bureau de perception du tarif des frais, dans le but de donner au contribuable la possibilité de vérifier et de contrôler la taxe de ses frais.

ARTICLE 112.

Le percepteur prévenu d'avoir frauduleusement, soit avant, soit après la taxe, exigé des frais pour une somme plus forte que celle qui est fixée par le tarif ou arrêtée dans l'état de frais, sera traduit devant les Tribunaux pour y être jugé comme concussionnaire.

Le Code pénal, art. 174, définit et punit le crime de concussion de la manière suivante : «Tous fonctionnaires, tous officiers publics, leurs commis ou préposés, tous percepteurs des droits, taxes, contributions, deniers, revenus publics ou communaux, et leurs commis ou préposés, qui se seront rendus coupables de concussion, en ordonnant de percevoir ou en *exigeant ou en recevant ce qu'ils savaient n'être pas dû, ou excéder ce qui était dû pour droits, taxes, contributions*, deniers ou revenus, ou pour salaires ou traitements, seront punis, savoir : les fonctionnaires ou les officiers publics, de la peine de la réclusion; et leurs commis ou préposés d'un emprisonnement de deux ans au moins, et de cinq ans au plus, lorsque la totalité des sommes indûment exigées ou reçues, ou dont la perception a été ordonnée, a été supérieure à 300 francs. — Toutes les fois que la totalité de ces sommes n'excédera pas 300 francs, les fonctionnaires ou les officiers publics ci-dessus désignés seront punis d'un emprisonnement de deux à cinq ans, et leurs commis et préposés, d'un emprisonnement d'une année au moins et de quatre ans au plus. — La tentative de ce délit sera punie comme le délit lui-même.

« Dans le cas où la peine d'emprisonnement sera prononcée, les coupables pourront, en outre, être privés des droits mentionnés en l'article 42 du présent Code, pendant cinq ans au moins et dix ans au plus, à compter du jour où ils auront subi leur peine ; ils pourront aussi être mis, par l'arrêt ou le jugement, sous la surveillance de la haute police pendant le même nombre d'années.

« Dans tous les cas prévus par le présent article, les coupables seront de plus condamnés à une amende, dont le *maximum* sera le quart des restitutions et des dommages-intérêts ; et le *minimum*, le douzième. »

La poursuite pourrait avoir lieu, soit d'office par l'ordre de l'Administration qui aurait découvert le crime, soit sur la dénonciation du contribuable lui-même. Ce dernier ne serait même obligé de se pourvoir d'aucune autorisation préalable ; le percepteur ne pourrait pas exciper de sa qualité de fonctionnaire public, pour prétendre qu'il ne peut être traduit devant les Tribunaux qu'avec l'autorisation du Conseil d'Etat. (Voir loi annuelle des finances, 2ᵉ Partie, *Législation*, page 66.)

ARTICLE 113.

A la fin de chaque trimestre, les receveurs particuliers remettront au sous-préfet un état présentant, par nature de poursuites, les frais faits contre les contribuables en retard. Cet état sera transmis au préfet par le sous-préfet : les receveurs particuliers en adresseront un double, visé par ce dernier, au receveur général du département, qui le transmettra au ministère, après en avoir reconnu la conformité avec ses écritures. (Modèle n° 14.)

ARTICLE 114.

Indépendamment de la surveillance qui doit être exercée par l'autorité administrative sur les poursuites et les frais auxquels elles donnent lieu, le receveur général et les receveurs particuliers des finances sont tenus de prendre des informations sur la conduite des percepteurs, porteurs de contraintes et garnisaires, dans l'exercice des poursuites effectuées contre les contribuables; de s'assurer que lesdites poursuites ne sont faites que dans les cas prévus, dans les formes voulues et suivant les tarifs arrêtés, et de provoquer des mesures de répression contre les abus qui parviendraient à leur connaissance.

L'envoi trimestriel prescrit par l'article 113 d'un état présentant par nature de poursuites les frais faits contre les contribuables en retard, a pour objet de mettre l'autorité supérieure administrative à même d'exercer sur cette partie du service la surveillance dont parle l'article 114.

Aux termes de ce dernier article, les receveurs généraux et particuliers des finances doivent, en outre, prendre des informations sur la conduite des percepteurs et des porteurs de contraintes et garnisaires, en ce qui concerne particulièrement l'exécution des poursuites. Cette surveillance spéciale et directe est un puissant auxiliaire pour les sous-préfets dans l'exercice, soit de l'attribution qui leur est conférée par l'article 105 du Règlement, de rejeter de la taxe les frais de poursuites mal à propos entreprises ou irrégulièrement exécutées, soit du pouvoir qu'ils tiennent des articles 25 et 26 de l'arrêté du 16 thermidor an 8, de statuer disciplinairement sur les plaintes qui peuvent leur être adressées contre les porteurs de contraintes, pour faits relatifs à leurs fonctions.

FIN DU COMMENTAIRE

ARÉVIATIONS EMPLOYÉES DANS LE COMMENTAIRE

A. — Arrêté.
A. min. — Arrêté ministériel.
Arr. — Arrêt.
Art. — Article.
Chart. const. — Charte constitutionnelle.
Circ. — Circulaire.
Circ. adm. — Circulaire administrative.
Circ. Int. — Circulaire de l'Intérieur.
C. civ. — Code civil.
C. de pr. — Code de procédure.
C. de préf. — Conseil de préfecture.
C. d'Etat. — Conseil d'Etat.
Const. — Constitution.
Cont. dir. — Contributions directes.
C. — Cour.
C. de cass. — Cour de cassation.
C. R. — Cour royale.
Déc. min. — Décision ministérielle.
D. — Décret.
Jug. — Jugement.
Inst. gén. — Instruction générale.
L. — Loi.
Ord. — Ordonnance.
P. — Page.
Tit. — Titre.
T. civ. — Tribunal civil.
T. cor. — Tribunal correctionnel.
T. de 1re inst. — Tribunal de 1re instance.
V. — Voir.

www.ingramcontent.com/pod-product-compliance
Lightning Source LLC
Chambersburg PA
CBHW070529200326
41519CB00013B/2988